工业和信息化高职高专“十三五”
规划教材立项项目

# 物流信息技术：新技术应用与实践立体化教程

Logistics Information Technology

◎ 朱海鹏 主编 ◎ 郑克俊 周海英 副主编

人民邮电出版社
北京

**图书在版编目（CIP）数据**

物流信息技术 ：新技术应用与实践立体化教程 / 朱海鹏主编. -- 北京 ：人民邮电出版社，2017.1（2019.4重印）
21世纪高等职业教育财经类规划教材物流管理专业
ISBN 978-7-115-43981-9

Ⅰ. ①物… Ⅱ. ①朱… Ⅲ. ①物流－信息技术－高等职业教育－教材 Ⅳ. ①F253.9

中国版本图书馆CIP数据核字(2016)第265200号

## 内容提要

本书介绍了最新的物流信息关键技术，内容基于工作过程思路和项目化教学形式编写，全书共分为七个项目。项目一是对物流信息及信息技术的认知部分，介绍了物流信息及物流信息技术的基本概念、物流信息标准的知识、典型的物流信息技术及其作用，物流信息技术的发展情况等；项目二到项目五从物流信息获取、存储、传输及处理的角度，分别介绍了物流数据的采集技术、存储技术、传输技术以及物流动态跟踪技术，并根据目前信息技术的发展趋势，穿插介绍了大数据、云计算、物联网等技术的知识与应用；项目六全面介绍了物流企业电子商务的基本知识；项目七对物流信息系统及其开发设计技术进行了详述。每个项目下设具体任务，每个任务后附有工作任务训练，项目最后都附有情景综合实训和练习，便于读者进行实操训练、巩固所学知识。

本书是校企合作编写的“立体化”教材，利用移动互联网技术及二维码技术，扩充了大量的学习资源。本书既可作为高职高专物流管理、交通运输管理、港口物流、物资管理等专业物流信息技术课程的教材，也可作为各物流企业信息化业务方面的培训用书。

◆ 主　　编　朱海鹏
　副 主 编　郑克俊　周海英
　责任编辑　刘　琦
　执行编辑　朱海昀
　责任印制　焦志炜

◆ 人民邮电出版社出版发行　　北京市丰台区成寿寺路 11 号
　邮编　100164　　电子邮件　315@ptpress.com.cn
　网址　http://www.ptpress.com.cn
　中国铁道出版社印刷厂印刷

◆ 开本：787×1092　1/16
　印张：15　　　　　　2017 年 1 月第 1 版
　字数：345 千字　　　2019 年 4 月北京第 4 次印刷

定价：39.80 元

**读者服务热线：(010)81055256　印装质量热线：(010)81055316**
**反盗版热线：(010)81055315**
**广告经营许可证：京东工商广登字20170147号**

# 前 言

现代企业物流在经济全球化发展中的作用越来越突出。随着国家“互联网+”行动计划的展开，物流企业要适应现代化经济的发展，需充分运用互联网等信息化技术和手段，对物流市场做出快速反应，对资源进行快速整合，对企业管理和作业流程进行控制、优化与创新。物流信息技术在物流中的地位也越来越重要。

本书紧跟物流信息技术发展趋势，全面介绍物流企业中常用关键技术的基本原理及其应用。

本书的特色主要体现在以下几个方面。

（1）本书基于工作过程思路和项目化教学形式编写。全书由浅入深，图文并茂，理论与实践相结合。本书首先给出先导案例，让学生初步了解即将学习的信息技术的实际应用，并带着问题进行学习。每个项目都分为若干任务，每个任务都安排了相关关键技术的实训，让学生进行实践操作，更好地帮助学生掌握物流信息技术的实际应用，达到更好的教学效果。每个项目的最后设计了各种练习和综合实训，便于教学参考和学生自学。

（2）强调校企合作。编者所在的学院已与很多企业签订了校企合作协议，在本书编写过程中，相关企业提供了大量的最新物流信息技术资料。例如，广东新邦物流公司配送经理林海、曼秀雷敦中国有限公司仓储部经理林显洋、广东伟诚科技有限公司仓储部经理陈国盛为本书编写提供了大量素材和建议，使得本书内容更加丰富，能让学生了解真实物流企业的信息技术的发展状况和应用情况。

（3）本书十分注重实训教学的可行性，既能满足实训条件较好的学校要求，也能满足实训条件欠缺学校的实训安排。

（4）本书采用“立体化”图书的形式进行编写，充分利用移动互联网技术及二维码技术，扩充本书的学习资源。学生可以通过扫描二维条码，获得丰富的案例、知识资料、视频、动画等学习资源，让学习更加容易、有趣。

本书由广东科学技术职业学院的朱海鹏任主编，郑克俊、周海英任副主编。具体编写分工为：项目一、项目二、项目四、项目五、项目七由朱海鹏编写；项目三由郑克俊编写；项目六由朱海鹏与周海英共同编写，操龙国老师提供了部分素材和图片资料；全书由朱海鹏统稿。本书编写过程中，王建林教授、周海副教授、邹小平、李志、于桂芳等老师提出了很好的建议。编者所在学院的严中华院长和关冬梅副院长对本书给予了极大帮助，并在编写过程中提出了十分中肯的建议。在此对上述所有关心支持本书出版的人表示衷心感谢！

在编写过程中，我们参考了大量的文献资料，利用了部分网络资源，引用了一些专家学者的研究成果和一些公司的案例资料，在此对这些文献作者和公司表示崇高的敬意和诚挚的谢意。

编者

2016年9月

# 目 录

CONTENTS

# 项目一 物流信息技术应用认知

## 项目目标

### 知识目标

掌握数据、信息、数据处理、物流信息与物流信息技术的基本概念；

理解物流信息的特征、分类及作用；

掌握常见物流信息技术的作用；

了解常见物流信息系统；

了解物流信息化的含义。

### 能力目标

能区分数据与信息；

能利用工具从各个方面获取相关主题的信息；

会利用所学的信息处理技术（如Office及搜索引擎等）综合处理信息。

## 案例导入

### 一份招聘信息引发的思考

小王是一名入学不久的大学生，对于学物流专业的他来说，为未来谋一份心仪的工作，成为小王发奋学习的动力。偶然的机会，他看到了这么一份简短的招聘启事。

#### 某公司物流信息员招聘

招聘物流信息员若干，具体要求如下：

1. 具备数据处理能力、沟通协调能力、较强的执行能力；
2. 熟练掌握办公软件的操作；
3. 掌握物流企业中物流信息的基本知识和物流相关信息系统的使用；
4. 善于语言沟通，反应灵敏，认真仔细，并且有很强的责任心；
5. 学历：专科以上，专业不限。年龄21～30岁，性别不限。

物流信息部岗位人员及职责简介

http://www.docin.com/p-1057040910.html

小王对照自身的条件，发现有两个方面比较欠缺。一是数据处理，虽然Office工具学过，但是不知跟数据处理有多大关系；二是不知道物流信息是什么。

思考

1．若小王要谋求这份工作，首先自身要解决什么问题？

2．你觉得该如何使用Office工具为信息处理服务？

# 任务一
# 数据、信息及数据处理认知

## 任务目标

完成此任务后，学生能区分信息和数据；能利用所学的Office工具简单处理物流信息。

**知识要点：**数据、信息与物流信息的基本概念；数据与信息的联系；数据处理的作用；物流信息的特征、分类及作用。

## 相关知识

### 一、数据

数据简单地说就是描述客观事物可以鉴别的符号，是人们用来反映客观事物的性质、属性以及相互关系的符号。例如“一辆大运牌摩托车”，其中“一辆”“大运牌”和“摩托车”就是数据。“一辆”表示了汽车的数量特征，“大运牌”和“摩托车”反映了该车的品牌和类型。

大千世界中的事物是客观存在的，它们以某种规律在客观世界中运动，这种客观运动必然导致事物在运动过程中相互联系、相互作用。人们为了认识事物本身及事物之间的关系，对事物的属性和特征采用一定的符号进行描述，这种表示符号就是数据，包括任何字符、数字、图形、图像和声音等。所以我们在理解数据时，要注意两点：一是数据是一种符号；二是这种符号是可鉴别的。

### 二、信息

#### 1. 信息的定义

信息是对客观世界中各种事物的运动状态和变化的反映，是客观事物之间相互联系和相互作用的表征。人通过获得、识别自然界和社会的不同信息来区别不同事物，得以认识和改造世界。具体来说，能够反映事物内涵的知识、资料、情报、图像、文件、语言和声音等都是信息。我们可以从以下3个方面理解信息的内涵。

（1）信息是数据所表达的客观事实，来源于物质，来源于物质的运动。

（2）信息是指数据处理后所形成的对人们有意义的和有用处的文件、表格和图形等。

（3）信息是导致某种决策行动的外界情况。信息的传递和接收活动，有助于人们对运动事物进行认识和了解，决定下一步的行动，并能反馈于事物。

**小知识**

信息如何定义，许多研究者从各自的研究领域给出了不同的看法。

信息奠基人香农认为“信息是用来消除随机不确定性的东西”，这一定义被看作经典性定义，并被广泛引用；控制论创始人维纳认为“信息是人们在适应外部世界，并使这种适应反作用于外部世界的过程中，同外部世界进行互相交换的内容和名称”；经济管理学家认为“信息是提供决策的有效数据”；电子学家、计算机科学家认为“信息是电子线路中传输的信号”；我国著名的信息学专家钟义信教授认为“信息是事物存在方式或运动状态，以这种方式或状态直接或间接的表述”；美国信息管理专家霍顿给信息下的定义是：“信息是为了满足用户决策的需要，而经过加工处理的数据。”简单地说，信息是经过加工的数据，或者说，信息是数据处理的结果。

**2. 信息的特点**

一般地讲，信息具有8个特点。

（1）客观真实性

客观、真实是信息最重要的本质特征，是信息的生命所在，不符合事实的信息是没有价值的。

（2）传递性

传递是信息的基本要素和明显特征。信息只有借助于一定的载体（媒介），经过传递才能为人们所感知和接受。没有传递就没有信息，更谈不上信息的效用。传递信息的载体有：广播、电视、手机通信网络、互联网、物联网等。最流行的信息传递形式是把信息以比特的形式存储，利用信息技术，实现信息在全世界范围内快速、准确的传播。

（3）时效性

信息的最大特点是在于它的不确定性，千变万化、稍纵即逝。信息的功能、作用、效益都是随着时间的延续而改变的，这种性能即信息的时效性。时效性是时间与效能的统一性，它既表明信息的时间价值，也表明信息的经济价值。一个信息如果超过了其价值的实用期就会贬值，甚至毫无用处。例如，某运输公司获得了一个运输需求信息，如果不及时处理和利用，很可能就会被其他运输企业获取，而失去应有的商机，失去客户，造成损失。因此，信息有其自己的生命周期，及具有产生、收集、加工、传输、使用到最终失效的整个过程。

（4）价值性

信息是为人类服务的，它是人类社会的重要资源，人类利用它认识和改造客观世界。因此，信息是有价值的，人们利用信息，可以获得效用，但是在很多情况下，信息的价值需要人们去认识、挖掘提炼出来，这样才能将信息应有的价值发挥出来。例如，现在很多人买衣服，都把实体店当成体验店，在实体店内把衣服试穿好，再到网店上去寻找相同产品的促销信息，如果成功找到，就能为自己剩下一大笔开销。

信息的价值性的体现，有的是直接的，有的是间接的。如咨询公司，它给出的信息，马上就能体现出信息的价值；而有些企业获取信息后，必须调动其他资源（人力、物力、财力）来实现这些信息的价值。

（5）可处理性

这一特征包括多方面内容，如信息的可拓展、可引申、可浓缩等。这一特征使信息得以增值或便于传递、利用。例如，你发出物流需求信息后，就会收到多家物流公司的回复信息，为了获得性价比最好的物流服务，你就要根据这些物流公司给的相关信息去拓展、引申，获取这些公司的更多情况，以便做出最佳的选择。

（6）可共享性

信息与一般物质资源不同，它不属于特定的占有对象，可以为众多的人共同享用。实物转赠之后，就不再属于原主，而信息通过双方交流，两者都有得无失（仅对信息拥有而言），可用时使用。这一特性通常以信息的多方位传递来实现。利用信息的可共享性，可以使得信息快速扩散，信息的扩散可以带来正面和负面的效应。例如，某大桥断了这个信息，扩散范围越大、越及时，越能拯救更多的生命，挽回更多的经济损失。但是，对于某个企业的机密信息，若扩散到竞争对手的手里，就意味着信息价值减少。

（7）不对称性

信息不对称性，指的是在市场交易中，产品的卖方和买方对产品的质量、性能等，所拥有的信息是不对称的。例如，产品的卖方对自己所生产或提供的产品拥有更多的信息，而产品的买方对所要购买的产品拥有更少的信息。

信息的不对称性会造成市场的失灵，即会产生在同一价格标准上低质量产品排挤高质量产品，如减少高质量产品的消费或者将高质量产品排挤出市场，这在经济学中被称为“柠檬问题”，如汽车市场常出现这种现象，汽车卖方总是可以凭对商品信息更加了解的优势，获得商品价值以外的报酬。交易中拥有信息优势的一方与不具信息优势的一方实际上是在进行无休止的信息博弈。

（8）滞后性

信息滞后于数据，主要体现在信息的间隔时间和信息的加工时间上。信息的间隔时间指的是获取同一信息的必要间隔时间，例如每个月的运输量；信息的加工时间指获取某种信息由数据加工所需要的时间。这个时间因人们采用的加工方法和工具的不同而不同。

**案例 1-1**

### 郭女士被骗的故事

郭女士接到一名自称是孩子老师的电话，说其孩子在学校突发急病被送往市儿童医院，检查诊断为急性胃穿孔，需交费才能做手术，并提供一个账号催其转账缴纳手术费。因儿子正好前几天肚子不太舒服，所以郭女士情急之下顾不上多问，马上按对方的要求汇了48000元手术费，随后赶到儿童医院，查询时发现儿子根本没入院。郭女士赶紧到幼儿园，见儿子好端端地在幼儿园里玩，郭女士这才意识到被骗，立即报了警。

**思考**：请分析信息的哪些特点在这个故事中得到了体现。

## 三、信息与数据的关系

### 1. 信息与数据的联系

数据是信息的载体，信息是数据的语义表示，信息与数据是不可分离的。信息是对数据解释、运用与解算，即经过处理以后的数据，通过适当的解释才有意义，才能成为信息。就本质而言，数据是客观对象的表示，而信息则是数据内涵的意义，只有数据对实体行为产生影响时才成为信息，是相对的（即对接受者来说要有意义）。

以信息论的观点，数据是数据采集时获取的，信息是从采集的数据中提取出的有用数据。由此可见，信息可以简单地理解为数据中包含的有用的内容。描述数据与信息的联系可以用“数据=信息+数据冗余”公式来描述。具体内容如图1-1所示。

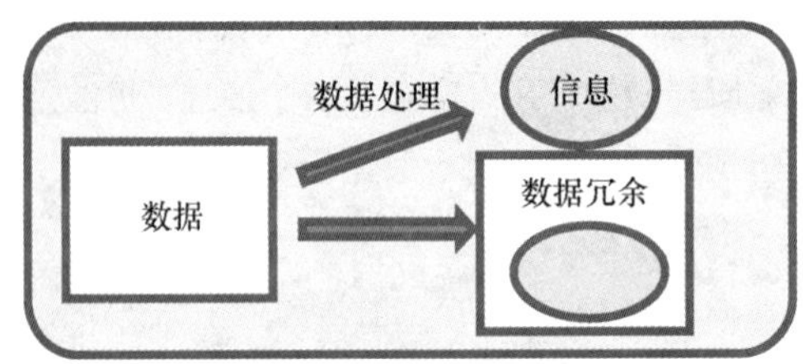


图1-1　数据与信息的联系

**2. 数据与信息的区别**

数据是记录下来的某种可以识别的符号，具有多种多样的形式。各种形式可以相互转换，但其中包含的信息内容不会改变，即信息不随载体的物理设备形式的改变而改变。

信息可以离开信息系统而独立存在，也可以离开信息系统的各个组成和阶段而独立存在；而数据的格式往往与计算机系统有关，并随载荷它的物理设备的形式而改变。

数据是原始事实，而信息是数据处理的结果。

**3. 数据处理**

所谓数据处理就是对数据进行采集、存储、检索、加工、变换和传输的过程。

数据处理的基本目的是从大量的、杂乱无章的、难以理解的数据中抽取并推导出对于某些特定的人们来说是有价值、有意义的数据。换句话说，数据是原料，经过数据处理就能得到我们所需的信息。数据处理其实是一项普遍性的工作，我们日常生活工作很多时候都在做数据处理的工作，大部分时候并不需要用到高深的数学模型，做复杂的统计。数据处理包含的具体内容如图1-2所示。

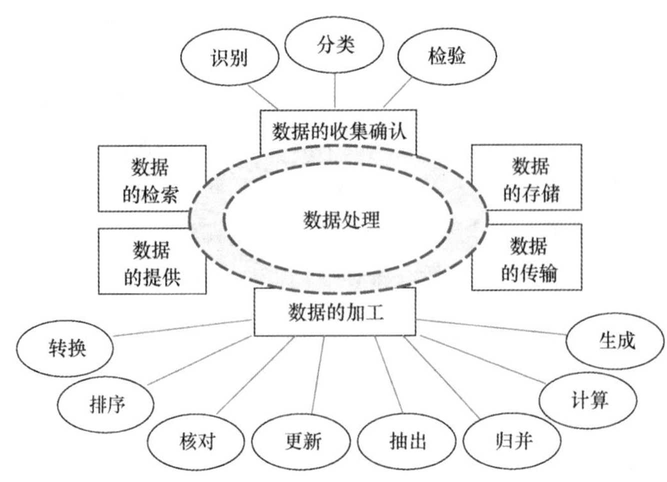


图1-2　数据处理内容示意图

我们为了获得自己的信息，一般会先利用搜索工具，检索所需的数据；再对检索出来的数据进一步进行识别、分类、检验确认收集对象；接着存储到合适的地方；然后，以某种方式（可以是网络介质等）传输到加工平台；采用转换、排序、校核、更新、抽出、归并、计算、生成等方法对数据进行加工；最后把所获得最终信息以报表、统计分析图表等各种形式进行输出。

## 四、物流信息

### 1. 物流信息的概念

所谓物流信息（logistics information）是反映物流各种活动内容的知识、资料、图像、数据、文件的总称。物流信息伴随物流活动而产生，它在物流活动的各个环节以及物流系统与外部环境之间的关系都发挥着重要作用，所涉及行业和部门非常多，为更好地理解物流信息的概念，可以从狭义和广义两个角度解释物流信息。

从狭义上说，物流信息是指与物流活动（运输、装卸、搬运、存储、包装、流通加工等）直接相关的信息。狭义上的物流信息对运输管理、库存管理、订单管理、仓库作业管理等物流活动具有支持、保证的功能，所以在物流活动管理与决策中，如运输工具的选择、运输路线的确定、每次运送批量的确定、在途货物的跟踪、仓库存储的有效利用、最佳库存数量的确定、订单管理、顾客服务水平的提高等，都需要详细和准确的物流信息；

从广义上说，物流信息则不仅包括与物流活动直接相关的信息，而且包括与物流活动间接相关的信息，如商品交易信息、市场信息、政策信息、交通情况等信息。

**案例 1-2**

### 一个典型物流作业中的物流信息使用

一个典型快递业务主要包括收寄、分拣、运输、投递等，下面是某快递企业发生的一个典型例子。

首先快递员小王去收件，收件完成后，把货物送交快递营业场所；随后，分拣员小李根据分拣单分拣货物，由装卸工完成装车；接着，司机老王把快件送到目的地附近的快递营业场所；最后，快递员大刘投递快递，完成交易，如图1-3所示。

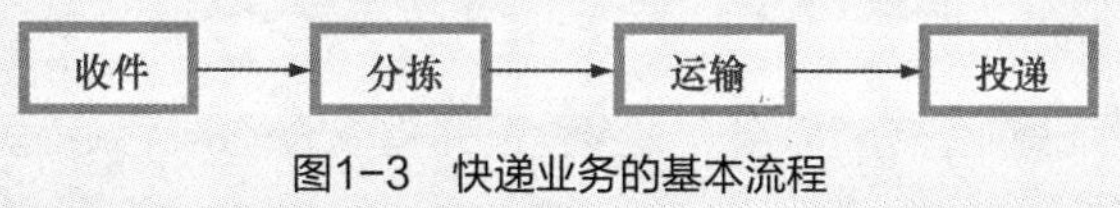


图1-3 快递业务的基本流程

这其中涉及的基本物流信息有：投寄人的基本信息、收件人的基本信息、货物的基本信息，法律法规，货物的存储信息、车辆信息、地图、路线安排、订货单、收货单、分拣单、寄件单，天气、交通等。

**思考：**

1. 说说上面这些信息在收寄、分拣、运输、投递操作过程中的具体使用情况。
2. 这个案例中还涉及其他信息吗？

**2. 物流信息的特点**

物流信息的特点，主要如下。

（1）广泛性

由于物流是一个大范围内的活动，物流的信息来源也极为广泛，信息源点多、信息量大，涉及从生产到消费、从国民经济到财政信贷各个方面。物流信息来源的广泛性决定了它的影响也非常广泛，涉及国民经济各个部门。

（2）联系性

物流活动是多环节、多因素、多角色共同参与的活动，目的就是实现产品从产地到消费地的顺利移动，因此在该活动中所产生的各种物流信息必然存在十分密切的联系，如生产信息、运输信息、储存信息、装卸信息间都是相互关联、相互影响的。这种相互联系的特性是保证物流各子系统、供应链上各个环节以及物流内部系统与物流外部系统相互协调运作的重要因素。

（3）多样性

物流信息种类繁多，从其作用范围来看，本系统内部各个环节有不同种类的信息，如流转信息、作业信息、控制信息、管理信息等，物流系统外也存在各种不同种类的信息，如市场信息、政策信息、区域信息等；从其稳定程度来看，有固定信息、流动信息与偶然信息等；从其加工程度看，有原始信息与加工信息等；从其发生时间来看，有滞后信息、实时信息和预测信息等。在进行物流系统的研究时，应根据不同种类的信息进行分类收集和整理。

（4）动态性

多品种、小批量、多频度的配送技术与POS、EOS、EDI数据收集技术的不断应用，使得各种物流作业频繁发生，加快了物流信息的价值衰减速度，要求物流信息不断更新。物流信息的及时收集、快速响应、动态处理已成为主宰现代物流经营活动成败的关键。

（5）复杂性

物流信息的广泛性、联系性、多样性和动态性造成了物流信息的复杂性。在物流活动中，必须对不同来源、不同种类、不同时间和相互联系的物流信息进行反复研究和处理，才能得到有实际应用价值的信息，去指导物流活动，这是一个非常复杂的过程。

**3. 物流信息的作用**

物流信息在物流活动中具有十分重要的作用，物流信息通过收集、传递、存储、处理、输出等，成为决策依据，对整个物流活动起着指挥、协调、支持和保障的作用，主要表现在如下几个方面。

（1）沟通联系的作用

物流系统是由许多个行业、部门以及众多企业群体构成的经济大系统，系统内部正是通过各种指令、计划、文件、数据、报表、凭证、广告、商情等物流信息，建立起各种纵向和横向的联系，沟通生产厂家、批发商、零售商、物流服务商和消费者，满足各方的需要。因此，物流信息是沟通物流活动各环节之间联系的桥梁。

（2）引导和协调的作用

物流信息随着物资、货币及物流当事人的行为等信息载体进入物流供应链中，同时信息的反馈也随着信息载体反馈给供应链上的各个环节，依靠物流信息及其反馈可以引导供应链结构的变动和物流布局的优化；协调物资结构，使供需之间平衡；协调人、财、物等物流资源的配置，促进物流资源的整合和合理使用等。

（3）管理控制的作用

通过移动通信、计算机信息网、EDI（电子数据交换）、GPS（全球定位系统）等技术实现物流活动的电子化，如货物实时跟踪、车辆实时跟踪、库存自动补货等，用信息化代替传统的手工作业，实现物流运行、服务质量和成本等的管理控制。

（4）缩短物流管道的作用

为了应付需求波动，在物流供应链的不同节点上通常设置有库存，包括中间库存和最终库存，如零部件、在制品、制成品的库存等，这些库存增加了供应链的长度，提高了供应链成本。但是，如果能够实时地掌握供应链上不同节点的信息，如知道在供应管道中，什么时候、什么地方、多少数量的货物可以到达目的地，那么就可以发现供应链上的过多库存并进行缩减，从而缩短物流链，提高物流服务水平。

（5）辅助决策分析的作用

物流信息是制定决策方案的重要基础和关键依据，物流管理决策过程的本身就是对物流信息进行深加工的过程，是对物流活动的发展变化规律性认识的过程。物流信息可以协助物流管理者评判物流战略和物流实施策略可选方案的优劣，做出最有利的选择。如车辆调度、库存管理、设施选址、资源选择、流程设计以及有关作业比较和安排的成本—收益分析等均是在物流信息的帮助下才能做出的科学决策。

（6）支持战略计划的作用

作为决策分析的延伸，物流战略计划涉及物流活动的长期发展方向和经营方针的制定，如企业战略联盟的形成、以利润为基础的顾客服务分析以及能力和机会的开发和提炼，作为一种更加抽象、松散的决策，它是对物流信息进一步提炼和开发的结果。

（7）价值增值的作用

物流信息本身是有价值的，而在物流领域中，流通信息在实现其使用价值的同时，其自身的价值又呈现增长的趋势，即物流信息本身具有增值特征。另一方面，物流信息是影响物流的重要因素，它把物流的各个要素以及有关因素有机地组合并联结起来，以形成现实的生产力和创造出更高的社会生产力。同时，在社会化大生产条件下，生产过程日益复杂，物流诸要素都渗透着知识形态的信息，信息真正起着影响生产力的现实作用。企业只有有效地利用物流信息，投入生产和经营活动后，才能使生产力中的劳动者、劳动手段和劳动对象形成最佳结合效果，产生放大效应，使经济效益出现增值。物流系统的优化，各个物流环节的优化所采取的办法、措施，如选用合适的设备、设计最合理路线、决定最佳库存储备等，都要切合系统实际，也都要依靠准确反映这实际的物流信息。

**案例 1-3**

## 信息开创了上海新跃物流企业管理有限公司新篇章

上海新跃物流企业管理有限公司不同于普通的速递企业，更像一个资源整合的物流平台，在此平台上，有着众多加盟的物流企业。经历了大跃进式的发展后，高效管理与控制成本是该公司面临的两大难题。2009年，为了突破发展瓶颈，上海新跃物流企业管理有限公司与中国电信上海公司展开合作，成功地打造了“物流汇”这个物流企业公共服务平台，3838家加盟公司在信息化平台的辅助下，逐步实现了与世界先进物流体系的完美接轨。

新跃物流过去采用传统的经营方式，常出现信息不及时不对称的问题。为此公司有针对性地采取了措施。下面是两个具体实例。

例1：司机接单问题。

问题：当有业务到来，公司就要给司机一个个打电话，等最终找到一个有空、可以拉货的司机，往往已经打了十几通电话，货物周转慢、话费支出高；同时，司机也有抱怨，有时候一个电话没接到或者是别人先接到电话，一单生意就没有了。

措施：公司给一千多名司机配备了最新的先进的对讲手机。业务管理员说，现在一有业务，只需按一个键，就可以通知到所有持对讲手机的司机，所有人可以同一时间分享货物信息，符合运货条件的司机也能及时做出回应，通信资费可以定制，大大降低通信成本，节约运营成本。

例2：货物与人员的安全问题。

问题：过去，一旦发生货物丢失，遗失货物非常难找回，大家互相推诿责任，无法准确地知道是哪个环节出了错；还有，运货人员对有些突发事件不知道怎么处理，耽误时间。

措施：公司建立GPS平台，利用监控软件，将取货地点、送货地点、行驶路线等调度指令信息发送到装有GPS终端的车辆，司机的车可根据公司相关指令信息立即进行工作，简洁高效。而公司的调度员能利用GPS对车辆进行集中、统一、系统化的管理。对客户来说，选择有GPS终端的车辆能随时查询车辆及货物的位置信息；新跃物流还在车辆上安装两个无线摄像头，一个视频摄像头监控车辆行驶前方的路面状况。新跃物流的后台调度员能通过无线摄像头看到现场情况，根据具体情况，提醒司机做好安全防范措施，调度其他车辆。另一个摄像头安装在货运车厢内部，专门用于监控货物，在整个运输途中，如果后台监控人员在视频中看到有人无故打开货舱门或是随意移动货物，会立刻提醒司机进行检查；如果货物被盗，无线视频录像也能为追回货物及调查取证提供第一手资料。特别值得一提的是新跃物流把现场发生的实时情况，进行3G手机拍照，并通过终端上的一键快捷方式，实时发送到管理平台，为公司对现场操控带来了方便，并作为公司决策事务的重要依据，真正做到事故取证精确化。

除了这两个典型例子外，上海新跃物流企业管理有限公司还利用“物流汇”这个物流企业公共服务平台中的“公路物流”“物流E通”“综合配货”等一系列功能，实现全体工作人员的GPS定位、语音、数据服务、车辆人员定位等功能。公司通过信息化平台，利用条码技术和RFID技术对货物进行管理，发布公司的最新动态、政策及各种安全质量规范信息；公司的培训项目直接通过电信3G网络，及时发布到各个驾驶员手机终端上，极大提高了工作效率，节约了成本。

这些举措使公司的直接经济效益在短短2年内提升了153%，公司的规模扩大30%，迎来了公司新的发展时代。

**思考：**

1．说说上述案例中信息在上海新跃物流企业管理有限公司发挥的作用。

2．上海新跃物流企业管理有限公司采用了哪些典型的信息处理技术？物流信息为什么要采用信息技术去处理？

#### 4. 物流信息的分类

物流信息的分类标准有很多，下面是几种常见的分类方法，如表1-1所示。

表 1-1 物流信息的常见分类情况

| 分类标准 | 类型 |
| --- | --- |
| 物流功能领域 | 仓储信息、运输信息、加工信息、包装信息、装卸信息等 |
| 物流信息产生的领域 | 外部信息：包括供货人的信息、客户信息、订货合同、交通运输信息、市场信息、政策信息，还包括来自企业内生产、财务等部门的与物流有关的信息；<br>内部信息：包括物料流转信息、物料作业信息、物流控制信息和物流管理信息等 |
| 作用层次 | 基础信息：是物流活动的基础，是信息源头，如物品基本信息、货位基本信息等；<br>作业信息：物流作业过程中发生的信息，波动性大，如库存信息、到货信息等；<br>协调控制信息：指物流活动的调度信息和计划信息；<br>决策支持信息：指能对物流计划、决策、战略具有影响或有关的统计信息或有关的宏观信息，如科技、产品、法律等方面的信息 |
| 加工程度 | 原始信息：未加工的信息，是信息工作的基础，也是最有权威性的凭证性信息；<br>加工信息：对原始信息进行各种方式和各个层次处理后的信息，这种信息是原始信息的提炼、简化和综合，是利用各种分析工具在海量数据中提炼出来的、有用的信息和知识 |

**小知识**

对于物流信息的分类，比较权威的是中华人民共和国国家标准《物流信息分类与代码(GB/T23831—2009)》，它把物流信息分为物流综合管理信息、物流业务信息、物流作业信息、物流设施设备信息、物流技术信息及物流安全信息6大类，每个类别下面又分了小类，涉及内容较多，这里不再具体叙述。总之，物流信息分类标准较多，不同的分类标准给出了对物流信息的不同角度的解释，有助于我们加深对物流信息的理解。

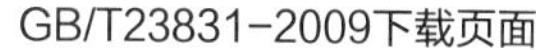

http://down.foodmate.net/standard/sort/3/20597.html

## 任务实训1-1

**实训内容：**

分析图1-4中的符号对你来说是数据还是信息。

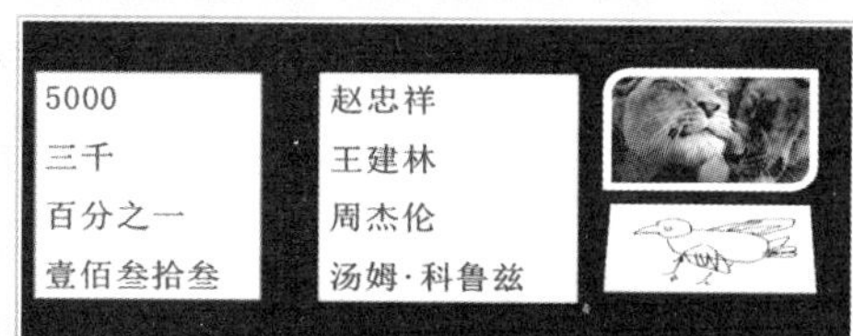


图1-4 数据信息符号图例

**实训要求：**

说明哪些是数据，哪些是信息，并阐述具体理由。

# 任务二
# 物流信息技术认知

## 任务目标

完成此任务后，学生能对物流中使用的信息技术有整体的认识；能分析物流作业流程中信息技术的作用。

**知识要点：**信息技术与物流信息技术的基本概念；主要物流信息技术概念及作用；物流信息化的概念及信息技术的发展趋势；物流公共信息平台概念及作用。

## 相关知识

### 一、信息技术

所谓信息技术是指利用计算机、网络、广播电视等各种硬件设备及软件工具与科学方法，对图文声像各种信息进行获取、加工、存储、传输与使用的技术总和。信息技术被应用于信息传递过程中的各个方面，即信息技术广泛应用在信息的产生、收集、交换、存储、传输、显示、识别、提取、控制、加工和利用等方面。

### 二、物流信息技术

#### 1. 物流信息技术概念

所谓物流信息技术是指运用于物流各环节中的信息技术。物流信息技术主要包括计算机技术、网络通信技术、信息分类编码技术、条码技术、射频识别技术、数据库技术、电子数据交换技术、全球定位系统（GPS）、地理信息系统（GIS）、呼叫中心技术与遥感技术（RS）等，如图1-5所示。

近年来，作为物流现代化重要标识的物流信息技术发展迅猛，从数据采集技术、动态跟踪技术，数据传输技术，到数据的存储技术以及互联网、各种终端设备等硬件、计算机软件都在日新月异地发展。同时，随着物流信息技术的不断发展，产生了一系列新的物流理念和新的物流经营方式，推进了物流的变革。成功的物流企业通过应用信息技术来支持它的经营战略，选择它的经营业务，提高物流活动的效率性，增强整个企业经营决策能力。

#### 2. 主要物流信息技术

（1）条码技术

条码技术广泛应用于商业、邮政、图书管理、仓储、工业生产过程控制、交通等领域，它是在计算机应用中产生并发展起来的，具有输入快、准确度高、成本低、可靠性强等优点。条码技术是实现POS系统、EDI、电子商务、供应链管理的技术基础，是物流管理现代化的重要技术手段，是实现计算机管理和电子数据交换不可少的前端采集技术。图1-5为物流信息技术示意图

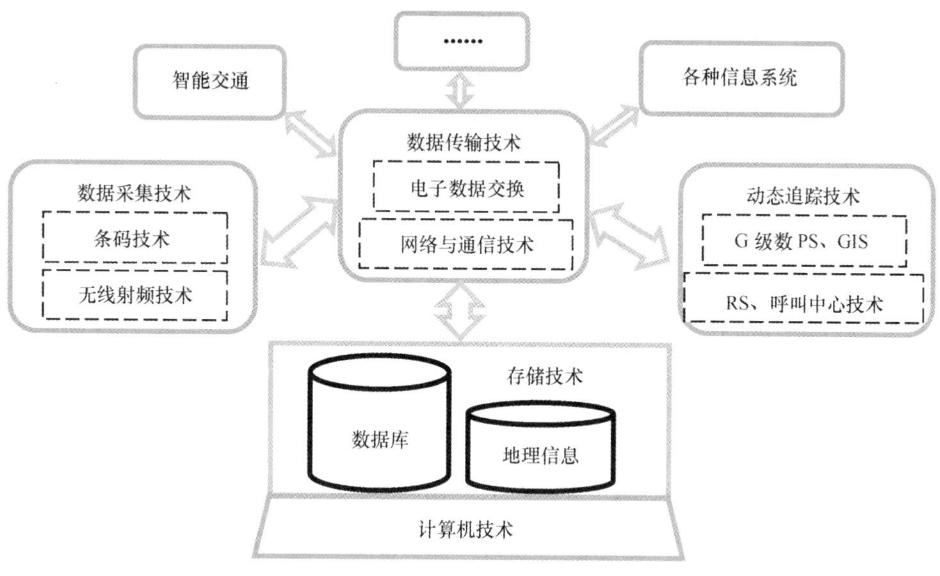


图1-5 物流信息技术示意图

（2）射频识别技术

射频识别（RFID）技术是一种无线通信技术，可以通过无线电讯号识别特定目标并读写相关数据。它实现了非接触识别，能穿透雪、雾、冰、涂料、尘垢，在条形码无法使用的恶劣环境读写标签，并且阅读速度极快。目前，在身份证件和门禁控制、供应链和库存跟踪、汽车收费、防盗、生产控制、资产管理等领域，射频识别技术得到了广泛应用。

（3）电子数据交换技术

电子数据交换（EDI）技术是一种利用计算机进行商务处理的方法。EDI技术是将贸易、运输、保险、银行和海关等行业的信息，用一种国际公认的标准格式，通过计算机通信网络，使各有关部门、公司与企业之间进行数据交换与处理，并完成以贸易为中心的全部业务过程。

（4）数据库技术

数据库技术主要研究如何存储，使用和管理数据，其根本目标是要解决数据的共享问题。经过数年发展，数据库技术已经非常成熟，能有效地管理和存取大量的数据资源。

（5）全球定位系统

全球卫星定位系统（GPS）是一种结合卫星及通信发展的技术，利用导航卫星进行测时和测距，具有海陆空全方位实时三维导航与定位能力。目前，GPS广泛用于运输管理和军事领域，实现了车辆实施跟踪、调度等。

（6）地理信息系统

地理信息系统（GIS）是一种基于计算机的工具，它可以对空间信息进行分析和处理，形成可视化图形，形象生动的表达分析结果。它常把地图这种独特的视觉化效果和地理分析功能与一般的数据库操作（如查询和统计分析等）集成在一起，实现各种应用功能。

（7）遥感技术

遥感技术（RS）是根据电磁波的理论，应用各种传感仪器对远距离目标所辐射和反射的电磁波信息，进行收集、处理，并最后成像，从而对地面各种景物进行探测和识别的一种综合技术，它常与GIS和GPS形成一体化的技术系统。

计算机技术与网络及通信技术是实现以上物流信息技术的基础，它们的发展对整个物流业实现现代化起着直接的推动作用。除了这些技术外，还有POS技术、智能交通技术及各种信息系统，在此不再详述。

**3. 物流信息化与物流信息技术发展**

现代物流信息技术发展与应用过程就是物流信息化的历程。所谓物流信息化是指物流企业运用现代信息技术对物流过程中产生的全部或部分信息进行采集、分类、传递、汇总、识别、跟踪、查询等一系列处理活动，以实现对货物流动过程的控制，从而降低成本、提高效益的管理活动。物流信息化是现代物流的灵魂，是现代物流发展的必然要求和基石，而物流信息化程度越高越能推动现代物流信息技术的发展。

（1）我国物流信息化发展的现状

近年来，我国企业在物流信息化建设方面发展迅速。其发展过程可分为以下3个阶段：

第一阶段，利用计算机、网络技术及数据库技术解决了信息的采集、传输、加工、共享，为物流企业决策提供及时、准确的信息。

第二阶段，将条码技术、EDI技术、系统论和优化技术用于物流的流程设计和改造，融入新的管理制度之中。例如仓储存取的优化方案，运输路径的优化方案等。

第三阶段，借助信息系统提高整个供应链的效率和竞争力。例如，通过对上下游企业的信息反馈服务来提高供应链的协调性和整体效益，实现生产企业与销售企业的协同、供应商与采购商的协同等。

目前，我国内物流企业在信息化方面取得较大的进步。企业物流信息系统的集成能力逐步提高，促使了整个物流业加快了整合、优化和提升的步伐；公共信息平台建设取得了重大成就，政府部门加大了对物流信息化的推动力度，建立了行业、区域性的物流公共信息平台；物流信息技术得到了新的发展，例如GPS与GIS技术的广泛应用，RFID技术达到国际先进水平，移动互联技术、云计算、大数据与物联网技术在物流行业中的应用等；物流信息化的标准逐步建立；企业对物流信息技术的应用水平提高，从单个企业基础业务应用，逐步过渡到了对供应链管理和优化的支持。

（2）我国物流信息化发展存在的问题

就目前全社会物流信息化的发展情况来看，我国物流信息化还存在一些亟需解决的问题，具体包括：对物流信息化的认识和理解程度仍然偏低；物流信息技术未被广泛地应用，信息化系统功能简单、应用层次较低的问题还普遍存在；物流信息平台的建设和运营模式尚不成熟；先进信息技术在物流行业的转化、推广和应用水平较低；物流信息标准体系发展滞后等。

这些问题导致了所谓的二元结构，即大型企业处于主导地位，中小企业动作甚微。这里头一端是先进企业的高端市场，与国际接轨，比较现代化，例如武钢、中外运等国字号企业或者外资企业，成为了国内物流信息化的主要推动者。另一端是以国内中小企业客户为主，依赖着不多的业务量艰难的生存着。要改变这种状况，必须应用物流信息技术，整合资源，加快物流系统功能重组，构建信息公用平台。

（3）物流公共信息平台的建设

物流公共信息平台是指为物流企业、物流需求企业、政府及其他相关部门提供物流信息服务的公共商业性平台，包括公共信息服务、数据交换服务、物流应用服务等。物流公共信息平台本质是为物流活动提供信息化手段的支持和保障；为企业提供个体无法完成的基础资料收集，并对数据进行加工处理；为政府相关部门公共信息的流动提供支撑环境。

例子：江西省物流公共信息平台进入页面：

http://www.jx56.com

2009年，我国在《物流业调整和振兴规划》中就提出，加快建设有利于信息资源共享的行业和区域物流公共信息平台项目，重点建设电子口岸、综合运输信息平台、物流资源交易平台和大宗商品交易平台，鼓励企业开展信息发布和信息系统外包等服务，建立面向中小企业的物流信息服务平台。在此激励下，物流公共信息平台取得了显著成就，例如交通运输部与浙江省联合开发的交通运输物流公共信息共享平台、江西省物流信息公共平台。商业资本也在投资创建公共平台整合资源，例如阿里巴巴的“菜鸟”平台、京东的众包物流平台等，也有专为中小微物流公司服务的满意通达平台，运作非常成功，在此平台上注册的中小微型物流公司超过300家，被业界誉为“小菜鸟”。

例子：满意通达公共信息平台进入页面：

http://www. merryto.com

（4）物流信息化的发展趋势

随着物流信息技术的飞速发展，未来的物流业也将向智能化、标准化、全球化发展。

第一，智能化。随着物流的快速发展，物流过程越来越复杂，物流资源优化配置和管理的难度也随之提高，物资在流通过程各个环节的联合调度和管理更重要、更复杂。我国传统物流企业的信息化管理水平相对较低，无法实施较高的组织效率，实现更加科学管理，从而阻碍了物流的发展。要实现物流行业长远发展，就要实现从物流企业到整个物流网络的信息化、智能化，因此，发展智能物流成为必然。

第二，标准化。统一、规范的物流信息标准，是推动中国物流发展和提高物流效率的关键。随着中国加入WTO的步伐日益加快，随着物流信息标准化项目的不断推进，物流标准化将成为规范中国物流市场，提高供应链整合能力，创造高效低成本的物流良性循环的基础。只有实现了物流信息标准化，才能在国际经济一体化的条件下有效地实施物流系统的科学管理，加快物流系统建设，促进物流系统与国际系统和其他系统的衔接，有效降低物流费用，提高物流系统的经济效益和社会效益。

公路水路交通运输信息化“十二五”发展规划：

http://www.mot.gov.cn/ft2012/fazhanzhongdian/xiangguanziliao/201512/t20151225_1961325.html

第三，全球化。国际化已经成为众多企业发展的目标，随着世界经济的发展，物流企业也必然走上全球化的道路。当前，商品与生产要素在全球范围内以空前的速度流动交换，作为国际贸易和跨国经营的服务供应商的物流企业，采取最优的方式，以最低的成本，把商品保质保量，及时准确地从一国运到另一国必将成为常态。

我国的物流业为了适应全球经济的发展、新一轮信息技术的变革和自身经济结构的转型，必将加快物流行业信息化的进程。主要体现在如下3个方面。

第一，政府将进一步加大对物流信息化的支持力度。在《国民经济和社会发展第十二个五年规划纲要》中，我国政府提出了国内各信息化的要求。2011年4月，交通运输部出台了《公路水路交通运输信息化“十二五”发展规划》；2013年1月工业和信息化部出台了《工业和信息化部关于推进物流信息化工作的指导意见》。这些政策的出台对于加快交通运输行业的信息化建设，提高交通运输智能化、现代化水平，实现我国物流业信息化的发展目标，提出了具体的任务，并给予了相应的保障措施，这对我国物流业的信息化建设起到了关键作用。

工业和信息化部关于推进物流信息化工作的指导意见：

http://www.miit.gov.cn/n1146285/n1146352/n3054355/n3057757/n3057766/c3534294/content.html

第二，先进的物流信息技术的应用步伐将会加快。电子识别、信息交换、智能交通、大数据技术、云计算技术、移动信息服务、物联网技术、可视化服务和位置服务等先进技术将逐步普及，并将最终实现物流智能化。

第三，物流公共信息平台将进一步完善。近年，中央和地方各级政府对公共物流信息平台的建设非常重视，并在资金和政策上给予大力支持。物流公共信息平台已与政府的监管平台和部分物流企业互联互通，今后将逐步实现区域乃至全国物流信息的互联互通。

## 任务实训1-2

**实训内容：**

1. 用手机扫描上述江西省物流公共信息平台进入的二维条码；
2. 在此平台上有什么功能，画出功能结构图，并举例说明各功能的运用；
3. 如果你是一家第三方物流企业的业务员，谈谈该如何利用这个平台为企业赢取利润。

**实训要求：**

完成上述的内容，第3步说明详细步骤，完成实训报告，做出PPT汇报。

# 任务三
# 物流信息标准化认知

## 任务目标

完成此任务后，学生能用标准化观点分析物流系统；能掌握关于物流信息标准的相关文件，并能将这些标准运用于实际。

**知识要点：**物流标准化与物流信息标准化的基本概念；标准化的作用；物流标准化的内容；物流信息标准化体系的概念及基本内容。

## 相关知识

### 一、物流标准化概述

**1. 物流标准化的概念**

物流标准化是指按物流合理化的目的和要求，制定各类技术标准、工作标准、并形成全国乃至国际物流系统标准化体系的活动过程。其主要任务有以物流为一个大系统，制定系统内部设施、机械装备、专用工具等各个分系统的技术标准；制定系统内各环节工作标准，如包装、装卸、运输等方面的工作标准；研究各技术标准间、技术标准与工作标准间的配合性，研究物流系统与相关其他系统的配合性，最终实现统一物流大系统的标准。

**2. 物流标准化的作用**

物流标准化主要作用有3点：

第一，物流标准化是物流科学化管理的重要手段。要实现物流大系统高度的协调统一，必须要制定相关的标准，规范物流管理，使系统内部各环节有机的联系在一起。

第二，物流标准化可以降低物流成本，提供物流效益。物流的标准化可以使物流作业的各个环节更加顺畅，加快商品流通速度，保证物流服务质量，减少物流环节，降低物流成本。如物流信息的格式不标准，增加了信息录入环节的转换手续，浪费人力，延误作业时间。

第三，物流标准化是我国物流进军国际市场的通行证。随着经济全球化的日益发展，我国物流企业要与国际接轨，与国际惯例同步，物流的标准必须与国际一致。

**案例 1-4**

#### 上海百大配送有限公司的物流配送标准化管理的实践

上海百大配送有限公司（以下简称上海百大配送）是一个具有全国性的配送网络，专门从事第三方物流末段服务的专业公司。它近几年取得巨大的发展，这得益于有一套适合自己的标准化业务和管理流程，并实现与“阳光网达”等中游物流企业进行标准对接。

上海百大配送的物流标准化内容包括：机构设置及管理制度、程度的标准化；业务流程的标准化；业务开发的标准化；客户开发及维护的标准化；数据库建设的标准化（包括数据采集、分析、提供等）；与供应商、银行、终端消费者接口的标准化；属地公司及配送站建设的标准化等。上海百大配送的标准化管理主要经历了3个阶段的探索和实践。

第一阶段：基于ISO9002:1994标准建立并实施的标准化管理。首先，上海百大物流按照ISO9002:1994建立质量体系、行政财务管理体系，形成一套完整的公司管理手册（简称“管理手册V1.0”），并实施。这些措施规范了公司的运作和管理，使公司的业务运作及行政财务进入有序状态，提升了公司的服务质量，增强了竞争力，使该公司成为昆明地区物流配送行业的明星企业。

第二阶段：实行不同类型物品的物流配送运作过程规范化的标准化管理。上海百大配送综合所属四个物流企业的实际运作经验，按部门及功能块制订切实可行的管理制度及控制标准，形成了“管理手册V2.0”，并实施。这作为各地区公司在开展新业务时的标准，指导建立同类业务的业务流程、操作指导及管理控制标准，大大加快了各公司业务的拓展。

第三阶段：对有共性的不同物品的物流配送作过程一体化的标准化运作及管理的探索，并增加对客户、用户及合作者的接口标准化内容。随着上海百大配送业务运作的日趋成熟，各城市公司在物流配送运作中都不同程度地实现了不同物品、不同服务过程的资源共享及综合利用（注：资源包括人力、信息、基础设施、工作环境、供方、合作者、银行及财务资源等）。因此，上海百大配送总结公司在不同物品物流配送实际运作中的搭载经验，探索及总结公司关联单位、客户、用户及合作者的业务标准化接口，制订“管理手册V3.0”及后续同级版本。随着“管理手册V3.0”的实施，公司形成一套完整的供应链系统，提高了效率，极大提升了公司的竞争力。

分工合作是现代物流的一大特征，中国物流业需要重新整合才能得到发展，而各方物流的参与者只有使用统一的标准和规范，才能将干线物流、配送中心、物流末段服务等不同环节有机整合成一体，使中国物流全程高效率运行，成为中国新的经济增长点。

**思考：**

1．上海百大配送有限公司取得成功的关键在哪？为什么？

2．若要进军国际市场，上海百大配送的标准化实践还有哪些工作要做？

## 二、物流标准化内容与物流信息标准化

### 1. 物流标准化的内容

物流标准化的内容较多，按其应用范围来分，主要可以分为技术标准、工作标准和作业标准3类，其中技术标准主要又有8种，具体如表1-2所示。

表 1-2 物流标准化的主要内容

| 标准类型 | | 说明 |
|---|---|---|
| 技术标准 | 基础编码标准 | 是对物流对象物编码制定的标准，这是物流大系统能够实现衔接、配合的最基本的标准 |
| | 物流基础模数尺寸标准 | 是指基础模数尺寸标准化的共同单位尺寸，或系统各标准尺寸的最小公约尺寸 |
| | 物流建筑基础模数尺寸 | 物流系统中各种建筑物所使用的基础模数，它是设计建筑物长、宽、高尺寸，门窗尺寸，建筑物柱间距，跨度及进深等尺寸的依据 |
| | 集装模数尺寸 | 是在物流基础模数尺寸基础上，推导出的各种集装设备的基础尺寸，以此尺寸作为设计集装设备各尺寸的依据 |
| | 物流单据、票证的标准 | 物流单据、票证的标准化，可以加快信息的录入和采集，将管理工作规范化和标准化，也是进行数据交换和传递的基础标准 |
| | 标志、图示和识别标准 | 对于物流中的物流对象，需要有易于识别，又易于区分的统一标识 |
| | 专业计量单位标准 | 除国家公布的统一计量标准外，物流系统还有许多专业的计量问题，必须在国家及国际标准基础上，确定本身专门的标准 |
| | 物流专业名词标准 | 物流专业名词标准包括物流用语的统一化及定义的统一解释，还包括专业名词的统一编码 |
| 工作标准 | 是对工作内容、方法、程序和质量要求所制定的标准，是对各项物流工作制定的统一要求和规范化制度，例如各岗位的职责及权限、工作人员的考核办法等 | |
| 作业标准 | 是指在物流作业过程中，物流设备运行标准、作业程序、作业要求等标准。这是实现物流作业规范化、效率化及保证作业质量的基础 | |

具体在物流的各子系统中，主要的技术标准有：运输车船标准、作业车辆标准、传输机具标准、仓库技术标准、包装、货架、储罐、托盘、集装箱标准、站台技术标准、信息标准等。

**2. 物流信息标准化**

物流信息标准化是研究、制定和推广统一的物流信息分类分级、记录格式及其转换、编码等技术标准的过程。它将利于实现不同层次、不同部门信息系统间的信息共享和系统兼容。当今的物流活动（特别是供应链）需要把活动中各个伙伴、各个环节联接成一个整体，而物流信息是实现这个目标的关键纽带。物流信息标准化把物流相关编码、文件格式、数据接口等实现标准化，减少由于单证格式及编码不统一，造成的数据和单证多次录入，造成的高成本、高出错率等问题，打通物流活动各环节间的沟通壁垒，消除不同企业间的信息障碍。

物流信息标准的制定应遵循科学性、实用性和可行性原则，适合一定时期经济、社会和科学技术发展阶段，并为社会所公认和用法令形式予以推行，容许周期性修订和更新。

## 三、物流信息标准化体系简介

**1. 国际上物流信息标准化机构**

国际上与物流信息标准化建设相关的机构主要有国际标准化组织（ISO）、全球第一贸易标准化组织（简称GS1）、全球商务联盟（简称GCI）、国际标准化组织（ISO）和国际电工协会（IEC）共同设置的SC31分技术委员会、RosettaNet标准组织等，它们共同致力于物流信息标准化体系的建设。

其中，GS1由国际物品编码协会（EAN）和美国统一代码委员会（UCC）合并而成。它将自身定位为全球第一商务标准化组织，其宗旨是推广“全球商务语言——EAN·UCC系统”（在我国称为全球统一标识系统，简称ANCC系统）；GCI是一个全球用户组织，代表着上百万家大小型企业的利益，它的工作是鼓励和推行EAN·UCC标准在全球内使用；SC31分技术委员会是自动识别和数据采集技术及应用的标准化工作的组织；RosettaNet标准组织为非营利性组织，致力于建立、应用并提倡开放性的电子商务标准，旨在形成共同的电子商务语言，以使全球各贸易伙伴间的各类程序一致化。

更多的GS1系统信息，请参见中国物品编码中心网站网页：

http://www.ancc.org.cn/Knowledge/GS1System2.aspx

**2. 我国物流信息标准体系**

2003年，国家标准化管理委员会批准成立了全国物流标准化技术委员会和全国物流信息管理标准化技术委员会两个标准化技术委员会。全国物流信息管理标准化技术委员会主要负责物流信息基础、物流信息系统、物流信息安全、物流信息管理、物流信息应用等领域的标准化工作，秘书处设在中国物品编码中心。我国的物流信息标准体系的修订采用了尽量等同或修改采用国际标准和国外先进标准方式，这有利于促进我国物流尽快与国际物流的接轨，增强我国物流相关企业在国际市场上的竞争能力。

更多的物流信息标准体系信息，请参见全国物流信息管理标准化技术委员会网站网页：

http://www.tc267.org.cn/news/?id=128Knowledge/GS1System2.aspx

目前，国际最通行的物流信息标准是全球统一标识系统（简称ANCC系统，又称GS1系统），也是我国主要参照和采用的物流信息标准。它是一套关于商品、物流单元、资产、位置和服务关系等的全球统一标识标准及相关技术的标准（包括信息采集技术标准、信息交换技术标准和信息应用标准等商务标准）。我全国物流信息管理标准化技术委员会参照此系统确立了我国物流信息标准体系，主要包括物流信息技术标准、物流信息管理标准及物流信息服务标准，具体框架如图1-6所示。

（1）物流信息技术标准

物流信息系统的建立，要在4个层次上进行标准化：物理层、表示层、交换层和应用层。物理层的标准化是指物流设施和技术装备的标准化，是属于传统物流方面的标准化的范畴。而表示层、交换层和应用层的标准化是指物流信息表示、物流信息交换、物流信息应用方面的标准化，是属于物流信息标准化的范畴。物流信息技术标准按表示、交换和应用3个层次来划分，可分为：物流信息分类编码标准、物流信息采集标准、物流信息交换标准、物流信息系统及信息平台标准。

（2）物流信息管理标准

目前，物流信息管理方面的标准主要是指产品电子代码系统（简称EPC系统）的管理标准，因为EPC系统要在我国推广和应用，相应的管理过程也要标准化。主要包括EPC系统准入制度、EPC注册登记制度、EPC数据管理和维护制度、EPC系统一致性测试方法和EPC系统安全体系等。

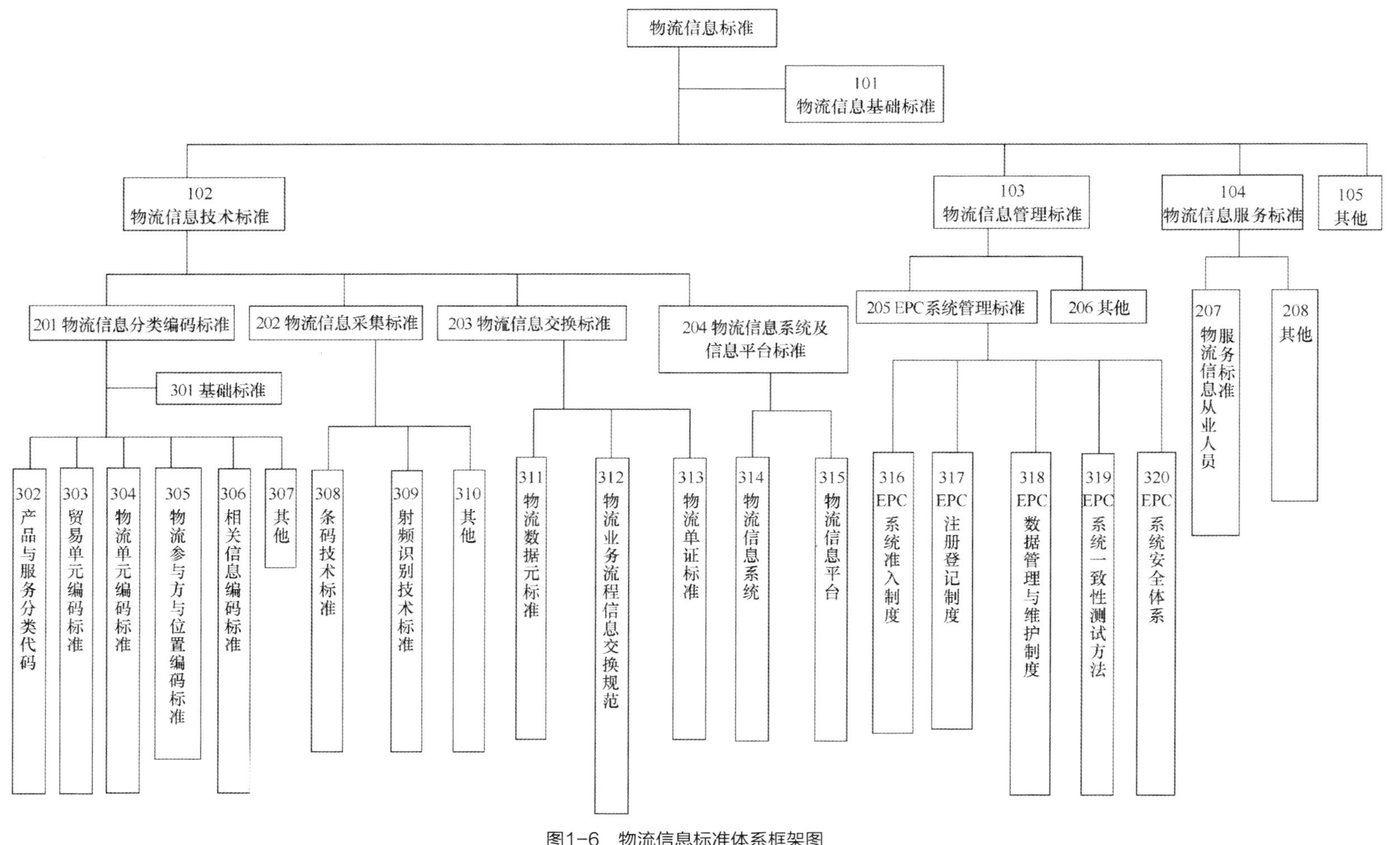


图1-6 物流信息标准体系框架图

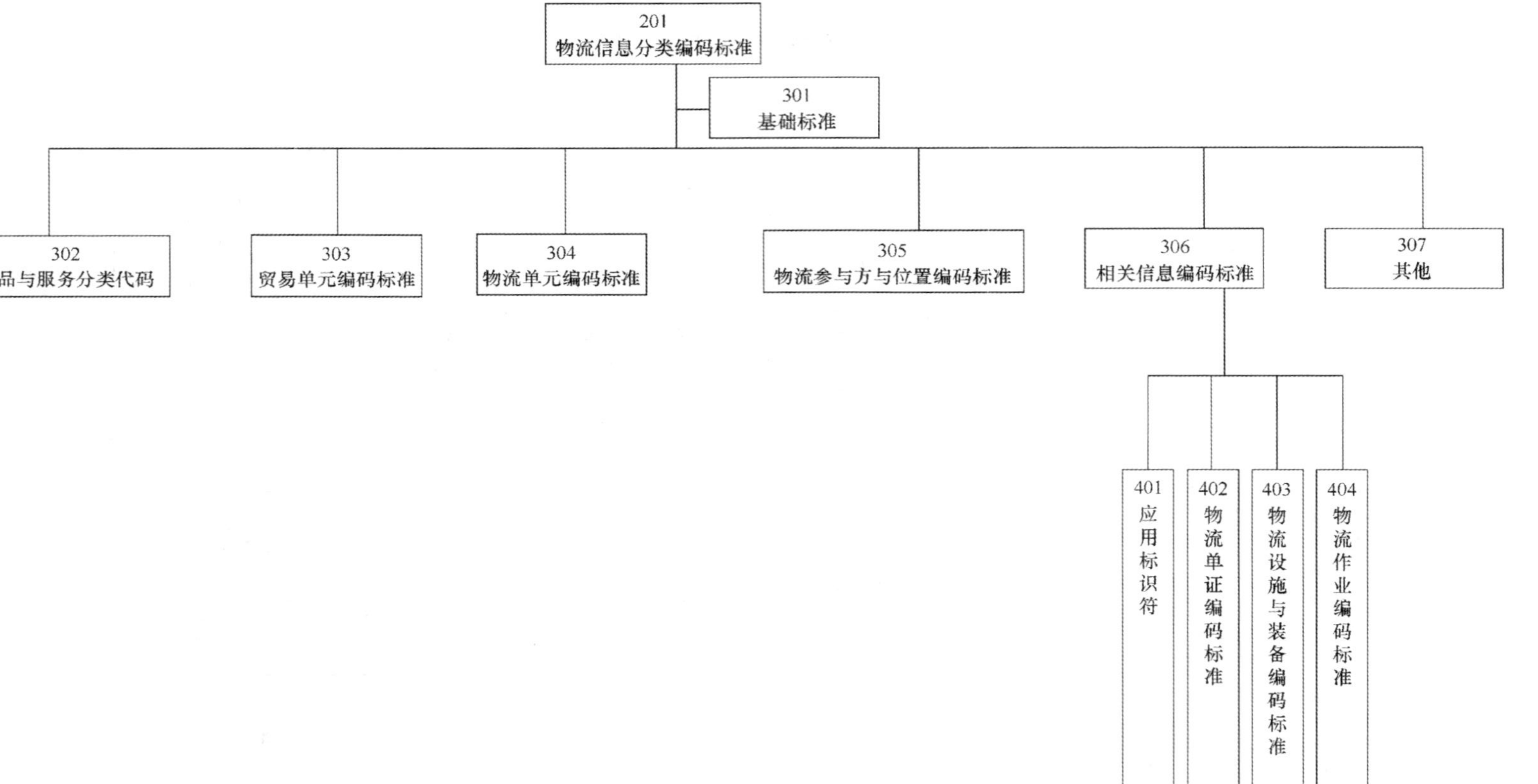


图1-6　物流信息标准体系框架图（续1）

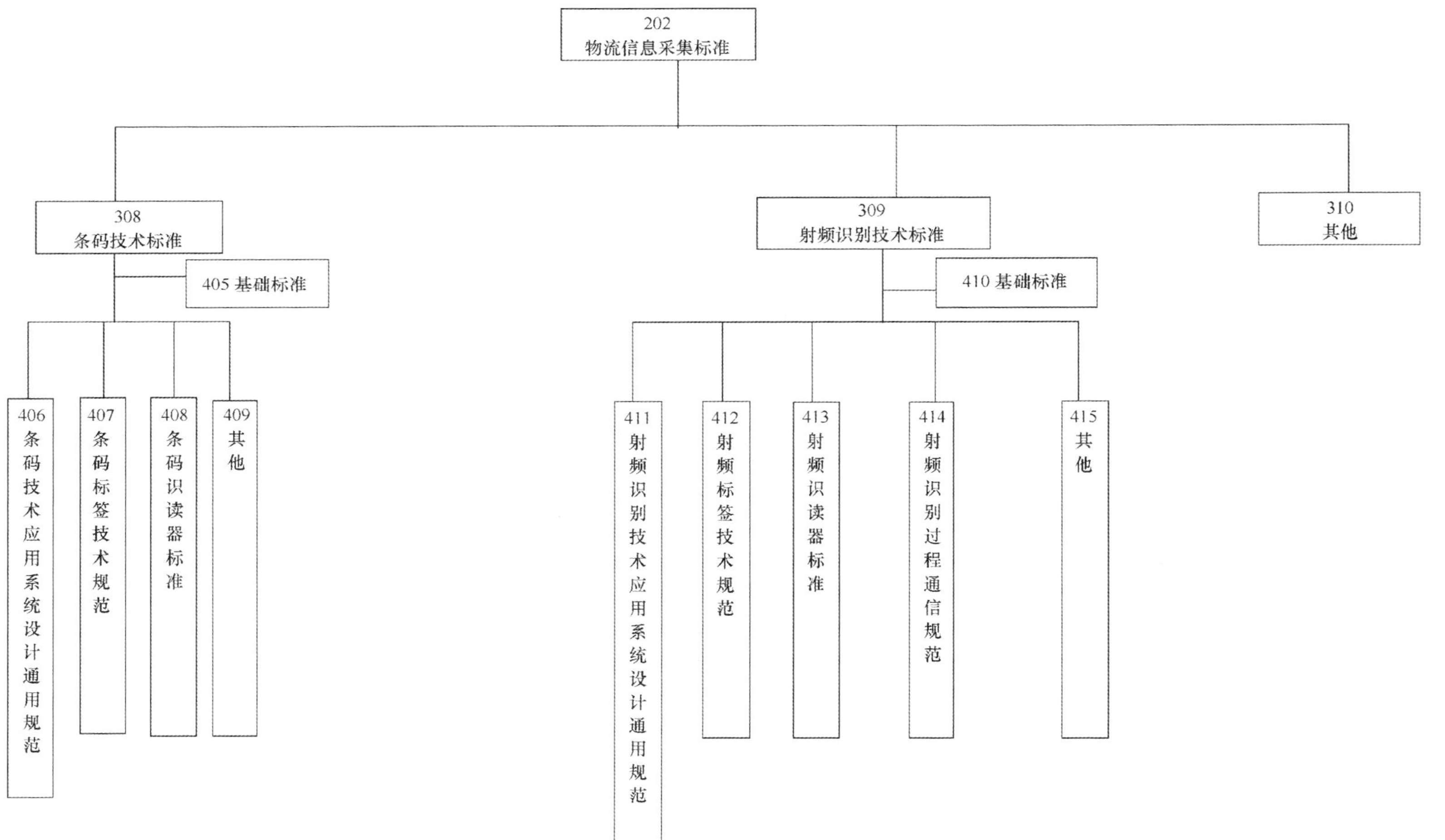


图1-6 物流信息标准体系框架图（续2）

（3）物流信息服务标准说明

物流信息服务标准主要是物流信息从业人员服务标准。随着越来越多的人从事物流信息服务，规范从业人员的素质，急需制定相关标准。

**3. 我国主要物流信息标准**

在此框架下，我国沿用、修订和制定了一系列国家物流信息标准。部分标准如表1-3所示。

表 1-3　部分国家物流信息标准

| 标准名称 | 标准号 |
|---|---|
| 参与方位置编码与条码表示 | GB/T 16828—2007 |
| 店内条码 | GB/T 18283—2008 |
| 条码符号印制质量的检验 | GB/T 18348—2008 |
| 储运包装商品编码与条码表示 | GB/T 16830—2008 |
| 零售商品编码与条码表示 | GB 12904—2008 |
| 物流单元编码与条码表示 | GB/T 18127—2009 |
| 应用标识符 | GB/T 16986—2009 |
| 条码符号放置指南 | GB/T 14257—2009 |
| 服务关系编码与条码表示 | GB/T 23832—2009 |
| 资产编码与条码表示 | GB/T 23833—2009 |
| 贸易项目的编码与符号表示导则 | GB/T 9251—2003 |
| EAN•UCC 系统 128 条码 | GB/T 15425—2002 |
| 动物射频识别技术准则 | GB/T 22334—2008 |
| 基于 ebXML 的商业报文第 1 部分：贸易项目 | GB/T 25114.1—2010 |
| 基于 ebXML 的商业报文第 2 部分：参与方信息 | GB/T 25114.2—2010 |
| 基于 ebXML 的商业报文第 3 部分：订单 | GB/T 5114.3—2010 |
| 货物运输常用残损代码 | GB/T 14945—1994 |
| 货物类型、包装类型和包装材料类型代码 | GB/T 16472—1996 |
| 运输方式代码 | GB/T 6512—1998 |
| 订购单报文 | GB/T 17231—1998 |
| 收货通知报文 | GB/T 17232—1998 |
| 发货通知报文 | GB/T 17233—1998 |
| 交货计划报文 | GB/T 18125—2000 |
| 配送备货与货物移动报文 | GB/T 18715—2002 |

续表

| 标准名称 | 标准号 |
| --- | --- |
| 订购单应答报文 | GB/T 17537—1998 |
| 运输状态报文 | GB/T 19255—2003 |
| 参与方信息报文 | GB/T 18130—2000 |

**小渠道**

物流信息的国家标准对于企业制定自身的信息流通规范有重大意义，但是要国家标准化管理委员会、全国物流信息管理标准化技术委员会和中国物品编码中心的网站上只简单介绍了标准的概况，很难找到标准具体的内容，下面为大家推荐几个标准免费下载网站。

标准分享网，网址为：http://www.bzfxw.com/

标准资料网，网址为：http://www.pv265.com/

食品伙伴网下载中心，网址为：http://down.foodmate.net/

更多的物流信息标准，请参见中国物品编码中心网站网页：

http://www.ancc.org.cn/Knowledge/Standard.aspx

国家实行“十二五”以来，我国物流标准体系逐步完善，物流标准制定和修订工作顺利推进，物流标准实施成效显著，物流标准化机制不断完善，为物流业健康发展发挥了重要作用。截至2014年6月底，我国已发布各类物流标准达794项。冷链物流、医药物流、应急物流、汽车物流等专业类物流标准的制定和修订工作深入推进，专业类物流标准数量和水平大幅提升，有力地推动了专业物流的快速发展。物流作业全流程与物流各领域逐步实现“有标准可依”。

## 任务实训1-3

**实训内容：**

某超市要给店内的部分商品设置13位店内码，却不知从何下手，请为其出谋划策。

1. 请查找店内码的国家标准，并在网上下载此标准；
2. 查看标准的有关内容，说明店内码的作用，找出店内码的结构种类；
3. 超市某项商品的店内码的前缀是22，商品项目代码是5935000568，请用不包含价格信息的店内码标准结构，计算店内码的效验码，设计店内码的代码，并用网络条形码生成器生成此商品的条形码（采用EAN-13商品条码类型）。温馨提示：在国标GB 12904—2008附录B中有13位代码效验码的计算方法。
4. 请为超市散装花生米设置店内码。

**实训要求：**

完成上述的内容，完成实训报告。

# 课后练习

**一、简答题**

1. 简述信息与数据的区别是什么。
2. 常见的数据处理手段有哪些？
3. 如何理解物流信息的概念？
4. 常见的物流信息技术有哪些？
5. 简述物流信息标准化的作用。
6. GS1系统是个什么样的系统？

**二、判断题（正确填A，错误填B）**

1. 数据就是数字，它可以加减乘除运算。（　　）
2. 信息是数据所表达的客观事实，来源于物质，来源于物质的运动。（　　）
3. 从广义上理解，运输工具的相关数据也是物流信息。（　　）
4. 数据处理一定是进行复杂数学模型运算的过程。（　　）
5. 物流信息技术就是在物流上运用的计算机技术。（　　）
6. 物流信息的标准化工作从来都是一项艰巨的工程。（　　）

**三、单选题**

1. 下列关于数据不对的是（　　）。

A. 数据简单地说就是描述客观事物可以鉴别的符号　B. 数据可以是声音

C. 数据可以被计算机处理　D. 数据只能由数学算式处理

2. 下列关于信息不对的是（　　）。

A. 信息来源于物质，来源于物质的运动

B. 信息是指数据处理后所形成的对人们有意义的和有用处的文件、表格和图形等

C. 信息能导致某种决策行动

D. 信息可以是人们的想象

3. 物流企业采用信息技术最难达到的高度是（　　）。

A. 支持它的经营战略　B. 提高物流活动的效率

C. 无需人类得参与，完全由机器经营、作业　D. 增强整个企业经营决策能力

4. 物流信息信息化说法不正确的是（　　）。

A. 物流信息化的程度越高，企业所消耗的成本越高，因为设备、技术成本高

B. 物流信息化程度越高越能推动现代物流信息技术的发展

C. 是现代物流发展的必然要求和基石

D. 是现代物流的灵魂

5. 关于物流标准化主要作用不正确的是（　　）。

A. 物流标准化是物流科学化管理的重要手段

B. 物流标准化可以实现物流企业信息毫无保留的共享

C. 物流标准化可以降低物流成本，提供物流效益

D. 物流标准化是我国物流进军国际市场的通行证

**四、多选题**

1. 对信息与数据的关系，描述正确的有（　　）两大类。

A. 数据是信息的载体

B. 信息是数据的语义表示

C. 信息与数据是不可分离的

D. 信息可以简单地理解为数据中包含的有用的内容

2. 数据处理包含（　　）。

A. 数据采集、存储　　B. 数据加工　　C. 数据检索

D. 数据变换和传输　　E. 数据识别、分类、检验

3. 下列是物流信息的有（　　）。

A. 投寄人的基本信息、收件人的基本信息、货物的基本信息

B. 法律法规，货物的存储信息、车辆信息、地图、路线安排

C. 订货单、收货单、分拣单、寄件单，天气、交通状况

D. 送货员小李家的狗病了

4. 物流信息的特点有（　　）。

A. 广泛性　　B. 联系性　　C. 多样性

D. 动态性　　E. 间歇性　　F. 复杂性

5. 物流信息化发展存在的问题有（　　）。

A. 物流信息化的认识和理解程度仍然偏低

B. 物流信息技术未被广泛地应用，信息化系统功能简单、应用层次较低的问题还普遍存在

C. 物流信息平台的建设和运营模式虽然成熟了，但是运用不够

D. 物流信息标准体系发展滞后

6. 物流信息的作用有（　　）。

A. 沟通联系的作用　　B. 辅助决策分析　　C. 管理控制

D. 引导和协调　　E. 缩短物流管道　　F. 价值增值

7. 在我国物流信息标准体系，主要包括（　　）。

A. 物流信息技术标准　　B. 物流信息管理标准

C. 物流信息服务标准　　D. 物流信息管理框架标准

**五、名词解释**

物流信息　　信息处理　　物流信息技术　　物流信息化

物流信息标准化　　物流信息公共平台

## 项目综合实训一

**一、实训目的**

学会熟练使用所学过的网络工具和Office工具处理物流数据，能用合适的形式组织所掌握的信息，形成对决策有利的相关文件。

**二、实训方式**

实训场所安排在计算机机房，需上网。

**三、实训内容及步骤**

1. 任务

某物流企业计划在珠海（在实训时，教师可根据自身所处的地方设定环境）建立一个物流分公司。请根据表1-4（珠海主要交通要道——珠海大道在某一时刻的各类汽车流量）所提供的数据，完成下列任务，为此物流企业提炼有用的信息，并设计物流分公司建设方案。

表 1-4　某段时间珠海大道各类汽车流量表

| 种类 | 通过时间 | 行驶情况（驶入或驶出） | 载重量（或载客量） | 备注 |
|---|---|---|---|---|
| 客车 | 10:10 | 大驶入 3　驶出 5 | 40 人 | |
| 客车 | 10:10 | 中驶入 10　驶出 12 | 20 人 | |
| 货车 | 10:10 | 大驶入 4　驶出 5 | 20 吨 | |
| 货车 | 10:10 | 中驶入 12　驶出 12 | 15 吨 | |
| 冷藏车辆 | 10:10 | 大驶入 2　驶出 3 | 15 吨 | |
| 冷藏车辆 | 10:10 | 中驶入 4 驶出 2 | 10 吨 | |
| 摩托车 | 10:10 | 驶入 10　驶出 20 | 2 人 | |
| 其他 | 10:10 | 驶入 1　驶出 1 | | 军警车辆等 |
| 摩托车 | 10:12 | 驶入 15 驶出 12 | 3 人 | |
| 其他 | 10:12 | 驶入 2 驶出 1 | | 军警车辆等 |
| 其他 | 10:15 | 驶入 3 驶出 1 | | 军警车辆等 |
| 客车 | 10:15 | 小驶入 10　驶出 8 | 10 人 | |
| 客车 | 10:17 | 小驶入 9　驶出 6 | 10 人 | |
| 货车 | 10:15 | 小驶入 15　驶出 7 | 8 吨 | |
| 货车 | 10:17 | 小驶入 8　驶出 9 | 15 吨 | |
| 冷藏车辆 | 10:15 | 小驶入 1　驶出 2 | 2 吨 | |
| 冷藏车辆 | 10:16 | 小驶入 4　驶出 1 | 10 吨 | |
| 摩托车 | 10:15 | 驶入 6　驶出 8 | 2 人 | |
| 其他 | 10:18 | 驶入 1 驶出 1 | | 军警车辆等 |
| 客车 | 10:20 | 大驶入 5　驶出 5 | 40 人 | |
| 客车 | 10:20 | 中驶入 8　驶出 12 | 20 人 | |
| 货车 | 10:20 | 大驶入 3　驶出 7 | 20 吨 | |
| 货车 | 10:20 | 中驶入 8　驶出 12 | 8 吨 | |
| 冷藏车辆 | 10:20 | 大驶入 3　驶出 2 | 15 吨 | |
| 冷藏车辆 | 10:20 | 中驶入 2　驶出 3 | 2 吨 | |
| 摩托车 | 10:20 | 驶入 3　驶出 7 | 2 人 | |

注：驶入是指通往市区，驶出是指通往西部工业区、水产业区。

（1）请把原始数据按表1-5的要求，进行数据统计。

表 1-5　时间段内车流量统计表

| 种类 | 行驶情况（驶入或驶出） | 总物品重量或总客车人数 | 数量 |
|---|---|---|---|
| 客车 | | | |
| 大 | 驶入 | | |
| | 驶出 | | |
| 中 | 驶入 | | |
| | 驶出 | | |
| 小 | 驶入 | | |
| | 驶出 | | |
| 货车 | | | |
| 大 | 驶入 | | |
| | 驶出 | | |
| 中 | 驶入 | | |
| | 驶出 | | |
| 小 | 驶入 | | |
| | 驶出 | | |
| 冷藏车 | | | |
| 大 | 驶入 | | |
| | 驶出 | | |
| 中 | 驶入 | | |
| | 驶出 | | |
| 小 | 驶入 | | |
| | 驶出 | | |
| 摩托车 | | | |
| | 驶入 | | |
| | 驶出 | | |

（2）请按表1-6的要求，统计数据（可以增加行）。

表 1-6　时间段内运送对象统计表

| 运输对象 | 行驶情况（驶入或驶出） | 总载重量 | 总人数 | 总车流量（车次） |
|---|---|---|---|---|
| 普通货物 | 驶入 | | | |
| | 驶出 | | | |

注：请根据表 1-4 提供的信息，补充运输对象，在下方增加行表示。

（3）假定观察时间段内的车流量情况一样，请根据表1-6中的运输对象，按表1-7要求推算数据。

表 1-7　运送对象数量推算表

| 计算时间 | 行驶情况（驶入或驶出） | 总载重量 | 总人数 | 总车流量（车次） |
|---|---|---|---|---|
| 日 | 驶入 | | | |
| | 驶出 | | | |
| 月 | 驶入 | | | |
| | 驶出 | | | |
| 年 | 驶入 | | | |
| | 驶出 | | | |

注：一天按 24 小时计算，一周 7 日，一个月 30 日。

（4）请考虑实际情况：每个时段、每天的车流量不一样，怎么处理？（各组讨论，记录原因）讨论出结果，再按统一标准处理表1-7中的数据，填写表1-8（填写本组认为合理的推导数据）。

表 1-8　考虑实际情况的运输对象数据表

| 计算时间 | 行驶情况（驶入或驶出） | 总载重量 | 总人数 | 总车流量（车次） |
|---|---|---|---|---|
| 日 | 驶入 | | | |
| | 驶出 | | | |
| 月 | 驶入 | | | |
| | 驶出 | | | |
| 年 | 驶入 | | | |
| | 驶出 | | | |

（5）假如，运输对象流量实际最大值与表1-8计算结果相比，最大的人口流量是表1-8计算结果的1.5倍，最大的货物流量是表1-8计算结果3倍，车流量是表1-8计算结果的2倍，填写表1-9。

表 1-9　运输对象流量最大值实际推算表

| 计算时间 | 行驶情况（驶入或驶出） | 当前总载重量 | 剩余的总载重量 | 当前总人数 | 剩余的总人数 | 当前总客车流量（车次） | 剩余的总车流量（车次） |
|---|---|---|---|---|---|---|---|
| 日 | 驶入 | | | | | | |
| | 驶出 | | | | | | |
| 月 | 驶入 | | | | | | |
| | 驶出 | | | | | | |
| 年 | 驶入 | | | | | | |
| | 驶出 | | | | | | |

（6）利用上面统计的信息，为将要建立的物流公司确立主营业务，并说明理由。

（7）若物流企业准备为这家分公司投资300万元，请根据设定的主营业务，根据该地区的交通、政策、天气等现实情况，为分公司选址、组建公司团队、购买车辆。要求填好实训报告，并作好PPT向大家汇报，PPT中要求必须包含图、表等形式（提示：可利用搜索引擎，例如百度，查找相关资料——物流公司组织结构、车辆价格、工资水平、地理和交通情况、政策情况等）。

2. 实训指导

分小组进行实训，建议4位同学为一组。

（1）每组选出组长，自行分配组员任务。

（2）按要求完成任务，记录实训步骤。

（3）在实训汇报中，可先写清楚如何获取数据，采用了哪些方法处理数据，然后根据这些数据，说明如何创建物流公司（公司人员需多少，汽车需多少辆，为什么这么设定），最后写出如果再给哪些信息，你们能把公司建得更好（其中主营业务为货运、客运或冷链运输。设计时，主营业务不能超过两个）。

**四、实训结果**

每小组提交一份实训报告和汇报PPT，选派1人向全班汇报。

# 项目二
# 物流数据采集技术

## 项目目标

### 知识目标

了解常见的自动识别技术，熟悉各种技术的特点及其应用领域；

掌握条码的基本概念、识读原理，各种条码结构、类型以及在物流中的应用；

熟悉一、二维条码的基本特点及其使用方法；

掌握RFID技术的特点、组成、工作原理及其在物流中的应用方法；

掌握 RFID 技术的使用方法。

### 能力目标

能为物流企业选择合适的识读设备；

能为企业申请、编制合适的商品条码；

能给物流单元编制合适的条码；

能在物流领域内使用RFID技术。

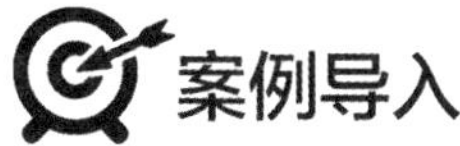

## 中远物流用条码与RFID技术“疗伤”

中国远洋物流有限公司是国内第三方物流的头牌企业，它在仓储管理和物流硬件设施方面拥有同行企业艳羡的资本。但这位物流老大似乎也有自己的苦处，在仓储管理中，中国远洋物流有限公司虽然整体上实现了智能化操控，但还有一些工作流程需要传统的手工操作来完成，这些步骤导致物流数据采集困难，造成物流作业的差错率难以避免。

中远物流信息科技项目经理黄大雷对中国远洋物流有限公司的仓储管理状况进行了分析，总结了两点：第一，手工作业太多，差错率太高（3%～5%），给公司造成了客户流失；第二，盘点作业不科学，给企业的带来了重大的成本压力。

这两处致命伤让中国远洋物流有限公司不得不绷紧神经。就如黄经理所说，如果说以往的差错率是久治不愈的顽疾让管理者头疼不已，那么每次盘点的繁重工作则成为工作人员的噩梦。而解决这两个问题的关键，就在于提高数据的采集效率及准确率。

2010年，中国远洋物流有限公司将在其指定的配送中心全面部署美国易腾迈的条码和RFID结合的仓储管理解决方案。这个方案主要有下面3方面的内容：

一、货物单品和包装箱上采用条码技术记录产品。

二、托盘和货架上贴上RFID的标签。RFID的出现意味着仓储中收货、入库、存货管理、盘点、拣货和出库发运等所有作业环节都是在仓库管理信息系统的支持和控制下完成。

三、仓库作业人员配有手持读写器，叉车上则安装了车载读写器。这两个终端接收任务，收到任务后，作业人员按照要求完成相应的操作。

中国远洋物流有限公司运用这个方案后，不仅治好了“伤痛”，而且取得了非常好的效果。

第一，降低了物流作业的出错率，使作业差错率控制在1%以下，提高服务质量，提升了客户的满意度，不仅留住了优质客户，而且扩大了客户群。

第二，提高了作业效率，降低了作业成本。有了精准的数据指导，物流作业的效率提高了30%以上。

经过1年多的试运行，该方案已经在中国远洋物流有限公司的试点区域获得了巨大的成功，已经全面在中远物流推广。

### 思考

1．为什么中国远洋物流有限公司要采用条码和RFID技术进行存储管理，但不全用RFID技术？

2．条码和RFID技术是什么？它们又是怎么解决中远物流的存储管理问题的？

3．请分析利用条码和RFID技术后，货物上架操作流程与之前有怎样的变化？

# 任务一
# 自动识别技术的认知

## 任务目标

完成此任务后，学生能列举常见自动识别技术，并对它们进行简单的应用。

**知识要点：**自动识别技术的基本概念；条码技术、磁条磁卡技术、IC卡技术、光学字符识别、射频技术、声音识别及视觉识别等各种自动识别技术的特点及其应用范围。

## 相关知识

### 一、自动识别技术的概念

在过去物流信息的管理中，大多数企业多采用单据、凭证、传票为载体，以手工记录、电话沟通、人工计算、邮寄或传真等手段，对物流信息进行采集、记录、处理、传递和反馈。这种对信息处理的方式不仅极易出现信息采集速度慢、容易出差错的现象，而且导致信息传递过程复杂、信息滞后，使得管理者对物品在流动过程中的各个环节难以统筹协调，不能系统控制，更无法实现对物流系统的优化和实时监控，最终使得物流系统运作效率低下，大量的人力、物力、资金遭到浪费。而解决这个问题关键是实现企业信息化管理，要实现企业信息化管理第一步就是迅速、准确地采集数据。数据的采集是企业整个物流信息系统的基础，它的效率和正确性直接影响到企业的决策。现代化自动识别技术的出现满足了现代化物流企业对信息采集的要求。

所谓自动识别技术就是利用一定的识别装置，通过被识别物品和识别装置之间的接近活动，自动地获取被识别物品的相关信息，并提供给后台的计算机处理系统来完成相关后续处理的一种技术。为了更好理解，我们先看一个案例。

**案例 2-1**

法网恢恢，疏而不漏
——面部识别技术擒逃犯

美国一名名叫“Neil Stammer”的罪犯，在1999年因猥亵和绑架幼童的罪名成为网络通缉犯，但因该罪犯会多国语言而且善于伪装，并于案发后逃离国外，导致线索中断。在这以后14年间，该案件一直陷入僵局，直到在今年1月份借助FBI的面部识别系统最终在尼泊尔成功将其抓捕，让这起陈年旧案最终画上圆满的句号。原来Stammer在这14年中辗转多国，最终落脚尼泊尔，随后他化名为“Kevin Hodges”，作为一名尼泊尔人向当地的美国领事馆提交了最新的美国入境签证申请，美国外交安全服务（DSS）部门，在收到这份请求之后，觉得可疑，及时联系了FBI。FBI技术人员利用领事馆监控拍摄的影像，通过面部识别技术同此前的逃犯进行匹对，确认了其真实身份，最终抓捕了这名在逃14年的罪犯。面部识别系统具体工作流程如图2-1所示。

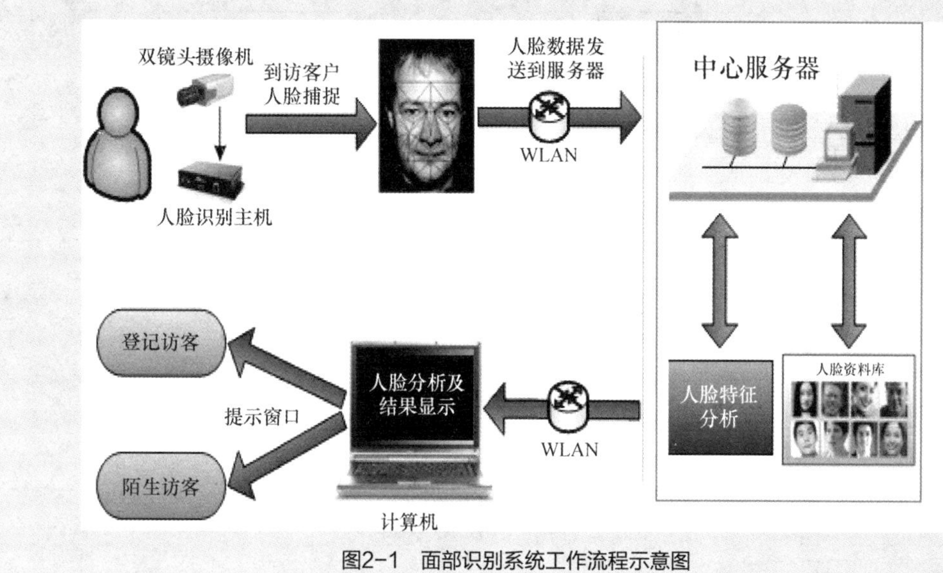


图2-1　面部识别系统工作流程示意图

从上面的案例可以看出，自动识别技术将计算机、光、电、通信和网络技术融为一体，与互联网、移动通信等技术相结合，实现了全球范围内物品的跟踪与信息的共享，实现人与物体以及物体与物体之间的沟通和对话。

在我们的生活中也有许多自动识别技术的实例，例如，商场的条形码扫描系统就是一种典型的自动识别技术，售货员通过扫描仪扫描商品的条码，获取商品的名称、价格，输入数量，后台POS系统即可计算出该批商品的价格，从而完成顾客的结算；而当顾客采用信用卡支付的形式进行支付时，这个支付过程本身也是自动识别技术的一种应用形式。

现代化的物流更离不开自动识别技术，从仓储、运输、装卸搬运等物流作业，到快递、供应链、国际货运等综合物流系统都有自动识别技术的忙碌的身影。物流作为一种复杂的生产过程，产生的实时数据比其他任何工作都要密集，数据量都要大。自动识别技术（如条码、RFID技术）在物流信息系统中的应用，将人们从繁重的、重复的、不精确的手工劳动中解放出来，解决了人工数据输入速度慢、误码率高、劳动强度大、工作简单重复性高等问题，为计算机信息处理提供了快速、准确、有效的数据采集手段，提高了物流系统信息的实时性和准确性，为生产的实时调整、财务的及时总结以及决策的正确制定提供正确的参考依据。

## 二、自动识别技术的种类

### 1. 自动识别技术的分类

自动识别技术近几十年在全球范围内得到了迅猛发展，初步形成了一个包括条码技术、磁条磁卡技术、IC卡技术、光学字符识别、射频技术、声音识别及视觉识别等集计算机、光、磁、物理、机电、通信技术为一体的高新技术学科。按照国际自动识别技术的分类标准，自动识别技术可以分为两大类。第一类是数据采集技术，包括光存储器技术、磁存储器技术以及电存储器技术；第二类是特征提取技术，包括生物识别技术、图像识别技术等。具体如图2-2所示。

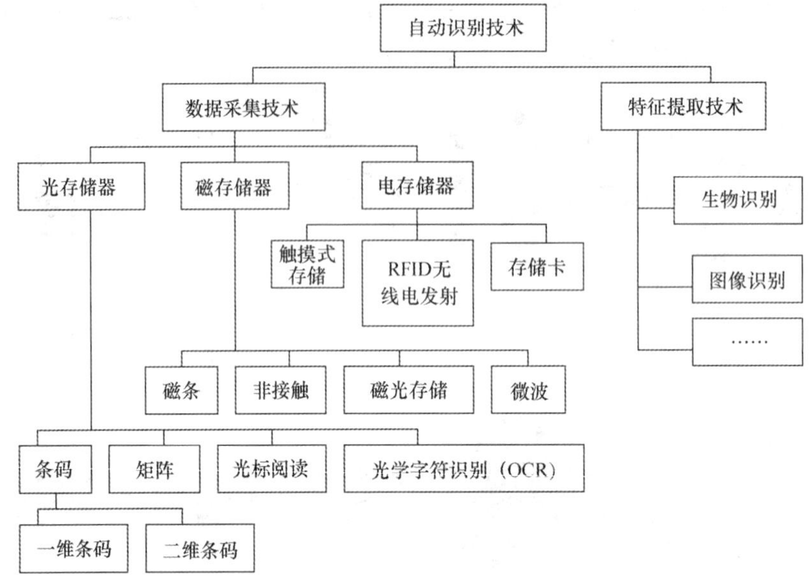


图2-2　自动识别技术分类图

第一类数据采集技术在日常生活中较为常用，像条码技术、射频识别技术、磁卡技术、IC卡技术和光学字符识别技术等，几乎随处可见；而第二类特征提取技术最早只在一些高端领域内应用（比如军事领域），现在也逐步在生活和生产中推广，比如现在很多的手机可以实现通过指纹识别开机、声音输入查找等。

**2. 常用的自动识别技术简介**

下面简要介绍几种常见的自动识别技术。

（1）条码技术

条码技术是应用非常广泛的自动识别技术，它主要应用于商业、邮政、图书管理、仓储、工业生产过程控制、交通等领域。条码技术是在计算机应用中产生并发展起来的，具有输入快、准确度高、成本低、可靠性强等优点。它的核心是条码符号，我们所看到的条码符号是由一组排列规则的条、空，以及相应的数字字符组成，这种用条、空组成的数据编码符号可以供机器识读，而且很容易译成二进制数和十进制数，供计算机识别使用。条和空各种不同的组合方法，构成了不同的图形符号，这就是各种条码符号所形成的体系，也称码制。不同码制的条码，适用于不同的应用场合。

目前使用频率较高的几种码制是：EAN、UPC、EAN128码、交插25码和39码，如表2-1所示。

表2-1　几种常见的一维条码

| 码制 | 应用 | 特点 |
|---|---|---|
| EAN码 | 主要用于商品标识 | 定长、无含义的条码，全球通用 |
| UPC码 | 主要用于商品标识 | 定长、无含义的条码，主要在北美地区使用 |

续表

| 码制 | 应用 | 特点 |
| --- | --- | --- |
| EAN128 条码 | 表示生产日期、批号、数量、规格、保质期、收货地等更多的商品信息 | 一种连续型、非定长有含义的高密度代码，全球通用 |
| 交插 25 码 | 运输、仓储、工业生产线、图书情报的识别与管理 | 一种连续型、非定长、有自校验功能的双向条码，全球通用 |
| 39 码 | 应用于汽车行业、材料管理、医疗卫生、邮政、储运单元等领域 | 一种连续型、非定长、有自校验功能的双向条码，全球通用 |

表2-1中的条码都是一维条码。由于条码应用领域的不断拓展，所以对一定面积上的条码信息密度和信息量提出了更高的要求。为了更好地满足这种需求，一种新的条码编码形式——二维条码便应运而生了。二维条码常用于地址搜索，身份认证，报表、票据、证件管理，信息保密，数据存储，物品的追踪溯源和车辆控制与识别等。常见的条码如图2-3所示。

EAN 码

UPC-A 码

EAN128 码

12345678
CODE39 码

20081234567808
ITF14 码

交叉25 码

PDF417 码

DATA MATRIX

QR CODE

图2-3 典型的条码

条码技术包括编码技术、符号技术、识读技术、印制技术以及检测技术。由于条码技术在物流应用中较为广泛，本书将在任务二中详细介绍。

（2）射频识别技术

射频识别技术（Radio Frequency Identification Technology）的基本原理是电磁理论，是一种非接触式的自动识别技术。它的优点是识别距离远、射频识别标签具有可读写能力、可携带大量数据、难以伪造等。射频识别技术适用于物料跟踪、运载工具和货架识别等要求非接触数据采集和交换的场合，由于射频识别标签具有可读写能力，对于需要频繁改变数据内容的场合尤为适用。

与条码系统中的条码类似，射频系统中有射频识别标签，它是一种标签形式，将特殊的信息编码进电子标签，标签被粘贴在需要识别或追踪的物品上，如货架、汽车、自动导向的车辆、动物等。图2-4所示就是射频识别系统在汽车生产线上的应用。

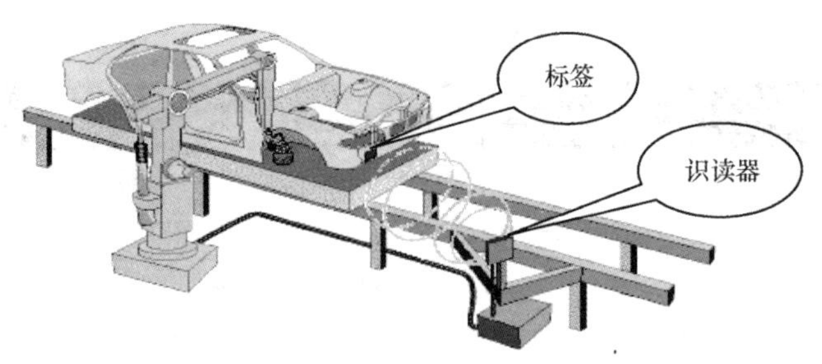


图2-4　射频识别标签自动识别车辆

目前，射频识别技术最普遍的应用是在交通运输（汽车、货箱识别）、路桥收费、保安（进出控制）、自动生产和动物标签等方面。其他方面的应用还包括自动存储、工具识别、人员监控、包裹和行李分类、车辆监控和货架识别。还有些物流企业在自动导向车上利用射频标签控制其运行。

RFID技术在物联网时代起着非常重要的作用，任务三中将进行详细介绍。

（3）生物识别技术

生物识别技术是指通过计算机利用人类自身生理或行为特征进行身份认定的一种技术，如指纹识别和虹膜识别技术等。世界上某两个人指纹相同的概率极小，而两个人的眼睛虹膜一模一样的情况也几乎没有，人的虹膜在两到三岁之后就不再发生变化，眼睛瞳孔周围的虹膜具有复杂的结构，能够成为独一无二的标识。与生活中的钥匙和密码相比，人的指纹或虹膜不易被修改、被盗或被人冒用，而且随时随地都可以使用。

因此，生物识别常用来识别个人身份，它以数字形式测量所选择的某些人体特征，然后与这个人的档案资料中的相同特征作比较，这些档案资料可以存储在一个卡片中或数据库中，由于人体特征具有不可复制的特性，这一技术的安全系数较传统意义上的身份验证机制有很大的提高。可使用的人体特征包括指纹、声音、掌纹、手腕上和眼睛视网膜上的血管排列、眼球虹膜的图像、脸部特征、签字时和在键盘上打字时的动态等。表2-2是几种常见的生物识别技术。

表 2-2　几种常见的生物识别技术

| 名称 | 说明 |
|---|---|
| 指纹识别技术 | 利用人的手指末端正面皮肤上凸凹不平产生的纹线的唯一性，来鉴定某人身份的一种技术 |
| 面像识别技术 | 通过对面部特征和其之间的关系来进行识别的一项技术 |
| 虹膜识别技术 | 基于自然光或红外线照射下，对虹膜上可见的外在特征进行计算机识别的一种技术 |
| 视网膜识别技术 | 利用激光照射眼球的背面以获得视网膜特征的一种生物识别技术 |
| 语音识别技术 | 让机器通过识别和理解过程把语音信号转变为相应的文本或者命令的技术。这项技术已经在物流作业中使用，例如：语音自动分拣 |
| 静脉识别 | 就是首先通过静脉识别仪取得个人静脉分布图，从静脉分布图依据专用比对算法提取特征值存储于主机。静脉比对时，实时采取静脉图，提取特征，同存储在主机中的静脉特征值比对、匹配，确认身份 |

在生物测量识别技术的发展历史中，它曾受到高成本、不完善的操作以及供应商短缺等问题的

困扰，但是现在它正在被更多的使用者接受，不但被用在银行和政府部门这样的高度保安系统中，而且被用在健康俱乐部、计算机网络安全、调查社会福利金申请人的情况、进入商业或工业区办公室或工厂等方面。由于生物测量识别技术使用简便，所以它已被更多的人所接受，经常用来代替密码或身份卡。它的成本已经降低到一个合理的水平，而且该类器材的操作和可靠性现在已达到令人满意的程度。

所有的生物识别工作大多进行了这样4个步骤：获取原始数据、抽取特征、比较和匹配。生物识别系统捕捉到生物特征的样品，唯一的特征将会被提取并且被转化成数字符号，接着，这些符号被用作那个人的特征模板，这种模板可能会存放在数据库、智能卡或条码卡中，人们同识别系统交互，根据匹配或不匹配来确定他或她的身份。总之，生物识别技术在目前不断发展的电器世界和信息世界中的地位将会越来越重要。图2-5所示为面像识别技术工作过程。

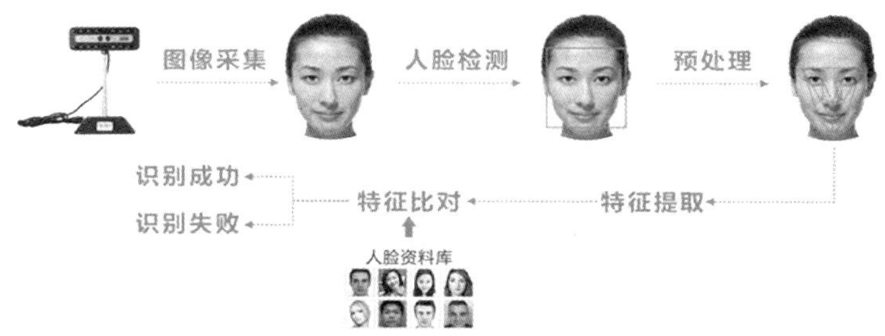


图2-5 面像识别技术工作过程

（4）磁卡与IC卡识别技术

磁卡技术应用了物理学和磁力学的基本原理，通过磁条记录信息，通过读卡器读写信息。

磁卡技术的优点是：数据可读写，即具有现场改变数据的能力；数据存储量能满足大多数需要，便于使用，成本低廉；还具有一定的数据安全性；它能粘贴在许多不同规格和形式的基材上。常见的磁卡如图2-6所示。

图2-6 常见的磁卡

磁卡在很多领域得到广泛的应用，如信用卡、银行ATM卡、机票、公共汽车票、自动售货卡、会员卡、电话缴费（如电话磁卡）、就餐卡，桥梁、过路过桥费用缴存等。

然而近年来，随着数据量的增长、技术的进步，磁卡的磁条上存储的信息量慢慢满足不了实际的需求，而且磁卡的安全性也遭到了挑战，这时IC卡（Integrated Circuit Card，集成电路卡）出现了。IC卡凭着容量大、安全性高、具有智能处理数据功能等优势，迅速获得了广大用户的青睐，IC卡在许多方面取代磁卡已经是大势所趋。

IC卡也称智能卡、智慧卡、微电路卡或微芯片卡等。它是继磁卡之后出现的又一种信息载体，它是一种集成电路卡，常常采用射频技术与支持IC卡的读卡器进行通信。IC卡与磁卡的区别是：IC卡是通过卡里的集成电路存储信息，而磁卡是通过卡内的磁力记录信息；IC卡的成本一般比磁卡高，但保密性更好。

IC卡通常的形式是将一个微电子芯片嵌入标准的卡基中，做成卡片形式，它与读写器之间的通信方式分为两种：接触式和非接触式。根据通信接口把IC卡分成接触式IC卡、非接触式IC和双界面卡（同时具备接触式与非接触式通信接口）。常见的IC卡如图2-7所示。

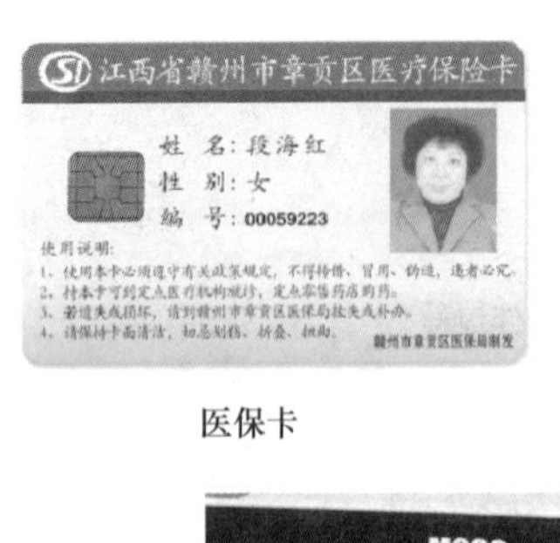


医保卡

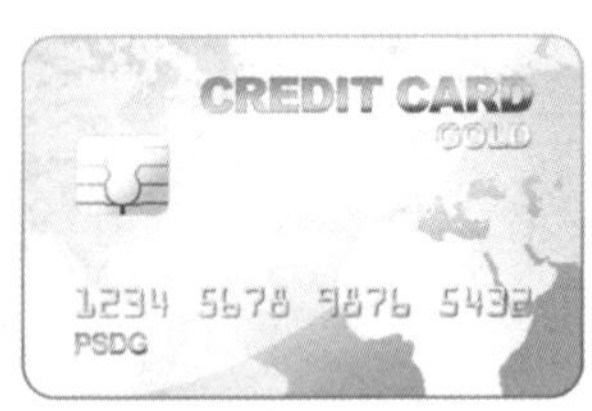


信用卡

门禁卡

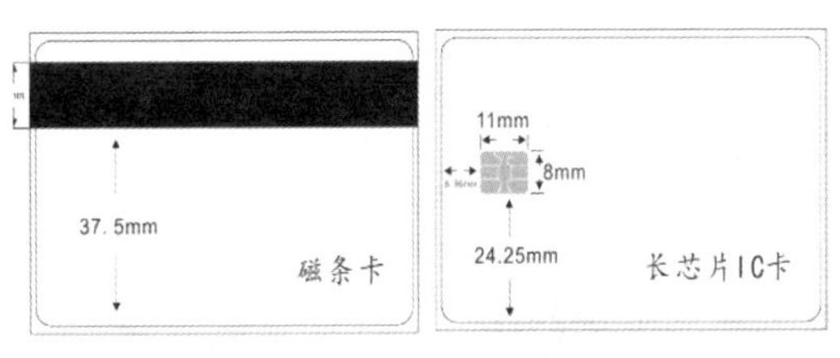

双面卡

图2-7 常见的IC卡

IC卡具有信息安全、便于携带、比较完善的标准化等优点，主要功能包括安全认证、电子钱包、数据储存等。目前，IC卡在身份认证、银行、电信、公共交通、车场管理等领域正得到越来越多的应用，例如二代身份证、银行的电子钱包、电信的手机SIM卡、公共交通的公交卡和地铁卡、用于收取停车费的停车卡等，IC卡已经在人们日常生活中扮演着重要角色。

（5）图像识别与处理技术

图像识别技术创始于20世纪50年代后期，经过近半个世纪的发展，已经成为科研和生产中不可或缺的部分。

自20世纪70年代末以来，由于数字技术和微机技术的迅猛发展给数字图像处理提供了先进的技术手段，“图像科学”也就由信息处理、自动控制理论、计算机科学、数据通信、电视技术等学科中脱颖而出，成长为旨在研究“图像信息的获取、传输、存储、变换、显示、理解与综合利用”的崭新学科。

图像识别与处理技术具有数据量大、运算速度快、算法严密、可靠性强、集成度高、智能性强等特点。现在，通信、广播、计算机技术、工业自动化、国防工业，乃至印刷、医疗等领域的发展无一不与图像识别与处理技术的进展密切相关，各种图文管理系统在国民经济各部门得到了广泛的应用，并逐步深入到家庭生活。目前的图像识别技术主要应用在5个方面，如表2-3所示。

表2-3 图像识别技术的应用领域

| 应用领域 | 主要作用 |
|---|---|
| 遥感技术 | 地质、森林、国土资源、海洋遥感图像处理与应用 |
| 医用图像处理 | 生物医学的显微图像的处理分析；胸部X射线照片的鉴别、眼底照片的分析；超声波图像的分析等 |
| 工业领域中的应用 | 工业产品的无损探伤，表面和外观的自动检查和识别，装配和生产线的自动化，弹性力学照片的应力分析，流体力学图片的阻力和升力分析<br>汽车轮毂自动识别分拣系统展示视频：<br>http://baidu.ku6.com/watch/04049342498535728231.html? &recFrom=site&list=8&&page=videoMultiNeed |
| 军事、公安方面 | 各种侦察照片的判读，对运动目标图像的自动跟踪技术 |
| 文化、艺术及体育方面 | 电视画面的数字编辑，动画片的制作，服装的花纹设计和制作，文物资料的复制和修复；运动员的训练，动作分析和评分等 |

（6）光学字符识别技术

光学字符识别（Optical Character Recognition，OCR）技术最初的目标是识读被称作“特殊字体”的字符，与条码不同的是，这些字体仍能够被人类所识读。通过阅读器扫描或识读，这项技术可以实现高速、非键盘的把“特殊字体”形式的信息输入到计算机系统。

近年来台式计算机的发展使得该项技术能够识别各种常见的打印机字体。通过使用复杂的神经网络技术可以不断提高识别精度，计算机可分辨出特定字体的细微特征和手写体，而且大多数OCR系统都与字体无关，给用户带来很大的方便。OCR系统通常有3种配置：页式阅读器、交易阅读器和手持式阅读器。OCR阅读器成本已经为广大用户所接受，成为了常见的计算机外设。

OCR与条码相似，会受到低质量印刷效果的影响，但是在某些应用（如在需要人眼识读的应用中），OCR识别技术比使用条码更适合。OCR系统多用于财务部门处理账务和票据业务、文档密集的保险业务和保健业务；同时它也常用于图书馆、出版社和其他用计算机录入印刷文档的领域；在大型制造环境中也使用OCR系统阅读其直接标记的供人识读的零件编号；医药行业使用OCR来保证关键标签和日期数字的正确性。目前OCR系统专家正在对手迹分析及鉴定签名方面的应用进行研究，相信在不久的将来这项技术将应用在更广的领域。

**3. 各种识别技术比较**

图像识别和生物识别等特征采集技术在相关的应用领域都有自身的特点，对技术设备要求和采集的数据都有自身的独特性，很难进行具体比较。所以这里只对常见的OCR、磁卡、条码及RFID等几种常见的数据采集技术，以及我们现在还离不开的数据采集方式——键盘进行比较（IC卡与射频识别技术中标签类似，不再重复比较）。具体如表2-4所示。

表 2-4　常见数据采集技术比较

| 比较项目 | 键盘 | OCR | 磁卡 | 条码 | 射频识别 |
|---|---|---|---|---|---|
| 录入速度 | 慢 | 中 | 快 | 快 | 快 |
| 误码率 | 高 | 中 | 低 | 低 | 低 |
| 印刷密度（字符/英寸）（注：1英寸=25.44毫米） | 无 | 12 | 48 | 最大 20 | 4～8000 |
| 基材价格 | 无 | 低 | 中 | 低 | 高 |
| 扫描器价格 | 无 | 高 | 中 | 低 | 高 |
| 非接触识读 | 无 | 不能 | 不能 | 接触至十几米 | 接触至几十米 |
| 优点 | • 操作简单<br>• 可用眼阅读<br>• 键盘便宜 | • 可用眼阅读 | • 数据密度高<br>• 输入速度快 | • 输入速度快<br>• 误码率低<br>• 设备便宜<br>• 可非接触识读 | • 可在灰尘油污环境中使用<br>• 可非接触识读<br>• 数据可改写 |
| 缺点 | • 误码率高<br>• 速度低<br>• 受个人影响 | • 输入速度低<br>• 不能非接触识读<br>• 设备价格高 | • 不能直接用眼阅读<br>• 不能非接触识读<br>• 数据可变更 | • 数据不能变更<br>• 不能直接用眼阅读 | • 发射及接收装置价格贵<br>• 发射装置寿命短 |

每种自动识别技术都有各自的特点，各自的优势，企业在选用这些技术的时候，不仅要考虑识别技术本身的功能，还应考虑企业自身的实际情况，选择最合适的技术，决不能盲目追求“高大上”。例如，能用条码解决问题，就没必要用RFID技术，这样可以为公司节约大量的成本。

在结束本任务之前，请大家扫描右面的二维码，让我们感受一下，自动识别技术将在未来会给我们生活带来怎样的变化。

自动识别技术在商场的应用视频：

http://www.tudou.com/programs/view/AggiEtN_mas/

## 任务实训2-1

**实训内容：**

1. 参观校园内（或者附件）的仓库（注：超市、图书馆也可），注意观察其内所用到的自动识别技术。

2. 分析仓库所用的识别技术优劣。

3. 考虑如何利用本任务中所学的自动识别技术升级仓库（所用技术至少3项以上，不计成本）。

**实训要求：**

将上面的内容整理成实训报告，其中分析要合理，自动识别技术的应用要合适，报告中要附上参观仓库照片。

# 任务二
# 条码技术的应用

## 任务目标

完成本任务学习后，学生能用条码软件制作条码；向中国物品编码中心申请商品条码，能给商品、物流单元编制条码方案；会简单的应用二维条码。

**知识要点：**条码技术的概念、特点及应用领域；条码识别系统的原理；一、二维条码的基础知识；条码的应用范围。

## 相关知识

### 一、条码技术概述

**1. 条码的概念**

条码（或称条形码）是一组将宽度不等的条和空，按照一定的规则排列，并与其对应字符一起组成表示一定信息的图形标识符。条码通常用来标识物品，这个物品可以是具体的商品，如一罐饮料、一箱鸡蛋；也可以是物流单元，如托盘、集装箱。用条码标识一项物品，首先要给它编制合适的代码，然后根据选定的码制，用条码设计软件设计出条码；再印刷条码或选用合适的条码打印机打印条码；最后把条码贴在物品便于阅读器识读的位置上。具体过程如图2-8所示。

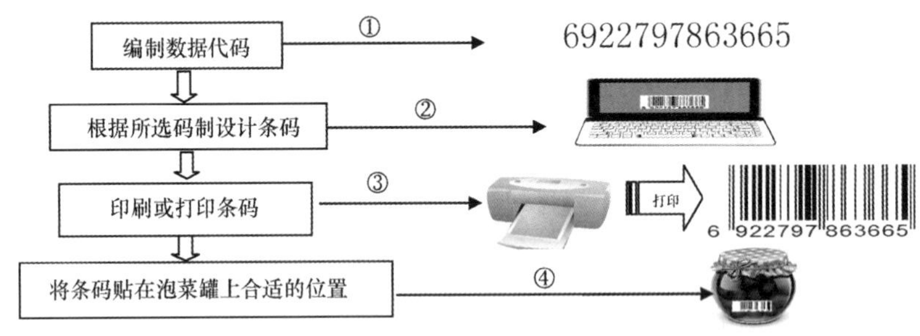


图2-8　一罐泡菜贴条码的过程

现在，条码不仅可以标识物品，而且还用来标识资产、位置和服务等。

**2. 代码、码制与字符集**

代码是指用来标识客观事物的一个或一组有序的符号。在一个应用系统中，一般一个代码只能唯一地标识一种物品，例如上面的代码6922797863665在全球的商品代码系统中，就唯一地标识图中那种泡菜；代码可以有含义，也可以无含义，例如在某厂商的系统中，用600表示五金类，用700标识生活用品。

码制是指条码符号的类型，每种码制都有自己特定的编码规则，决定条码条和空的最终组合方式。例如39条码是一种码制，它用9个单元（5条4空）的不同组合构成表示一个代码字符，其中3个单元为宽单元（这种表示一个代码字符的条空的规则组合符号，就叫条码字符）。例如代码字符"A"，用39条码的条码字符表示如图2-9所示。

图2-9 条码字符实例

常见的条码码制有：EAN-13码（EAN-13国际商品条码）、EAN-8码（EAN-8国际商品条码）、UPC-A码、UPC-E码、Code39码（标准39码）、Codabar码（库德巴码）、Code25码（标准25码）、ITF25码（交叉25码）、Code128码（Code128码，包括EAN128码）、Code-B码、Code93码、ISBN码、ISSN码、Code39EMS（EMS专用的39码）等一维条码；PDF417码、龙贝码（我国自己研制）、Code49码、Code 16K码、Data Matrix码、MaxiCode码等二维条码。

字符集是指某种码制的条码字符可以表示字母、数字及特殊符号的集合。每种码制能表示的字符个数都不一样，有的只能表示0到9的数字字符；有的可以表示英文字符；还有的可以表示空格、斜杠等特殊符号。表2-5中是几种典型码制的字符集例子。

表 2-5 几种典型码制的字符集

| 码制 | 字符集 |
| --- | --- |
| EAN、UPC 条码 | 数字字符 0～9 |
| 交叉二五码 | 数字字符 0～9 |
| EAN128 | 数字字符 0～9，字母 A～Z，控制字符，特殊字符及辅助字符 |
| 39 码 | 数字字符 0～9，字母 A～Z，特殊字符"-、$、空格、/、%、+、●、·"，起始符与终止符 |

**3. 条码的几个重要特性**

连续性与非连续性、定长与非定长、双向可读性、自校验性等特性与条码的编码、识读息息相关，具体如表2-6所示。

表 2-6 条码的几个重要特性

| 特性 | 说明 |
| --- | --- |
| 自校验性 | 指一个条码符号若出现一些印刷缺陷（例如污点），不会引起阅读器误读的特性。具备这种特性的条码有 Code39 码、Codebar 码（库德巴码）及交叉 25 码等，但是条码的自校验特性有局限性，有时缺陷太大，自校验性也会失效 |
| 定长与非定长 | 定长条码是指条码字符的个数是固定的，不能多，不能少。例如 EAN-13 码，就只能表示 13 个数字字符；而一个非定长条码的条码字符个数可变，例如 Code39 码。定长条码读码的正确率较高；非定长条码由于条码字符数变化大，产生读码错误率较高，但是灵活、方便 |

续表

| 特性 | 说明 |
| --- | --- |
| 双向可读性 | 指阅读器从条码左、右两侧开始扫描都可以正确读取条码数据的特性，大多数条码都具备双向可读性 |
| 连续性与非连续性 | 连续性是指每个条码字符间不存在间隔，非连续性则相反。连续性的条码单位长度上能表示字符个数比非连续条码较多（即条码密度大） |

**4. 条码的结构**

一个完整的条码由静空区、起始符、数据符、校验符、终止符及供人识别的字符构成，如图2-10所示。

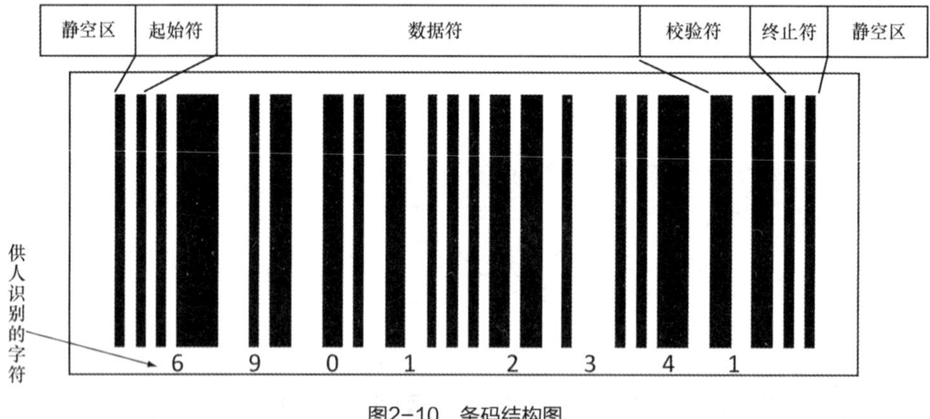


图2-10　条码结构图

（1）静空区是指条码左右两侧与空的反射率相同的区域，它可以使阅读器进入准备阅读的状态。静空区一般宽度不小于6mm。

（2）起始符/终止符位于条码开始和结束的若干条和空，标识条码的开始和结束，同时提供码制信息和阅读方向信息。

（3）数据符位于条码中间，它包含条码所要表达的信息内容。

（4）校验符用来判定读取信息的有效性，每种码制有自己的校验码算数运算方法，但是校验码对有些码制来说不是必需的。

**5. 条码的编码方法**

条码的编码方法是指条码中“条”和“空”的编排规则及符号表示。编码方法有模块组配法和宽度调节法两种。

（1）模块组配法：是用相同宽度的条和空代表一个模块，一个模块的条表示“1”，一个模块的空表示“0”，若干模块组成一个字符。图2-11所示是商品条码用模块组合法设计的两个条码字符，一般商品条码的模块宽度为0.33mm，每个条码字符由2个条和2个空构成，每个条或空由1～4个模块构成，一个条码字符共7个模块。

（2）宽度调节法：是把条的宽度设成宽和窄两种单元，宽表示“1”，窄表示“0”，宽单元的宽度通常是窄单元的2～3倍。交叉25码、39码及Codebar码都是这种方式。图2-12是交叉25码的两个条码字符，条和空都表示代码字符。每个条码字符由5个单元构成，2个宽单元，3个窄单元。

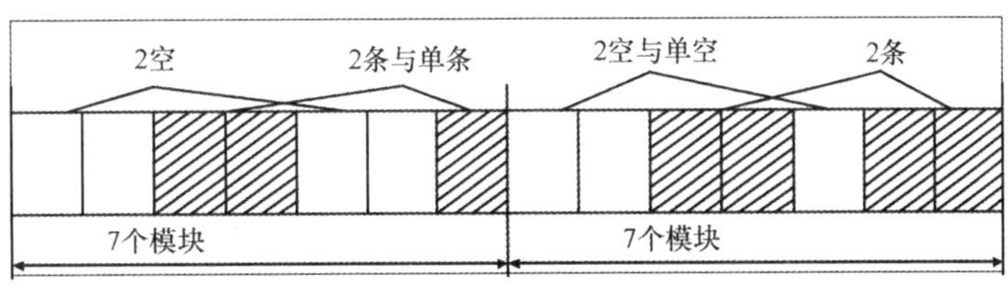


图2-11　模块组配法实例

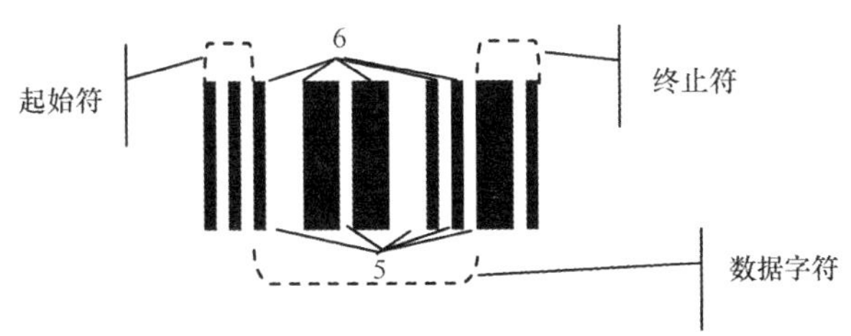


图2-12　宽度调节法实例

**6. 条码的分类**

条码的分类主要有两种分类方法：一种是按码制来分，具体码制前面已经介绍过，不再重复；一种是按维度来分，分为一维条码和二维条码。一维条码只在一个方向（一般是水平方向）表达信息，在另一个方向（一般是垂直方向）则不表达任何信息，其一定的高度通常是为了便于阅读器的能准确阅读。二维条码在水平和垂直方向的二维空间都存储信息的条形码，因此容量一般较大。两者具体特点如表2-7所示。

表 2-7　一、二维条码优劣比较

| 种类 | 优点 | 缺点 |
| --- | --- | --- |
| 一维条码 | • 输入速度快<br>• 输入数据出错率可靠性高<br>• 采集信息量大<br>• 灵活实用，易于与其他设备组成自动化系统<br>• 条形码标签易于制作<br>• 成本非常低 | • 数据容量较小，一般需与数据库联合使用<br>• 只能包含字母和数字<br>• 条形码尺寸相对较大（空间利用率较低）<br>• 条形码遭到损坏后便不能阅读 |
| 二维条码 | • 具有一维条码的优点<br>• 数据容量更大，可作为"便携式文件"独立使用<br>• 超越了字母数字的限制<br>• 条形码相对尺寸小<br>• 具有抗损毁能力，保密防伪性高 | • 对阅读器的要求较高<br>• 设计较为复杂 |

**7. 条码的识读原理**

常见的条码是由黑条和白条构成，这两种颜色对光的反射率不一致，白条反射率最高，黑条反射率最低，两者的反射光线强弱可以产生强烈的对比，条码识读器就是利用这个原理来识读条码数据的。但是，条码符号不一定要用黑条和白条，条和空也可以印制成其他颜色，只要这两种颜色的反射率反差足够大即可，表2-8列出了一些搭配颜色，可供参考。

表2-8　条空参考搭配颜色

| 序号 | 空色 | 条色 | 能否采用 | 序号 | 空色 | 条色 | 能否采用 |
|---|---|---|---|---|---|---|---|
| 1 | 白色 | 黑色 | √ | 17 | 红色 | 深棕色 | √ |
| 2 | 白色 | 蓝色 | √ | 18 | 黄色 | 黑色 | √ |
| 3 | 白色 | 绿色 | √ | 19 | 黄色 | 蓝色 | √ |
| 4 | 白色 | 深棕色 | √ | 20 | 黄色 | 绿色 | √ |
| 5 | 白色 | 黄色 | × | 21 | 黄色 | 深棕色 | √ |
| 6 | 白色 | 橙色 | × | 22 | 亮绿 | 红色 | × |
| 7 | 白色 | 红色 | × | 23 | 亮绿 | 黑色 | × |
| 8 | 白色 | 浅棕色 | × | 24 | 暗绿 | 黑色 | × |
| 9 | 白色 | 金色 | × | 25 | 暗绿 | 蓝色 | × |
| 10 | 橙色 | 黑色 | √ | 26 | 蓝色 | 红色 | × |
| 11 | 橙色 | 蓝色 | √ | 27 | 蓝色 | 黑色 | × |
| 12 | 橙色 | 绿色 | √ | 28 | 金色 | 黑色 | × |
| 13 | 橙色 | 深棕色 | √ | 29 | 金色 | 橙色 | × |
| 14 | 红色 | 黑色 | √ | 30 | 金色 | 红色 | × |
| 15 | 红色 | 蓝色 | √ | 31 | 深棕色 | 黑色 | × |
| 16 | 红色 | 绿色 | √ | 32 | 浅棕色 | 红色 | × |

注：“√”表示能采用；“×”表示不能采用。

要将按照一定规则编译出来的条形码转换成有意义的信息，需要经历扫描、信号整形、译码3个过程。当条形码扫描器光源发出的光在条形码上反射后，反射光照射到条码扫描器内部的光电转换器上，光电转换器根据强弱不同的反射光信号，转换成相应的电信号，再经过译码器译码后，传输到计算机条码信息处理系统。具体如图2-13所示。

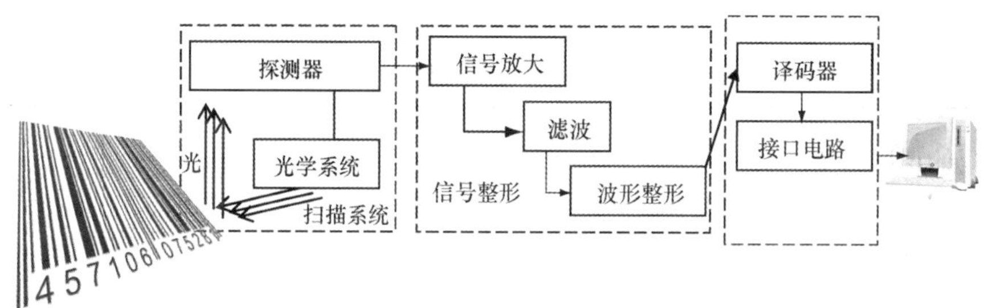


图2-13　条码信息识读过程

**8. 条码的阅读器**

条码阅读器，俗称巴枪，又称为条码扫描器。它是用于读取条码所包含信息的阅读设备，利用光学原理，把条形码的内容解码后通过数据线或无线的方式传输到计算机或者别的设备。一般情况下，阅读器的光源会采用红光或近红光，采用半导体、激光器、白炽灯或闪光灯发光。下面介绍几种常见的条码阅读器。

http://v.youku.com/v_show/id_XMzc5NTE3NDYw.html?from=y1.2-1-105.3.7-1.1-1-1-6-0

（1）光笔条码阅读器

最原始的扫描方式，需要手动移动光笔，并且还要与条形码接触，如图2-14所示。

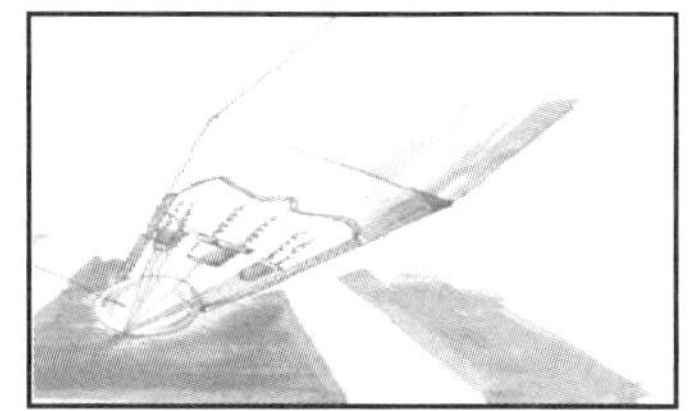

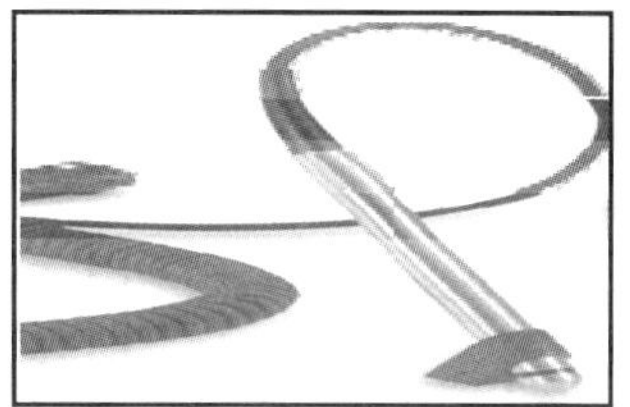

图2-14　光笔扫描器

优点：成本低、耗电少、耐用、可识读较长的条码符号。

缺点：只能阅读一维条码；易破坏条码；阅读时，条码要求要平整。

（2）手持式条码阅读器

手持式条码阅读器采用激光和LED光作为光源，应用于许多领域，对于识读环境复杂，条码尺寸多样及形状不规整的场合十分实用。常见的有激光枪、手持式CCD扫描器和手持式图像扫描器，光笔也是它特定的一种形式。常见的手持式条码阅读器如图2-15所示。

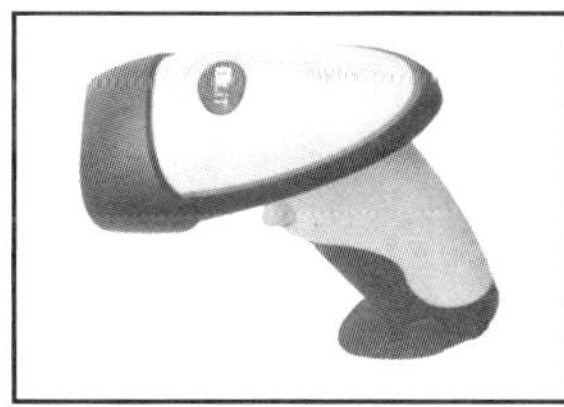

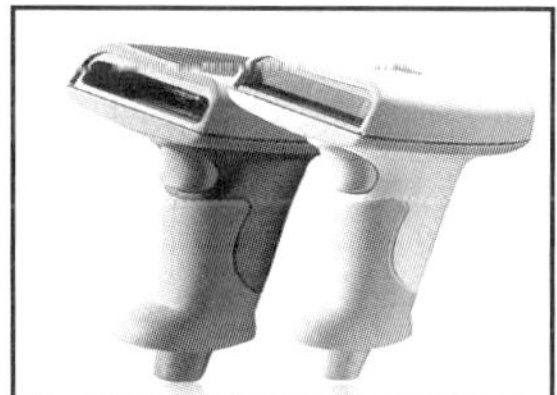

图2-15　手持式条码阅读器

优点：小巧灵活、实用方便；扫描时无需与条码接触（一般0～20mm，可更长）；识别速度快，可阅读缺损条码。

缺点：阅读距离相对较短；一般需与计算机连线，使用范围受限。

（3）固定式条码阅读器

最常见的固定式条码阅读器有两种：一种是卡槽式阅读器；一种是台式阅读器。卡槽式阅读器只能阅读一维条码，具有声光提示数据正确与否的功能，主要在考勤方面应用较为广泛。台式阅读器常见于超市，当带有条码物品平稳的进入到扫描范围，就能迅速被识别出来，适于采集大量数据。固定式条码阅读器也应用在一些其他的场合，例如生产线上、仓库、配送中心等，形式多样。各种固定式条码阅读器具体如图2-16所示。

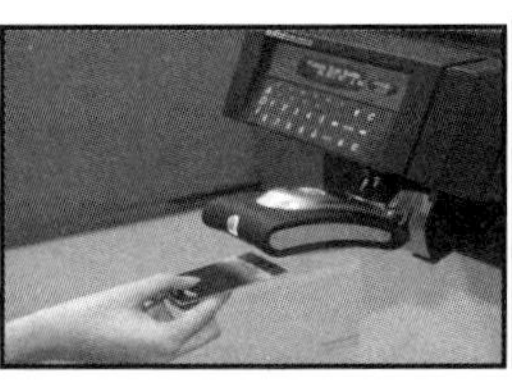

图2-16 固定式条码阅读器

优点：稳定、扫描速度快、可全方位扫描，节省人力。

缺点：灵活性差。

（4）便携式条码阅读器

便携式条码阅读器，又称为便携式数据采集器，它是集扫描、显示、数据采集与处理、通信等功能为一体的高科技产品，相当于一台小型计算机。数据采集后直接在阅读器上就可以进行处理，适合脱离计算机使用场合。常见的便携式条码阅读器如图2-17所示。

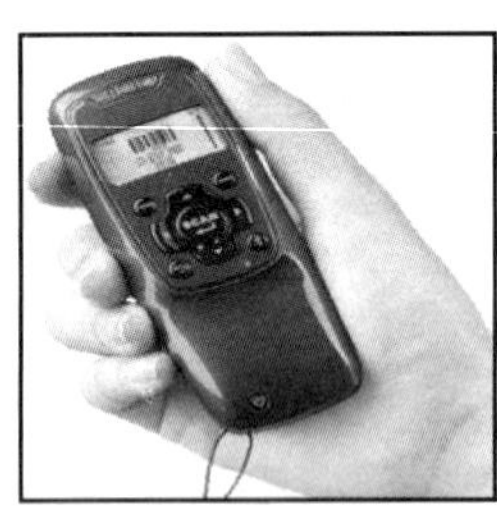
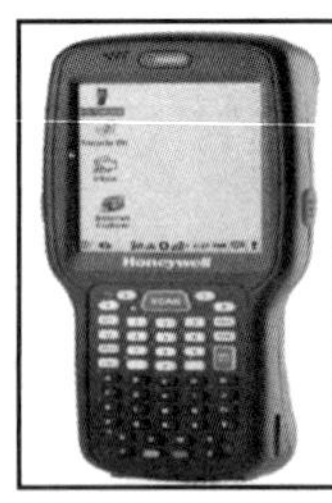

图2-17 便携式条码阅读器

优点：可流动采集数据，使用方位大；可存储处理数据，显示数据处理结果；操作简单、容易维护；扫描速度快。

缺点：价格贵。

（5）激光与CCD条码阅读器

采用激光作为光源的条码阅读器就是激光条码阅读器。由于激光的特性，这种扫描器，具有识读距离适应性强，能穿透一般保护膜的能力，识读精度和速度都高，能实现全角扫描，景深大，因此被用户广泛采用。上述的很多阅读器都是激光条码阅读器。但是，采用激光作为光源的阅读器，只能识读堆叠式二维码和一维码，且对识读角度比较严格。

CCD条码阅读器是一种采用半导体器件技术的条码阅读器。它性能可靠，寿命长，价格比激光扫描器便宜，可测条码的长度有限，景深小。

## “华而不实”王大发

王大发是一家实力不强的小仓储企业员工，公司最近改造升级，急需订购一批高质量的条码阅读器进行条码系统的更新换代。由于公司人力有限，任务又急，这个任务落在了王大发的头上，由他全权负责。王大发十分高兴，他认为这是一个立功升职的好机会，一定要把这事办漂亮。于是他在网上搜索了很多商家的产品资料，最后采购了功能齐全、技术领先、造型时尚的扫描器。货刚回来，一线使用员工都很喜欢，东西很精致，速度也快。可是，过了一段时间，就听见员工抱怨，不好使，为什么呢？原来功能太多，复杂，不易掌握，王大发急忙请来技术人员培训，还好终于让员工掌握了用法，没造成重大问题。第二天，老板把大发叫过去了，王大发高兴呢，心想老板平时就喜欢“高大尚”，这回肯定是要表扬了，哪知劈头盖脸被老板一顿臭骂，被老板称为“华而不实”东西，险些让王大发丢了饭碗。原来，老板查账，发现条码阅读器购买成本远远超出了他的预算，勃然大怒。

后来，王大发才知道，选择阅读器也要符合一定原则，不能想当然。具体如表2-9所示。

表 2-9　选择条码阅读器的原则

| 原则 | 解释 |
| --- | --- |
| 与条码符号相匹配 | 每种阅读器能识别条码有限，要根据具体使用的条码来选取 |
| 首读率尽量高 | 首读率越高，识读越快 |
| 符合工作空间要求 | 不同的工作空间对扫描器的工作距离和景深会有不同要求，选择的阅读器要与之匹配 |
| 与计算机接口匹配 | 计算机硬件系统不一样，与阅读器的连接接口方式也不一样 |
| 性价比 | 应选满足整个系统要求的，价格较低的阅读器 |

**9. 条码的生成与印制**

条码是代码的图形化表示，条码的生成技术主要涉及转化技术和印刷技术。具体过程如图2-18所示。

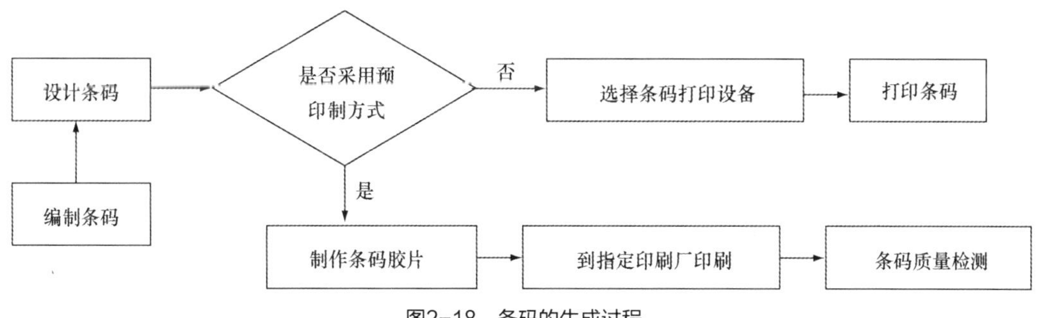


图2-18　条码的生成过程

第一步是根据条码用途，选定码制，根据国家标准的规定编制物品的代码。每种条码的代码都有其自身的字符集、结构，所以编制代码时，要仔细阅读相关国家标准，按规则编制。

第二步设计条码。这步一般来说都有条码生成软件完成，例如Bartender、Label View、Label Matrix等属于专业条形码生成与打印软件；CorelDRAW、Photoshop、Illustrator等专业的画图设计软件也可设计条码。由于阅读器的限制，设计条码时，尺寸不能太大，也不能太小，每种码制条码的标准尺寸大小和缩放比例都要符合相关国家标准规定。

第三步印制条码。当条码印制数量不大，可以采用合适的设备（如条码打印机）现场打印，直接使用；数量大时，采用预印制方式，预印制需制作条码胶片，选择有资质的印刷厂家印刷条码，经严格检验后使用。

**10. 条码技术**

通过以上基本概念的学习，我们可以知道条码技术是一门集编码、印刷、识别、数据采集和数据处理于一身的技术。利用光电设备识别读取条码符号，从而实现信息的自动识别，并快速准确地传入计算机进行数据处理，达到自动化管理的目的。它的主要研究对象是符号技术、识别技术与条码的应用系统设计。符号技术主要研究编码规则、编码的特点及应用范围、印刷质量控制等；识别技术主要研究条码的扫描、条码译码技术；条码的应用系统设计主要研究条码、识读设备、计算机及通信系统组成应用系统。不同的环境，应用系统配置不一样，例如：商业领域一般采用扫描器、EAN条码和POS系统，而仓储系统一般采用储运单元条码、扫描器和仓储管理系统。

## 二、一维条码技术

一维条码是我们通常所说的传统条码。按照应用可以分为商品条码和物流条码。商品条码包括了EAN码和UPC码，物流条码包括EAN−128码、ITF−14码、39码等。一维条码的信息容量较小，一般要与数据库中存储的信息联合起来使用。

**1. 商品条码**

商品条码由GS1（由国际物品编码协会（EAN）与美国统一代码委员会（UCC）组建的编码组织。）规定，用于表示商品标识的代码的条码，包括全球通用的EAN−13码和EAN−8码，以及主要用在北美地区使用的UPC−A码和UPC−E码。这4种码制是GS1的EAN•UCC编码系统的核心组成部分。

（1）商品的代码编码原则

商品的代码编码必须遵循唯一性、无含义性、稳定性原则，具体如表2−10所示。

表2−10 商品的编码原则

| 原则 | 解释 |
|---|---|
| 唯一性 | 每种商品只能有一个标识代码，这是商品编码的基本原则，也是最重要的原则 |
| 无含义性 | 指商品的标识代码每一位数字不表示任何与商品有关的特定信息，代码与商品的关系是人为的捆绑关系，这样有利于充分利用编码的容量 |
| 稳定性 | 商品标识代码一旦分配给某商品，该商品的代码原则上不予改变。但是若商品的基本特征（例如名称、商标、种类、规格、数量、包装类型等）发生明显、重大变化，必须分配新代码 |

（2）EAN−13码

EAN−13码又称为EAN/UCC−13码，是标准的EAN商品条码，如图2−19所示。

图2−19 EAN/UCC−13码示意图

EAN−13码的代码个数为13，从右向左编号1～13，它的代码有3种结构，每种结构由厂商识别代码、商品项目代码及校验码构成，如表2-11所示。

表 2-11　EAN-13 码的代码结构

| 结构类型 | 厂商识别代码 | 商品项目代码 | 校验码 |
|---|---|---|---|
| 结构一 | $X_{13}X_{12}X_{11}X_{10}X_9X_8X_7$ | $X_6X_5X_4X_3X_2$ | $X_1$ |
| 结构二 | $X_{13}X_{12}X_{11}X_{10}X_9X_8X_7X_6$ | $X_5X_4X_3X_2$ | $X_1$ |
| 结构三 | $X_{13}X_{12}X_{11}X_{10}X_9X_8X_7X_6X_5$ | $X_4X_3X_2$ | $X_1$ |

厂商识别代码用来在全球范围内唯一标识厂商，其中包含前缀码（由左边前2～3位构成），大部分的前缀码由GS1统一分配到各个成员国家或地区，代表分配和管理有关厂商识别代码的国家（或地区）编码组织，例如分配给中国物品编码中心的就是690～695。另有一部分前缀码用于指定特殊领域，例如977代表连续出版物。部分前缀码的情况如表2-12所示。

表 2-12　GS1 分配给部分国家或地区以及部分应用领域的前缀码

| 前缀码 | 编码组织所在国家或地区 | 前缀码 | 编码组织所在国家或地区 |
|---|---|---|---|
| 00～13 | 美国和加拿大 | 627 | 科威特 |
| 30～37 | 法国 | 628 | 沙特阿拉伯 |
| 99 | 优惠券 | 690～695 | 中国大陆 |
| 40～44 | 德国 | 740 | 危地马拉 |
| 45、49 | 日本 | 741 | 萨尔瓦多 |
| 460～469 | 俄罗斯 | 742 | 洪都拉斯 |
| 470 | 吉尔吉斯斯坦 | 743 | 尼加拉瓜 |
| 471 | 中国台湾 | 744 | 哥斯达黎加 |
| 489 | 中国香港特别行政区 | 786 | 厄瓜多尔 |
| 50 | 英国 | 789、790 | 巴西 |
| 599 | 匈牙利 | 888 | 新加坡 |
| 616 | 肯尼亚 | 958 | 中国澳门特别行政区 |
| 618 | 象牙海岸 | 前缀码 | 应用领域 |
| 619 | 突尼斯 | 977 | 连续出版物 |
| 621 | 叙利亚 | 978、979 | 图书 |
| 622 | 埃及 | 980 | 应收票据 |
| 624 | 利比亚 | 981、982 | 普通流通券 |
| 625 | 约旦 | 20～29 | 店内码 |

前缀码不代表产品的产地，只代表分配和管理有关厂商识别代码的国家（或地区）编码组织，或者说商品的注册地。在中国大陆当用690、691时，采用结构一；用692、693时，采用结构二；694、695备用。而前缀20～29、981、982、980、978、979、977、99由各国家（或地区）编码组织指导在本国（或本地区）在特定领域内使用。

商品项目代码由3～5位数字构成，由厂商在保证商品唯一性的原则下自行编制分配给商品。从上面结构表可以看出，结构一能表示100000种商品（00000～99999）；结构二能表示10000种商品（0000～9999）；结构三能表示1000种商品（000～999）。

校验码为1位数，用来校验条码前后12位（$X_{12}$～$X_2$）的正确性。它可以避免条码由于设计和印刷时产生的缺陷对条码识读的影响，也可以纠正光电设备在识读条码时候产生的误差，提高识读的可靠性。校验码的计算步骤如表2-13所示。

表 2-13　EAN-13 码的校验码计算

<table>
<tr><th></th><th colspan="12">数据码</th><th>校验码</th></tr>
<tr><td>代码位置序号</td><td>13</td><td>12</td><td>11</td><td>10</td><td>9</td><td>8</td><td>7</td><td>6</td><td>5</td><td>4</td><td>3</td><td>2</td><td>1</td></tr>
<tr><td>数据码</td><td>6</td><td>9</td><td>0</td><td>1</td><td>2</td><td>3</td><td>4</td><td>5</td><td>6</td><td>7</td><td>8</td><td>9</td><td>$C$</td></tr>
<tr><td>偶位数</td><td></td><td>9</td><td></td><td>1</td><td></td><td>3</td><td></td><td>5</td><td></td><td>7</td><td></td><td>9</td><td rowspan="2">最终求得 $C$=2</td></tr>
<tr><td>奇位数</td><td>6</td><td></td><td>0</td><td></td><td>2</td><td></td><td>4</td><td></td><td>6</td><td></td><td>8</td><td></td></tr>
<tr><td colspan="14">校验码计算</td></tr>
<tr><td colspan="4">第一步：分别求奇偶数的和</td><td colspan="4">奇数之和</td><td colspan="2">26</td><td colspan="3">偶数之和</td><td>34</td></tr>
<tr><td colspan="4">第二步：偶数之和乘以 3</td><td colspan="10">34×3=102</td></tr>
<tr><td colspan="4">第三步：第二步结果加上奇数之和</td><td colspan="10">102+26=128</td></tr>
<tr><td colspan="4">第四步：以大于第三步结果的 10 的倍数的最小值减去第四步结果即为校验码的值。</td><td colspan="10">130−128=2，即校验码 $C$=2</td></tr>
</table>

（3）EAN-8码

EAN-8码（即EAN/UCC-8码）是EAN-13码的补充，用于标识小型商品。图2-20为EAN-8码示意图。

图2-20　EAN/UCC-8码示意图

它的代码由8位数字构成，其结构如表2-14所示。

表 2-14　EAN/UCC-8 的代码结构

| 商品项目代码 | 校验符 |
|---|---|
| $X_8$ $X_7$ $X_6$ $X_5$ $X_4$ $X_3$ $X_2$ | $C$ |

EAN-8码的商品项目代码只有7位，在中国大陆$X_8X_7X_6$为前缀码，含义与EAN-13码相同，所以只剩下4位表示商品项目，能表示商品的种类是10000种（0000～9999）。校验码的计算方法和EAN-13码相同，把$X_{13}X_{12}X_{11}X_{10}X_9$位补0凑足13位即可。

（4）UPC-A码与UPC-E码

UPC码（Universal Product Code）是最早大规模应用的条码，共有5种码制，其中UPC-A、UPC-E主要用在标识商品上。它们是一种长度固定、连续性的条码，目前主要在美国和加拿大使用，如图2-21所示。

图2-21　UPC-A码与UPC-E码示意图

UPC-A条码的字符集也是数字字符0～9，每个条码代码由12个数字代码构成，最后一位是校验码，前面11位数是厂商识别代码和商品项目代码，包含首位字符$X_{12}$系统字符，编码规则较为复杂，这里不再阐述；UPC-E码由8位数字代码构成，由12位UPC代码码按特殊方法压缩而成，首位为系统字符，值为0，表示一般商品。$X_8$～$X_2$为商品项目代码，最后一位都是校验码。UPC-A码与UPC-E码校验码的算法与EAN-13码一致，UPC-A码在系统字符代码前加0补足13位再算，UPC-E码还原后再算。两者的代码结构如表2-15所示。

表2-15　UPC-A码与UPC-E码的代码结构

| 码制 | 应用对象 | 格式 |
| --- | --- | --- |
| UPC-A | 通用商品 | $X_{12}X_{10}X_9X_8X_7X_6X_5X_4X_3X_2C$ |
| UPC-E | 商品短码 | $0\ X_8X_7X_6X_5X_4X_3X_2\ C$ |

注：$X_{12}$—系统字符　　$X$—数据码　　$C$—校验码

（5）商品的编码

企业使用商品条码需向GS1组织申请（可以网上注册申请），以中国大陆为例，具体的申请流程如图2-22所示。

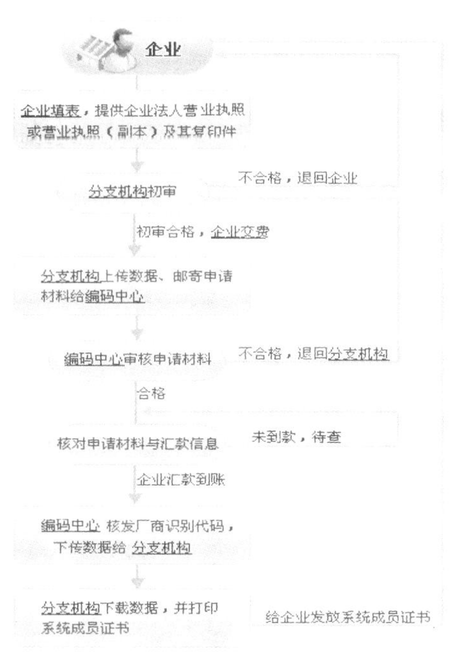


图2-22　商品条码的申请流程

各地条码申办及相关业务的编码分支机构查询地址：

http://www.ancc.org.cn/Org/Branch.aspx

条码申办在线注册地址：

http://www.ancc.org.cn/Business/onlineRegister.aspx

企业收到中国物品编码中心分配的厂商识别代码，就可以在遵守表2-10内所列商品的编码原则下为其商品分配条码。这里对一些特殊情况加以说明，如表2-16所示。

表 2-16　特殊情况商品编码

| 情况 | 处理方法 |
| --- | --- |
| 产品变体 | 产品变体指产品在生产周期内发生了变更，例如有效成分发生变化。这种情况一般都要重新分配新的标识代码；但若变更小，如标签图形发生变化，可以不变 |
| 组合包装 | 组合包装需一个独立于包装内部产品的标识代码，若组合内容发生变化或者组合内某项产品的标识代码发生变化，组合包装需分配一个新的标识代码。若组合包装发生微小变化，代码一般不用变 |
| 促销品 | 指商品的暂时性变动，且商品外观有明显变化。这时候，促销变体与标准体共存，这几种情况需重新分配代买标识：促销变体的尺寸或重量发生变化，例如加量不加价商品；包装上注明了减价的促销品；针对时令的促销品，例如针对春节的饺子。其他的促销品代码可以不变 |
| 商品标识代码的重新启用 | 不再生产的商品的标识代码，在最后一批商品发送之日起，4 年内不能重新分配给其他商品；在分配给其他商品时，要考虑其在数据库中的保存期 |

**案例 2-3**

## 宏友家具有限公司的商品标识代码编码

宏友家具是一家家具生产企业，主要生产两种产品：凳子和桌子。公司向中国物品编码中心注册申请了EAN-13码，厂商识别代码为69388888。公司根据代码编码原则，给主要商品的商品编码情况如表2-17所示。

表 2-17　宏友家具主要商品的商品编码

| 产品种类 | 商标 | 材质、规格 | | | | 商品标识代码 |
| --- | --- | --- | --- | --- | --- | --- |
| 凳子 | 石永牌 | 红木 | 本地 | 1 座/张 | 5kg | 69388888 0000 6 |
| | | | | 2 座/张 | 8kg | 69388888 0001 3 |
| | | | | 3 座/张 | 10kg | 69388888 0002 0 |
| | | | 进口 | 1 座/张 | 8kg | 69388888 0003 7 |
| | | | | 2 座/张 | 10kg | 69388888 0004 4 |
| | | | | 3 座/张 | 13kg | 69388888 0005 1 |
| | | 楠木 | 一套（1 座+2 座+3 座） | | | 69388888 0011 2 |
| | 上派牌 | 高密度板 | 座板厚 3cm | 1 座/张 | 白色 | 69388888 0021 1 |
| | | | 座板厚 3cm | 1 座/张 | 黑白 | 69388888 0022 8 |
| 桌子 | 上派牌 | 大理石餐桌（1.5 × 1m） | | | | 69388888 0031 0 |
| 组合 | 上派牌 | 上派牌四张白色凳子+大理石餐桌（1.5 × 1m） | | | | 69388888 0041 9 |

**2. 物流条码**

物流条码是在物流活动过程，以集合包装为单位使用的条形码。物流条码常作为商品装卸、仓储、运输和配送的识别符号，常印制在产品的外包装箱上，用来识别商品的种类和数量，也可作为仓储批发业的销售现场结账。物流上较常用的码制有EAN码与UPC码、ITF-14码与ITF-6码、EAN-128码。这几种码制的条码常在储运单元、供应链上的物流单元和条码标签上使用。

（1）ITF-14码

ITF-14条码是连续型、定长、具有自校验功能，且条、空都表示信息的双向条码。它的条码字符集（数字0～9）、条码字符的编制规则与交叉25条码相同，如图2-23所示。

交叉25条码



ITF条码

图2-23 ITF条码与交叉25条码

从图2-23中可以看出ITF-14条码在表示14位数字交叉25条码的基础上加上了一个矩形保护框，里面还是由左右侧空白区、起始符、数据字符、终止符构成（具体结构如前面图2-11所示）。保护框的目的是使印版对整个条码符号表面的压力均匀，帮助减少误读，提高识读可靠性。

ITF-14码的代码结构如表2-18所示。

表 2-18 ITF-14 码的编码结构

| 指示符 | 贸易项目标识代码（不含校验码） | 校验字符 |
|---|---|---|
| $V$ | $N_1\ N_2\ N_3\ N_4\ N_5\ N_6\ N_7\ N_8\ N_9\ N_{10}\ N_{11}\ N_{12}$ | $C$ |

指示符V的值是1～9的数字，其中1～8用于非零售定量贸易单元，最简单的使用方法是根据贸易单元大小，从小到大分配。9用于非零售变量贸易单元；贸易项目标识代码，为12位数字，常采用EAN-13码的前12位；校验码C的计算方法与EAN-13码的计算方法一致，如表2-19所示；ITF-14条码一般放在标识项目包装相邻两个面上，长面和短面各一个。

表 2-19 ITF-14 码的编码校验符计算

| | 数据码 | | | | | | | | | | | | | 校验码 |
|---|---|---|---|---|---|---|---|---|---|---|---|---|---|---|
| 代码位置序号 | 14 | 13 | 12 | 11 | 10 | 9 | 8 | 7 | 6 | 5 | 4 | 3 | 2 | 1 |
| 数据码 | 0 | 6 | 9 | 0 | 1 | 2 | 3 | 4 | 5 | 6 | 7 | 8 | 9 | $C$ |
| 偶位数 | 0 | | 9 | | 1 | | 3 | | 5 | | 7 | | 9 | 最终求得 |
| 奇位数 | | 6 | | 0 | | 2 | | 4 | | 6 | | 8 | | $C$=2 |

校验码计算

| 第一步：分别求奇偶数的和 | 奇数之和 | 26 | 偶数之和 | 34 |
|---|---|---|---|---|
| 第二步：偶数之和乘以 3 | 34×3=102 | | | |
| 第三步：第二步结果加上奇数之和 | 102+26=128 | | | |
| 第四步：以大于第三步结果的 10 的倍数的最小值减去第四步结果即为校验码的值 | 130−128=2 | | | |

（2）ITF-6码

图2-24 ITF-6条码

ITF-6条码的字符集与条码字符的组成与ITF-14条码一样，由矩形框、左右侧空白区、起始符、数据字符、终止符组成，条码符号如图2-24所示。

其代码结构如表2-20所示。共6位数据字符，$N_1$～$N_5$表示数据，最后一位是校验码，校验码$C$的计算方法与EAN-13码的计算方法一致，只是把所少的数据项用0代替即可。

表 2-20 ITF-6 码的编码结构

| 数据代码 | 校验字符 |
|---|---|
| $N_1$ $N_2$ $N_3$ $N_4$ $N_5$ | $C$ |

ITF-6条码一般作为辅助条码存在，补充与主条码（一般为ITF-14）相关的信息。当与主代码条码的印刷大小一致时，可以与主代码条码共用一个矩形框。

（3）EAN-128码

商品条码仅能标识单个包装的消费单元，适于零售业对商品管理。而流通中还需对商品的生产批号、重量、数量、出厂日期、箱号等辅助信息进行标识，于是国际物品编码协会（EAN）、美国统一代码委员会（UCC）和国际自动识别制造商协会（AIM）通过筛选，在CODE128条码的基础上共同设计了EAN/UCC-128条码技术规范，简称EAN-128条码。EAN-128条码是一种长度可变、连续性、高可靠性、有含义、高密度、有独立校验方式的字母、数字条形码。

① 字符集。EAN-128条码能表示的字符集有3个，如图2-25所示。每个字符集都有12个辅助字符，具体作用如表2-21所示。

字符集A

包括所有标准的大写英文字母、数字字符0至9、标点字符、控制字符（ASCII值为00至95的字符）和7个特殊字符。

字符集B

包括所有标准的大小写英文字母字符、数字字符0至9、标点字符（ASCII值为32至127的字符）和7个特殊字符。

字符集C

包括100个两位数字00至99和3个特殊字符。采用字符集C时，每个条码字符表示两位数字。

图2-25 EAN-128码的字符集

表 2-21 EAN-128 码的辅助字符

| 名称 | 字符 | 说明 |
|---|---|---|
| 起始符（3 个） | START A<br>START B<br>START C | 表明 EAN-128 条码开始的编码字符集 |
| 切换符（3 个） | CODE A<br>CODE B<br>CODE C | 在条码符号中，改变当前使用的字符集，后续字符使用转换后的字符集 |

续表

| 名称 | 字符 | 说明 |
| --- | --- | --- |
| 功能符（4个） | FNC 1<br>FNC 2<br>FNC 3<br>FNC 4 | 1. 起始符A（或B，或C）与FNC1组成EAN-128条码的起始符号<br>2. FNC1可作校验符，但是可能性较小，小于1%<br>3. 当一个条码符号中应用标识符及其数据域有可变长数据，FNC1作为分隔符使用<br>4. 其他功能符，用的较少，不再详述 |
| 转换符（1个） | SHIFT | 将SHIFT之后的一个字符从字符集A与字符集B间相互转换（一个SHIFT只能转换一个字符） |
| 终止符（1个） | STOP | 标志条码符号结束 |

② EAN-128码的条码结构。EAN-128条码结构如图2-26所示。

图2-26 EAN-128条码结构

EAN-128码的起始字符由两个辅助字符构成，即Start A（B或C）+FNC1；终止符由13个模块构成，其他字符由11个模块构成；符号校验符的计算不同于EAN-13码校验符的计算方法，较为复杂，可参看相关国标；数据字符一般由一个到多个应用标识符（AI）及其数据域构成，数据域由定长或者变长的字符串构成，如图2-27所示。

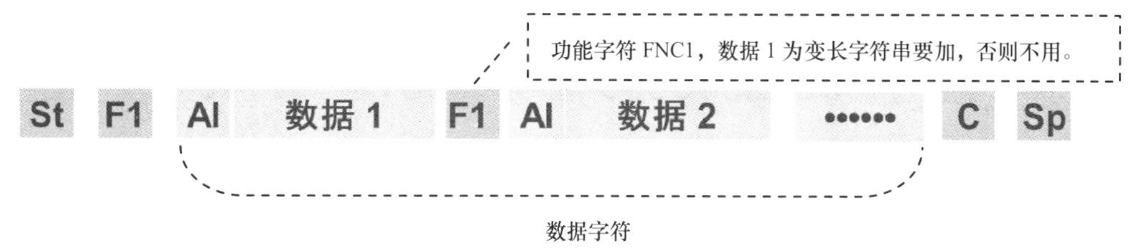


图2-27 EAN-128码的数据字符

③ 应用标识符（AI）。当用户出于产品管理与跟踪的要求，需要对具体商品的附加信息，如生产日期、保质期、数量及批号等特征进行描述时，应采用应用标识符。应用标识符（AI）是由2位或2位以上数字组成的字符，用于标识其后数据的含义和格式，其具体定义由国标严格定义。部分常用应用标识符如表2-22所示。

表 2-22　部分应用标识符

| 应用标识符（AI） | 数据含义 | 格式 | 备注 |
|---|---|---|---|
| 00 | 系列货运包装箱代码 | $n_2+n_{18}$ | 表示 SSCC 代码，共 20 位数字字符 |
| 01 | 全球贸易项目代码 | $n_2+n_{14}$ | 共 16 位数字字符 |
| 02 | 包含在一个物流单元内的贸易项目代码 | $n_2+n_{14}$ | 共 16 位数字字符 |
| 10 | 批号或组号 | $n_2+x_1\sim x_{20}$ | 批号或组号是变长字符串，字符个数最多 20 |
| 11 | 生产日期 | 年月日 $n_2+n_6$ | 按年月日排列，共用 6 个数字字符表示 |
| 13 | 包装日期 | | |
| 15 | 保质期 | | |
| 17 | 有效期 | | |
| 30 | 总量 | $n_2+n_1\sim n_8$ | 变长数字字符串，最长 8 位 |
| 21 | 系列号 | $n_2+x_1\sim x_{20}$ | 变长字符串，最长 20 位 |
| 310n | 净重（公斤）310n | $n_4+n_6$ | 310$n$ 中的 $n$，代表重量小数位数 |
| 420 | 同一邮政区域内交货地的邮政编码 | $n_3+x_1\sim x_{20}$ | 变长字符串，最长 20 位 |
| 37 | 物流单元内的数量 | $n_2+n_1\sim n_8$ | 长数字字符串，最长 8 位。必须与应用标识 02，一起使用 |

例如，图2-28表示了贸易项目标识代码为169012360046，保质期至2005年1月1日，批号为ABC的非零售商品的条码符号示例。

图2-28　应用标识符使用示例

（4）储运单元条码

为了便于物流作业，需要将商品的消费单元按要求组成新的储运单元。储运单元条码就是专门标识储运单元编码的一种条码，通俗地说就是商品外包装箱上使用的条码标识，它可以识别某一包装单元的物品，从而做到在物品的运输、配送、订货、收货中方便地跟踪、统计，保证数据的准确性和及时性。储运单元一般由消费单元组成的商品包装单元构成，可以分为两种：定量储运单元与变量储运单元，如图2-29所示。

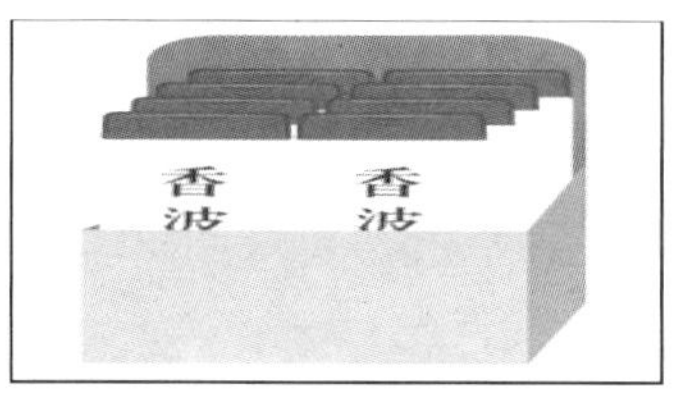


定量储运单元

变量储运单元

图2-29 储运单元的两种类型

① 定量储运单元

所谓的定量储运单元是指按商品件数计价销售的商品组成的储运单元，如成箱的瓶装啤酒、服装等。定量储运单元的代码按不同情况，可以采用13位或14位数字编码，13位的代码可以用EAN-13码的条码符号表示；14位的代码可以用ITF-14码或EAN-128码的条码符号表示。定量储运单元条码的代码编码情况如表2-23所示。

表 2-23 定量储运单元条码的代码编码

| 情形 | 代码编码形式 |
| --- | --- |
| 1. 储运单元内只有一个商品 | 按消费单元编码，如独立包装的洗衣机，它的商品条码的代码是 6938888800228，那么储运单元代码也是 6938888800228 |
| 2. 储运单元内的消费品是同种商品，既是定量储运单元又是消费单元 | 重新编制一个不同于箱内商品的 13 位编码，如一袋饼干的编码为 6938888800013，20 袋组合成一箱的编码为 6938888800228 |
| 3. 储运单元内的消费品是同种商品，储运单元只用于物流 | 两种方法：一是重新编制一个新代码，前加 0 构成 14 位新代码；二是取储运单元内商品代码的前 12 位，在前面加 1～8 中任意一位，并最后产生校验码，构成 14 位新代码。如前面的第 2 种情况的例子，可以用 06938888800419 或者 16938888800010 |
| 4. 储运单元内的消费品是不同种商品 | 重新编制一个新代码，前加 0 构成 14 位新代码。如储运单元内有两种袋装饼干一种为 6938888800044，另一种为 6938888800037，储运单元的代码为 06938888800310 |

② 变量储运单元。变量储运单元的编码一般由14位的主代码和6位附加代码构成，结构如表2-24所示。条码符号可采用ITF-14码和ITF-6码表示，也可以采用EAN-128码表示。

表 2-24 变量储运单元代码结构

| 主代码 | | | 附加代码 | |
| --- | --- | --- | --- | --- |
| 变量储运单元包装指示符 | 厂商识别代码与商品项目代码 | 校验字符 | 商品数量 | 校验字符 |
| $L_1$ | $X_{12}X_{11}X_{10}X_9X_8X_7X_6X_5X_4X_3X_2X_1$ | $C_1$ | $N_5N_4N_3N_2N_1$ | $C_2$ |

主代码中$L_1$是变量储运单元包装指示符，取值9，表示变量单元，其他代码与EAN-13码的规则相似，条码符号采用ITF-14码；附加代码只有6位，$N_5$～$N_1$表示按储运单元内商品的计量单位，如

公斤（1公斤=1千克）、英尺（1英尺=0.3048米）等，计算所得的商品数量，条码符号采用ITF-6码。主、附代码的校验码计算方法步骤与EAN-13码一样，不足位的用0补足。

**案例 2-4**

### 变量储运单元编码

有三金猪肉厂生产的黄金土猪肉，每个包装中有4公斤的肉，用于物流运输。EAN-13码为：6923450656181。

用ITF-14与ITF-6表示为：

（5）系列货运包装箱代码

系列货运包装箱代码（Serial Shipping Container Code，SSCC）是为物流单元提供唯一标识的代码。物流单元是供应链中为了运输、仓储而建立的组合项目，例如一个有30箱可乐的托盘（每箱20瓶）。因此通过扫描识读表示SSCC的EAN-128条码符号，能逐一跟踪和记录物流单元的实际流动，及时安排运输和收货等。

① SSCC的编码结构。SSCC的编码结构如表2-25所示。

表 2-25　SSCC 编码结构

| AI（应用标识） | SSCC | | 校验字符 |
|---|---|---|---|
| | 扩展位 | 厂商识别代码及系列代码 | |
| 00 | $N_1$ | $N_2$ $N_3$ $N_4$ $N_5$ $N_6$ $N_7$ $N_8$ $N_9$ $N_{10}$ $X_{11}$ $N_{12}$ $N_{13}$ $N_{14}$ $X_{15}$ $N_{16}$ $N_{17}$ | $C_1$ |

应用标识符：值为“00”，代表SSCC条码。扩展位：通常表示包装类型。例如：“0”为纸盒，

“1”为托盘，“2”为包装箱等，可以根据应用需求进行扩展；厂商识别代码同零售商品，系列代码是厂商自行分配的一个流水号；校验位：计算方法与EAN-13码类似，只不过是18位。典型的SSCC条码如图2-30所示。

图2-30　SSCC条码符号

② 物流标签。物流标签以人、机两种可识读的方式提供有关物流单元简明、清晰的信息。作为物流标签不可缺少的部分，SSCC编码的条码符号一般出现在物流标签的最底部，作为供应链上的物流单元重要标识；SSCC条码在物流标签上与其他物流单元信息（发货人、接收地等）一起使用，使得物流单元的信息更容易为供应链上的全部贸易伙伴读取。物流标签自上而下的顺序一般是：承运商区段、客户区段和供应商区段。

承运商区段：信息包括到货地邮政编码、托运代码、承运商特定的运输路线、装卸信息等；

客户区段：信息包括到货地、购货订单代码、客户特定的运输路线和装卸信息等；

供应商区段：信息包括SSCC，还可以包括对供应商、客户和承运商都需要的产品信息，如生产日期、包装日期、有效期、保质期、批号、系列号等。物流标签具体形式见图2-31。

最后一个物流标签是比较完整的，包含承运商区段、客户区段和供应商区段。最上面的标签为承运商的信息，应用标识“420”表示收、供货在同一国家或地区收货方的邮政编码，这里是美国的Boston到Dayton；应用标识“401”表示货物托运代码。中间标签是客户信息，应用标识“410”表示交货地点的位置码。最下面的标签是供应商的信息，用了一个SSCC码表示发运的物流单元。

最基础的物流标签

含供应商区段的物流标签

含承运商和供应商区段的物流标签

图2-31　物流标签的形式

含承运商、客户和供应商区段的物流条码

图2-31　物流标签的形式（续）

### 3. 条码的位置

条码可以用专用的条码标签打印出来后，贴在标识物品上，也可以直接印刷在食品、饮料、日用品的包装上。条码的识读效果在很多情况下都受到印刷位置的影响。在合适的地方印刷（或贴贴）条码，有利于迅速、准确地识读条码。

（1）商品条码的位置

商品条码符号的位置可参阅国家标准GB/T14257—2002规定。条码符号位置选择的基本原则是位置相对统一、条码不易变形、便于扫描识读。总的来说，主要遵循以下几点：

① 首先位置应选商品包装背面的右侧下半区域；

② 若背面不合适，则选包装另外合适面的右侧下半区域，这个面最好不是底面；

③ 条码与包装边缘的距离在8～102mm之间；

④ 条码一般横向放置，条码上供人识别的字符应符合人阅读习惯（从左至右）；

⑤ 当在曲面上放置时，曲面的表面曲度大于30° 时，应将条码符号的条垂直曲面的母线放置；

⑥ 不应把条码放置在表面不完整、不平整的地方，如有穿孔、褶皱、粗糙的地方。

具体示例如图2-32所示。

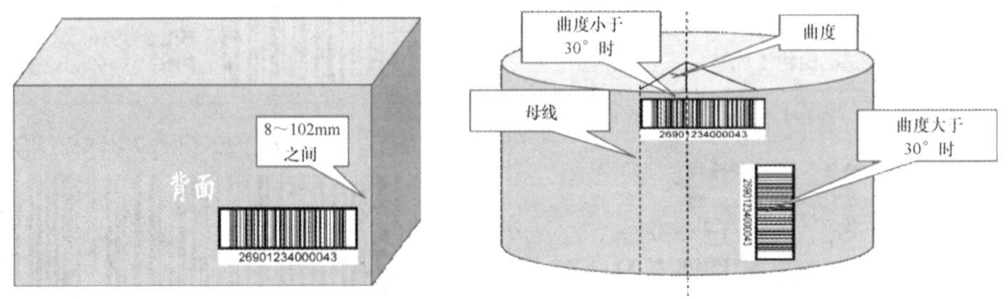

图2-32　商品条码的位置示例

有时，具体情况还需具体分析，例如对一些无包装的商品，商品条码符号可以印在吊牌上。

（2）物流标签的位置

物流标签的位置可参阅国家标准GB/T18127—2000规定。物流标签位置选择相对商品条码来说较为简单，主要遵循以下几点：

① 在物流单元的相邻两面贴上物流标签；

② 高度低于1m的物流单元，标签中的SSCC的底边距离物流单元底部32mm，标签与物流单元垂直边线不小于19mm。

③ 高度超过1m的物流单元，标签应距离物流单元底部（或者托盘表面）400～800mm，标签与物流单元垂直边线不小于50mm。

④ 若物流单元已经使用别的条码，如EAN-13等，标签应在其他条码旁边，并保持水平位置一致。

具体示例如图2-33所示。

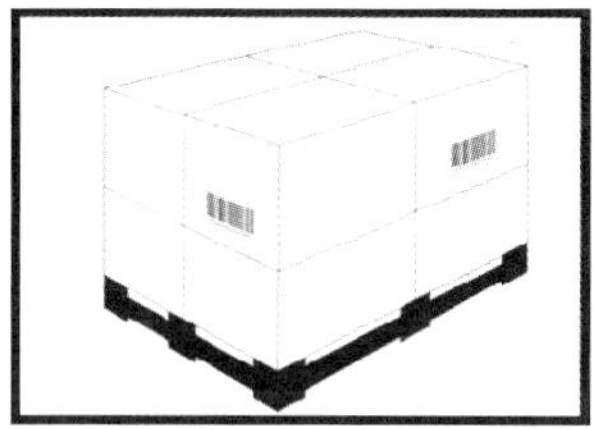

相邻两面贴上物流标签

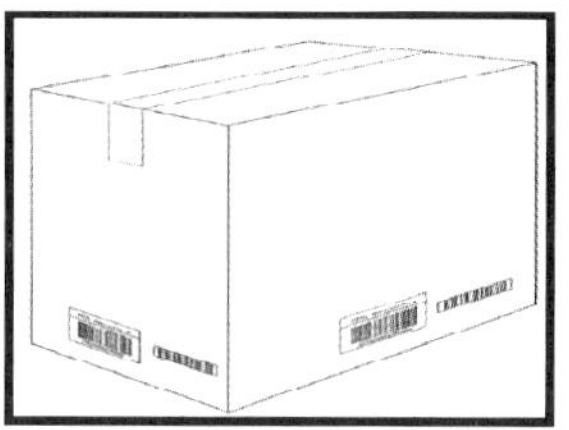

物流单元已经使用别的条码

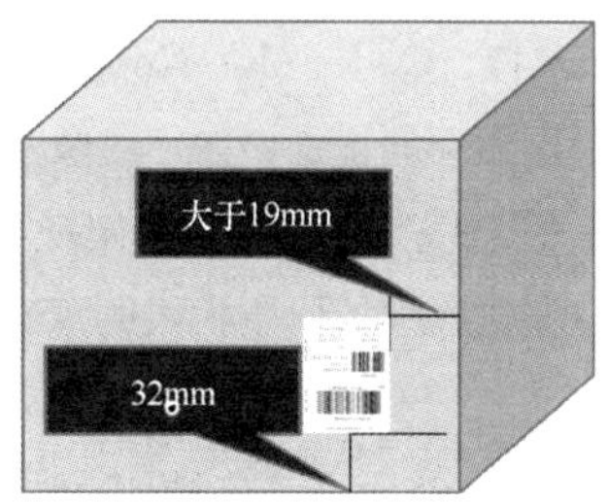


高度低于 1m 的物流单元

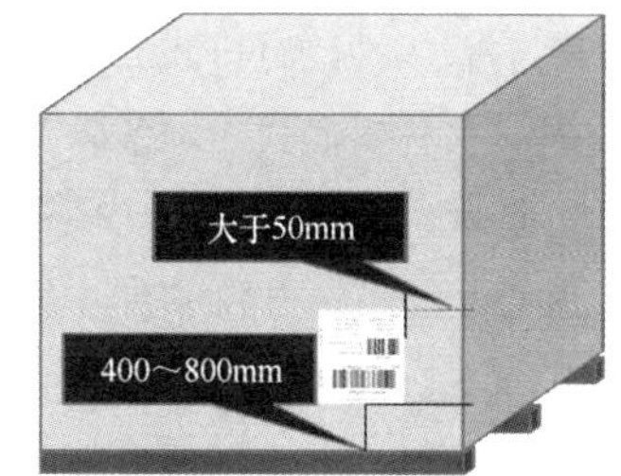


高度超过 1m 的物流单元

图2-33 物流标签的位置

## 三、二维条码技术

二维条码是一种比一维条码更高级的条码格式。一维码只能在一个方向（一般是水平方向）上表达信息，而二维码在水平和垂直方向都可以存储信息。一维条码只能由数字和字母组成，而二维条码能存储汉字、数字和图片等信息，因此二维条码的应用领域要广得多。

### 1. 什么是二维条码

二维条码或称二维码是用某种特定的几何图形按一定规律在平面分布的黑白相间的图形记录数据符号信息的；在代码编制上巧妙地利用构成计算机内部逻辑基础的“0”“1”比特流的概念，使用若干个比特流与二进制相对应的几何形体来表示文字数值信息，通过图像输入设备或光电扫描设备自动识读以实现信息自动处理。它具有条码技术的一些共性：每种码制有其特定的字符集；每个字符占有一定的宽度；具有一定的校验功能等。同时还具有对不同行的信息自动识别功能及处理图形旋转变化等特点。

在目前几十种二维条码中，常用的码制有：PDF 417二维条码、Data Matrix二维条码、Maxi Code二维条码、QR Code、Code49、Code16K、Code One等，除了这些常见的二维条码之外，还有MicroPDF

417条码、CP条码、Coda BlockF条码、龙贝码、Ultra Code条码、Aztec条码。几种典型的二维条码如图2-34所示。

图2-34　几种典型的二维条码

**2. 二维条码的分类**

二维条码可以分为堆叠式（或行排式）二维条码和矩阵式二维条码。

堆叠式二维条码又称堆积式二维条码，其编码原理是建立在一维条码基础之上，按需要堆积成二行或多行。它在编码设计、校验原理、识读方式等方面继承了一维条码的一些特点，识读设备与条码印刷与一维条码技术兼容。但由于行数的增加，需要对行进行判定，其译码算法与软件也与一维条码不完全相同。有代表性的行排式二维条码有PDF 417、Code 16K、Code 49等。

矩阵式二维条码（又称棋盘式二维条码）是在一个矩形空间里通过黑、白像素在矩阵中的不同分布进行编码。在矩阵相应元素位置上，用点（方点、圆点或其他形状）的出现表示二进制“1”，点的不出现表示二进制的“0”，点的排列组合确定了矩阵式二维条码所代表的意义。矩阵式二维条码是建立在计算机图像处理技术、组合编码原理等基础上的一种新型图形符号自动识读处理码制。具有代表性的矩阵式二维条码有Maxi Code、QR Code、Data Matrix、Code One等。

**3. 二维条码的特点**

（1）高密度、信息容量大

二维条码每平方英寸（注：1英寸=25.4毫米）可以容纳250～1100个字符，这种信息容量比普通的一维条码大几十，如PDF 417码被称为“便携式文件”。

（2）编码范围广

二维条码可以将照片、指纹、掌纹、签字、声音、文字等信息进行编码，极大地扩展了条码的编码范围，如图2-35所示。

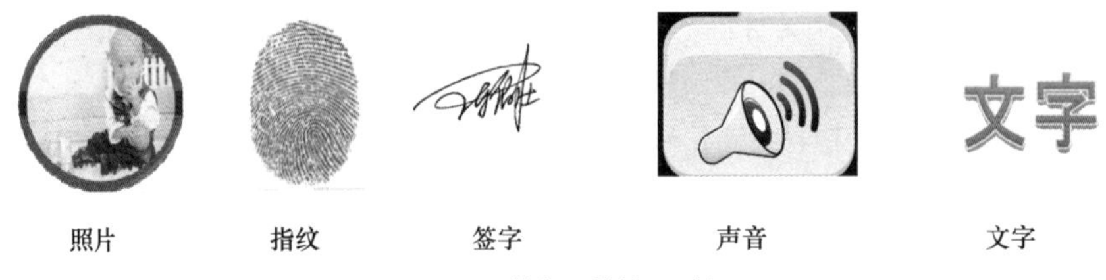


图2-35　二维条码的编码对象

（3）保密、防伪性好

二维条码可以采用多重防伪手段防伪，如密码防伪、软件加密、利用包含的信息加密（如指纹、图片）等。

（4）译码可靠性高

二维条码的译码误码率为千万分之一，译码的可靠性非常高。

（5）容易制作，成本低廉

市面上普通的点阵、激光、喷墨、热敏/热转式打印机等都可以印制二维条码。

（6）条码的形状可变形

二维条码可以根据各种表面、美工设计的需要进行美化修饰，并能保证数据识读的正确性。美化后的二维条码如图2-36所示。

图2-36 美化后的二维条码

（7）修正错误的能力强

条码容易由于玷污、破损等因素（如图2-37所示）而影响识读，但二维条码具有非常强的纠错能力，只要被破坏的面积不超过15%，信息就可以识读出来。

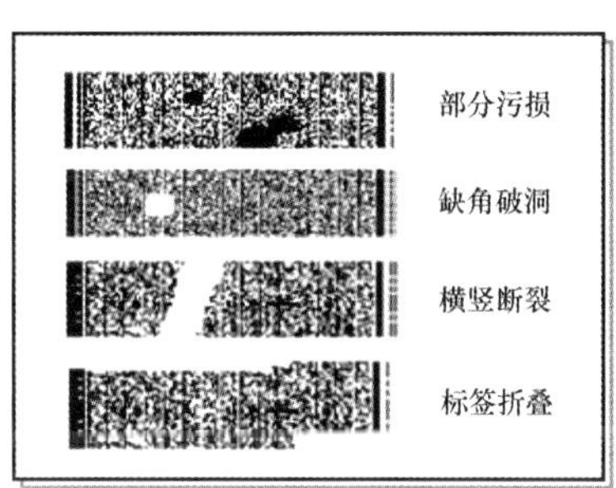


图2-37 破损的二维码

**4. 二维条码的识读设备**

二维条码的识读设备依据识读原理可分为以下几种。

（1）线性CCD和线性图像式阅读器

这类阅读器只能阅读一维条码和线性堆叠式二维码（如PDF 417），在阅读二维条码时需要沿条码的垂直方向扫过整个条码，我们称为"扫动式阅读"，这类产品比较便宜。

（2）带光栅的激光阅读器

这类阅读器可阅读一维条码和线性堆叠式二维码，阅读二维条码时将光线对准条码即可，由光栅元件完成垂直扫描，不需要手工扫动。

（3）图像式阅读器

这类阅读器采用面阵CCD摄像方式将条码图像摄取后进行分析和解码，可阅读一维条码和所有类型的二维条码。

现在的阅读器可以做成多种形式（如固定、手持式），我们使用的很多移动终端（如手机），只要安装了相关条码识读软件，也可以方便地阅读二维条码。

**5. 典型的二维条码——QR Code码介绍**

QR Code码是1994年由日本Denso-Wave公司发明的，QR来自英文“Quick Response”的缩写，即快速反应的意思，源自发明者希望QR码可让其内容快速被解码。现已广泛应用于生产、生活的各个领域。

（1）QR Code条码的识读

QR Code条码不再使用线性扫描的方式工作，而是使用红外光增强的摄像头工作。这种工作方式对反射角度的要求很低，可直接对镜头拍摄到的图像中的QR Code条码图像进行软件识别。这非常利于移动终端设备识别，目前我们用手机识别的二维条码很大一部分就是QR Code条码。

QR Code码呈正方形，只有黑白两色，在4个角落的其中3个，印有较小的像“回”字的正方图案，如图2-38所示。这3个图案是帮助解码软件定位的图案，使用者不需要对准，无论以任何角度（360度）扫描，资料都可正确被读取。用CCD二维条码识读设备识读QR Code条码，每秒可以识读30个QR Code条码字符，而像PDF 417码只能达到每秒2～3个字符。

图2-38 QR码“回”字的正方图案

（2）QR Code条码的编码字符集

QR Code条码的编码字符集包括：数字型数据（数字0～9）；字母数字型数据（数字0～9、大写字母A～Z、9个其他字符：space $ % * + - . / :）；8位字节型数据；日本汉字字符；中国汉字字符（GB 2312对应的汉字和非汉字字符）。

QR Code条码用特定的数据压缩模式表示中国和日本汉字，因此它具有数据密度大、占用空间小的特点，比其他二维条码表示汉字的效率高20%。

（3）QR Code条码的应用

QR Code条码在识读和存储上的优势，使它广泛应用在生活和生产领域。QR Code码原本是为了在汽车制造厂便于追踪零件而设计，如今QR Code码不仅已广泛使用在各行各业的存货管理中，而且走进了人们的生活。

**案例 2-5**

## QR Code条码在餐饮业务中的应用

王宏准备这星期天请好友吃饭，有人给他推荐了一家餐厅，发了个QR Code二维条码到他的手机上。扫描后，王宏进入这家餐厅的订餐界面，里面有各种套餐详细介绍，而且比现场点餐价格要低。王宏很快发现了合适的套餐，立即用手机下订单，预约时间并付费。餐厅立刻给反馈了一条QR Code二维码作为王宏星期天吃饭的凭证。星期天，王宏带着朋友来到这家餐厅，餐厅服务员扫描王宏手机上的二维条码，确认了订餐信息，双方很快完成了手续。最后，王宏与朋友美美地吃上了大餐。

这是QR Code条码在移动互联时代的一个典型应用，QR Code条码已经从企业级应用走向平民生活，除了餐饮业以外，快递结算、酒店、电影院、美容院、杂志、宣传海报、优惠券等都可以见到QR Code码的身影，QR Code条码已经和普通人的生活紧紧连在了一起。

**6. 二维条码的功能**

二维条码广泛应用于商业流通、仓储、医疗卫生、图书情报、邮政、铁路、交通运输、生产自动化管理、日常生活等领域，极大地提高了数据采集和信息处理的速度，改善了人们的工作和生活环境，这与它强大的功能分不开。二维条码可以实现的主要功能如表2-26所示。

表2-26 二维条码的主要功能

| 功能 | 说明 |
|---|---|
| 信息获取 | 库存货物存储信息、资料、名片、地图、Wi-Fi 密码等 |
| 物品追踪 | 生产的每一环节，扫描产品条码，更新数据库，特别是自动化生产线上 |
| 文件存档 | 把信息做成二维码的形式存档，可对信息加密，既轻便又安全 |
| 网站跳转 | 扫描条码跳转到微博、手机网站、下载网页等 |
| 广告推送 | 用户扫码，直接浏览商家推送的图片、视频、音频广告 |
| 手机电商 | 用户扫码、手机直接购物下单 |
| 防伪溯源 | 用户扫码、即可查看生产地、货物信息，同时后台可以获取最终消费地 |
| 优惠促销 | 用户扫码，下载电子优惠券，抽奖 |
| 证卡管理 | 例如，用户手机上获取电子会员信息、证卡核查身份 |
| 手机支付 | 扫描商品二维码，通过银行或第三方支付提供的手机端通道完成支付 |
| 电子票据 | 作为电影票、景区门票等 |
| 预约服务 | 图书馆座位、门诊等 |

## 四、条码技术在物流中的应用

条形码技术已经深入到物流系统的各个环节：生产、入库、拣货、盘点、加工、包装、出库、运输、配送、物品跟踪等。这些环节相互制约、相辅相成，物流系统要正常运行必须依靠这些环节协调一致。条码技术的应用，解决了这些环节上数据录入和数据采集的“瓶颈”，为整个物流系统高效运作提供了有力的支持。

**1. 在连锁超市中的应用**

在连锁超市中，条码技术及时获取第一手数据，并与超市的仓库、配送中心及时交换数据，掌握进、销、存的数据，加快了商品的流通，增强了超市物流的销售和配送管理。图2-39是储运单元条码和商品条码在连锁超市门店运用的例子。

从图2-39中可以看出，仓管员通过扫描箱码进行收货，然后根据订单核对货物，发送收货回执，自动完成入库记录；扫描条形码和箱码进行快速销售，提高结算效率，增加消费者满意度，并迅速传到电脑数据中心；扫描退货产品的箱码进行合理配送，减少生产企业损失，构建和谐的“零供关系”；把销售数据和退货数据传递给配送中心；配送中心及时补货，并反馈数据给生产厂家，厂家根据数据进行生产。

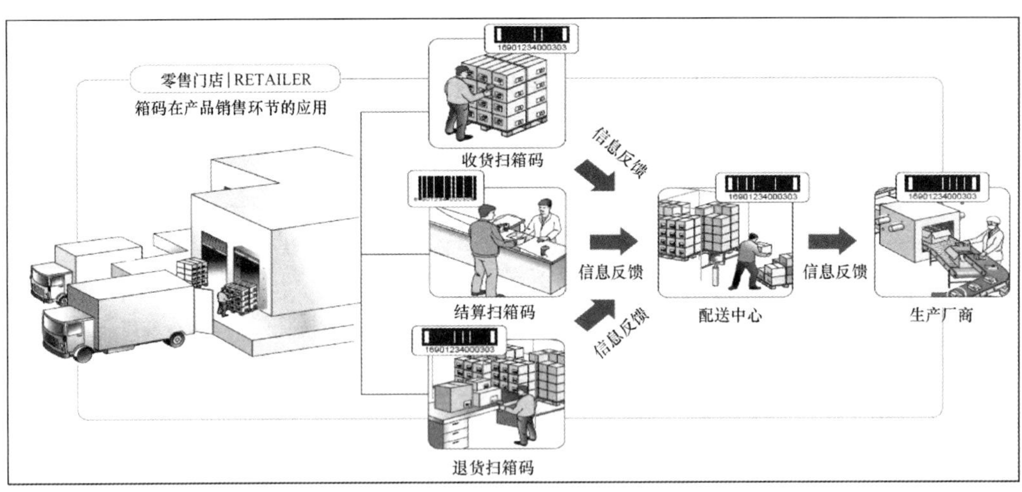


图2-39　条码在连锁超市中的应用过程

**2. 物料管理中的应用**

现代化生产物料配套是否协调决定了生产效率的高低，杂乱无章的物料仓库、复杂的生产备料及采购计划的执行是每个现代化生产企业必然要解决的问题。图2-40是条码在物料管理中应用的例子。

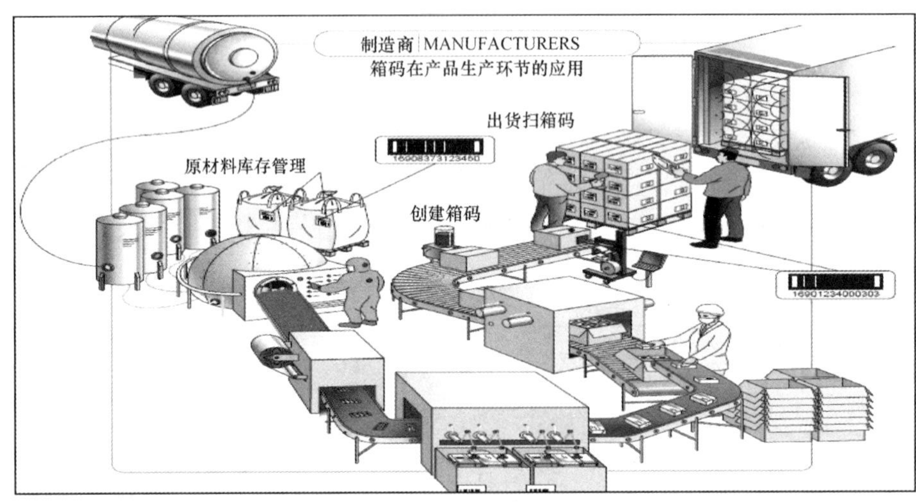


图2-40　条码在物料管理中的应用

从图2-40中看出，给每个物料箱印制条码，扫描原材料箱码，完成收货和原料库存管理，外箱上印制箱码，实现贯穿供应链的高效数据交换和无障碍沟通：可以快速拣货；以箱码为关键字，发送、接收EDI报文与采购系统等其他系统连接；扫描箱码，高效从物料仓库出货；通过扫描条码，在生产过程中对物料进行跟踪。

**3. 仓储与配送中心管理中的应用**

条码技术在现代化的仓储与配送中心管理中是不可缺少的，订货、收货、入库、上架、拣货、配货、补货、盘点等作业在条码系统的帮助下，大大提高了效率。图2-41是条码在配送中心管理中的应用示例。

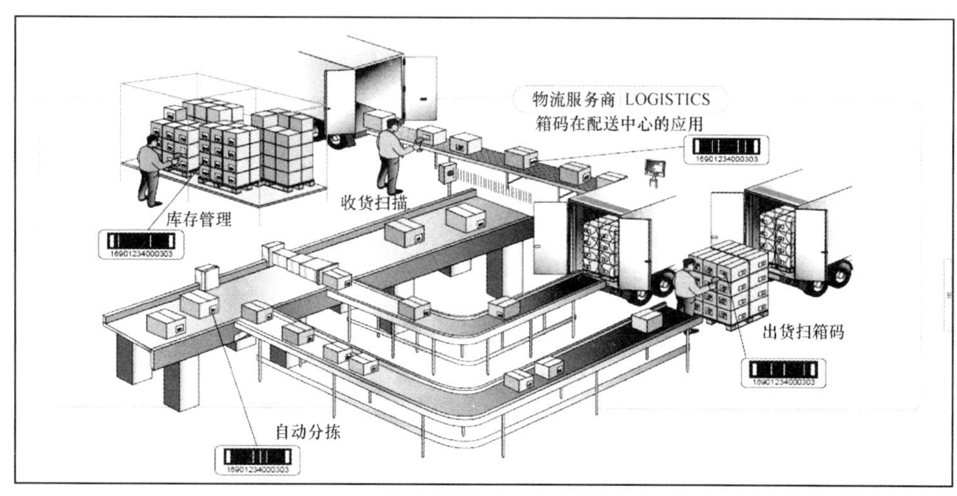


图2-41　在仓储与配送中心管理中的应用

在图2-41中，货物和托盘都编制了条码，首先以箱码为关键字，发送、接收EDI报文；扫描箱码或物流标签，高效收货；使用传送带时，扫描箱码，自动拣货；利用箱码进行上架、下架、盘点等库存管理，分配存货区域；记录货物流转，为订货预测系统提供数据支持；精确出货。

**4. 在运输行业中的应用**

国际运输协会规定：货物包装上必须贴有条码符号，以便于对货物进行自动化管理，一维条码标识物品的功能已经广泛应用在了水、陆、空3种运输方式上。对于自动化程度高的企业，二维条码也在大显身手，例如，一个典型的运输业务包括了供应商到货运代理、货运代理到货运公司、货运公司到客户等几个过程，在每个过程中都有货物单据要处理，这些单据含有大量的信息，像发货人信息、收货人信息、货物清单、运输方式等。若这些数据的处理要人工录入，则存在效率低下、差错率高等问题，通过二维条码技术的应用能方便地解决数据录入难题。将发货单据的内容编制成二维条码的形式，在运输的各个环节只要扫描这个二维条码就能将信息录入到计算机系统内，既准确又迅速。

**5. 在供应链中的应用**

供应链的典型物流包括由生产厂家将产品生产出来，运输、仓储、加工、配送到消费者的全过程。具体分工为：生产性企业购进原材料，组织生产产品，生产结束后将单个产品进行包装，并将多个产品集中在大的包装箱内；物流公司组织包装运输，在这一环节中通常需要更大的包装；批发商直接从生产企业购进商品，进行商品的存储和配送，最后产品通过零售商销售到消费者手中，产品通常在这一环节中再还原为单个产品。供应链物流的具体流程如图2-42所示。

利用条码技术，在整个供应链上对企业的物流信息进行采集跟踪，可以满足企业针对物料准备、生产制造、仓储运输、市场销售、售后服务、质量控制等方面的信息管理需求，为供应链物流系统发挥出最大效益提供有力的支持。在实际作业中，利用商品上现有的条码再配合物流条码作为自动识别输入的基础，减少了操作时间，提高了录入的准确性，节约了大量的人力、物力，提高了自动化程度。

条码技术在物流上的应用还有很多，如军事物流、冷链物流的应用，这里限于篇幅不再一一介绍。

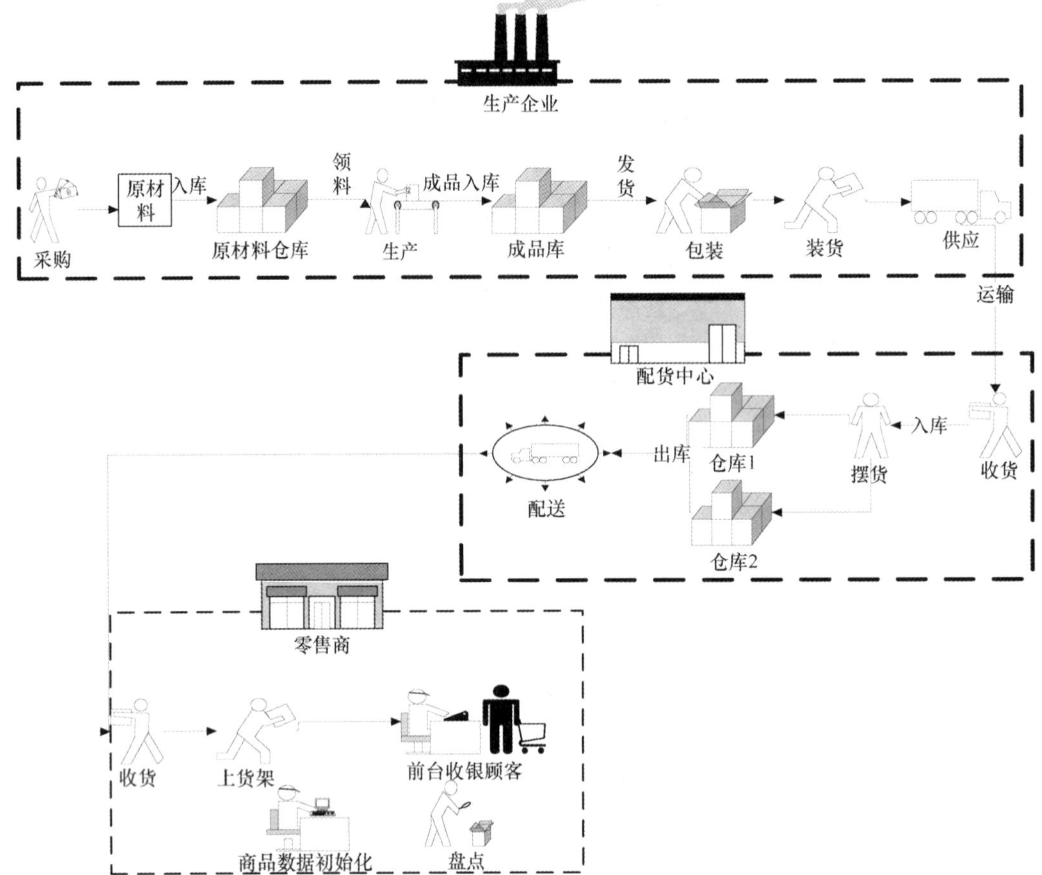


图2-42　供应链上的典型物流活动

## 任务实训2-2

**实训内容：**

1. 下载一个条码制作软件，学习使用它制作各种码制的条形码，并根据学过的主要条形码码制分别制作相应的条码样本。

2. 找出现实生活中使用商品条码的例子，分析其代码结构，要求附上照片。

3. 利用条码作软件，制作一个二维条码，此二维码经手机扫描后，跳转到中国物品编码中心网页首页；并把你对老师的上课建议制作成二维条码。

**实训要求：**

将上面的内容整理成实训报告。具体附上第1步制作的条码，写清楚第2步分析过程，提交第3步制作的二维条码。

# 任务三
# RFID 技术的应用

## 任务目标

完成本任务学习后，学生能根据应用环境的要求，应用合适的RFID电子标签和阅读器；能在物流领域简单地应用RFID技术。

**知识要点：**RFID技术的概念、特点及应用领域；RFID系统的组成及工作原理；电子标签的基本知识；掌握物联网的基本概念；RFID的应用特点。

## 相关知识

### 一、RFID基础知识

#### 1. RFID的概念

RFID（Radio Frequency Identification，射频识别技术或称无线射频技术）是一种利用无线电波原理进行非接触式自动识别的技术，它通过射频信号（即高频交流变化电磁波）自动识别目标对象，在阅读器和电子标签之间进行非接触式双向数据传输，可快速地进行数据识别和数据交换。

RFID技术诞生于第二次世界大战期间，从使用方法上来讲，它类似于条码扫描，是传统条码技术的继承者。它具有条码技术和磁卡技术不可比拟的优势，目前这项技术广泛应用于物流和供应管理、生产制造和装配、航空行李处理、邮件、快运包裹处理、文档追踪、图书馆管理动物身份标识、运动计时、门禁控制、电子门票、道路自动收费等领域，还可以为客户定制化生产，满足各种应用的要求。

#### 2. RFID系统的组成

RFID系统一般由电子标签（信号发射机）、阅读器（信号接收机）、发射接收天线及应用软件系统等部分组成，如图2-43所示。

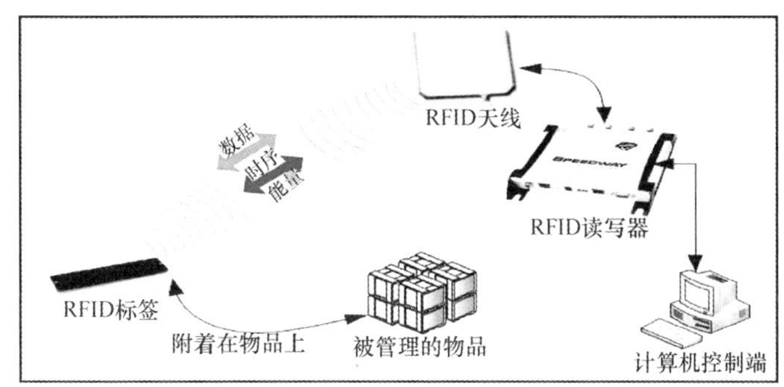


图2-43　RFID系统的组成

（1）电子标签

电子标签又称为射频卡、应答器等，相当于条码技术中的条码，用来存储需要识别的传输信息，每个电子标签具有唯一的电子编码，附着在物品上标识目标对象。与条码不同的是，电子标签具有可读写和加密通信功能。电子标签可以根据应用的需要做成各种形状，如图2-44所示。

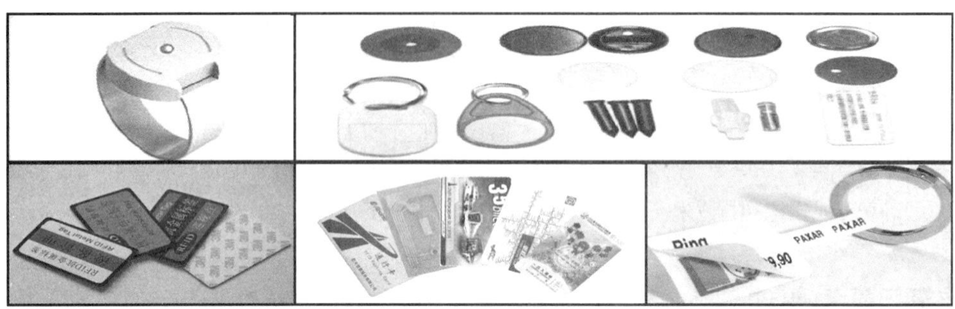

图2-44　各种形式的电子标签

电子标签主要由标签天线和标签专用芯片组成。天线负责传输接收数据，芯片负责处理和存储数据，具体如图2-45所示。

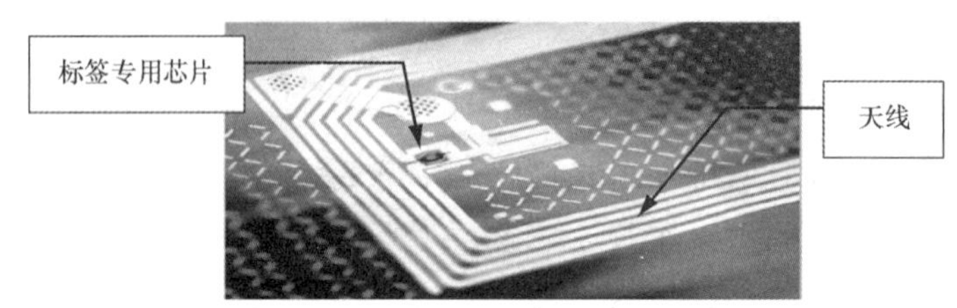


图2-45　电子标签的组成

电子标签主要可以进行以下两种分类。

第一，依据电子标签供电方式的不同，电子标签可以分为有源电子标签、无源电子标签和半无源电子标签。有源电子标签内装有电池，无源射频标签没有内装电池，半无源电子标签部分依靠电池工作，具体如表2-27所示。

表2-27　依据供电方式进行的电子标签分类

| 分类 | 说明 |
| --- | --- |
| 有源电子标签 | 内部自带电池，工作可靠性高，信号传送的距离远；电池的寿命决定标签的使用时间和使用次数 |
| 无源电子标签 | 内部不带电池，需靠天线与线圈产生感应电流工作。它可支持长时间的数据传输和永久性的数据存储；价格便宜、体积小，可频繁读写多次，但是数据传输的距离较短 |
| 半无源电子标签 | 利用低频近距离精确定位，微波远距离识别和上传数据，来解决单纯的有源RFID和无源RFID没有办法实现的功能 |

第二，依据频率的不同，电子标签可分为低频电子标签、高频电子标签、超高频电子标签和微波电子标签，具体如表2-28所示。

表 2-28　依据不同频率进行的电子标签分类

| 分类 | 说明 |
| --- | --- |
| 低频电子标签 | 工作频率范围为：30～300kHz。一般为无源标签，阅读距离一般小于 1m；优势主要是省电、廉价，工作频率不受无线电频率管制约束，可以穿透水、有机组织、木材，外观形式多样等；劣势主要体现在存储数据量相对较少，只能适合低速、近距离识别应用；主要适合近距离的、低速度的、数据量要求较少的识别应用（例如：动物识别）等 |
| 高频电子标签 | 工作频率一般为 3～30MHz。基本特点与低频标准相似，但是数据传输速率较高，最大读取距离为 1.5m，标签一般制成卡片形状。典型应用包括：电子车票、电子身份证、电子闭锁防盗（电子遥控门锁控制器）等 |
| 超高频电子标签和微波电子标签 | 简称微波电子标签，工作频率为：433.92MHz～5.8GHz。可为有源标签或无源标签，阅读距离一般为 4～7m，最大可达 10m 以上，可多标签识读，数据存储容量一般限定在 2Kbits 以内，典型应用包括：移动车辆识别、电子身份证、仓储物流应用、电子闭锁防盗（电子遥控门锁控制器）等 |

（2）阅读器

阅读器也可称为查询器或读写器。根据支持的标签类型不同与完成的功能不同，阅读器的复杂程度是显著不同的。阅读器基本的功能就是提供与标签进行数据传输的途径，将数据管理系统的读写命令或数据传到电子标签，或者把电子标签的数据传到数据管理系统。阅读器可设计为手持式或固定式，具体如图2-46所示。

图2-46　RFID阅读器

（3）发射接收天线

天线是标签与阅读器之间传输数据的发射、接收装置。在实际应用中，除了系统功率外，天线的形状和相对位置也会影响数据的发射和接收，需要专业人员对系统的天线进行设计、安装。天线可以内置在电子标签和阅读器内，也可以外置，如图2-47所示。

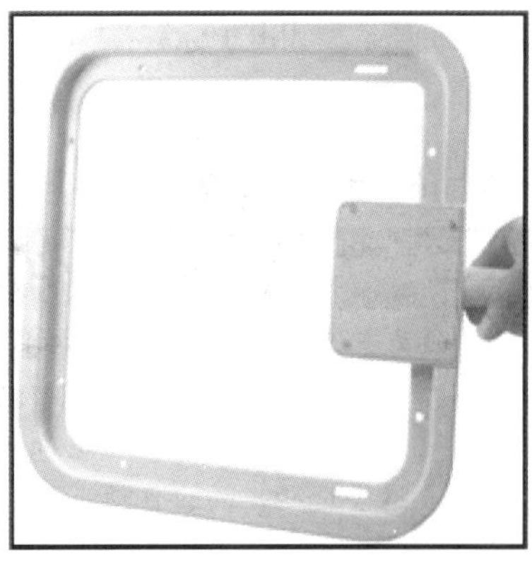
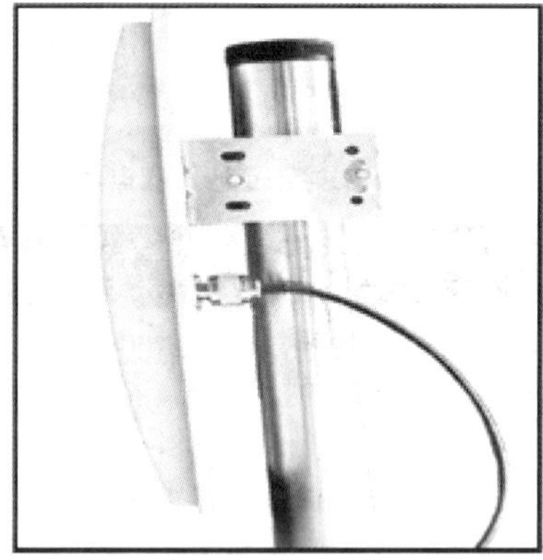

图2-47　常见的外置天线

（4）应用软件系统

应用软件系统由硬件驱动程序、控制程序和数据库构成，负责数据管理和对电子标签进行读写控制。

**3. RFID系统的工作过程**

RFID系统的工作过程主要是靠阅读器接收电子标签发出的无线电波来读取数据，有被动和主动两种方式。最常见的是被动方式，当阅读器遇见RFID电子标签时，发出电磁波，周围形成电磁场，电子标签从电磁场中获得能量激活标签中的微芯片电路，芯片对电磁波进行转换，然后发送给阅读器，阅读器把它转换成相关数据进行管理控制，最终将数据传入计算机系统。主动方式则由电子标签中的内置电池激发电磁波，只要电子标签在RFID系统的有效范围内活动，就能被阅读器识别处理。

**4. RFID技术的特点**

与传统条形码识别技术相比，RFID技术具有非接触、阅读速度快、无磨损、不受环境影响、寿命长、便于使用的特点，并具有预防冲突功能，能同时处理多张卡片。具体如表2-29所示

表2-29　RFID技术的特点

| 特点 | 说明 |
| --- | --- |
| 全自动多目标快速扫描 | RFID阅读器可全自动、同时瞬间读取数个RFID标签信息 |
| 标签体积小型化、形状多样化 | RFID阅读器在读取标签时，不受尺寸大小与形状限制；其标签可以轻易地嵌入或附着在各种形状、各种类型的产品上，因此应用广泛 |
| 抗污染能力和耐久性 | RFID技术将数据存在芯片中，有外包装保护，对水、油和化学药品等物质具有很强的抵抗性，可以免受污损 |
| 穿透性和无屏障阅读 | RFID利用电磁波能够穿透纸张、木材和塑料等非金属或非透明的材料进行通信。因此，RFID技术能适应各种应用环境 |
| 可重复使用 | RFID标签可以重复地新增、修改、删除RFID标签内储存的数据，方便信息的更新 |
| 数据的记忆容量大 | RFID标签数据最大容量可以达到数兆字节。随着记忆载体技术的发展，RFID标签的数据容量将越来越大 |

续表

| 特点 | 说明 |
| --- | --- |
| 安全性高 | 由于 RFID 承载的是电子式信息，其数据内容可经由密码保护，使其内容不易被伪造及变造 |
| 识读距离远 | RFID 的识读距离可以达到 10 米，甚至更远 |

**案例 2-6**

## 白沙物流仓储管理中RFID的应用

深圳白沙物流是一家全国知名的第三方物流公司，拥有4万平方米现代化仓储大楼一幢，7000平方米现代化单层钢结构仓库一个，采用条码系统识别货物。近年来，随着业务的发展，白沙物流的仓储业务遇到前所未有的挑战。

越来越多的客户产品更新速度加快，经常要求按指定条形码的某些产品进行出库。按照现有的仓储管理系统，白沙物流很难在几万平方米的仓库里确认每件货品存放的精确位置，经常要抽调出十多个人去找，人力、物力浪费严重；而且，为了便于找货，就需要在堆货时多留通道，这样导致仓库利用率只有30%。出库时候，如果货物量大，条码扫描时间长，严重影响出库效率；若条码污损，扫描出错，作业将无法进行下去。如何提高作业效率和仓库利用率就成为白沙物流的难题。

案例来源：

http://success.rfidworld.com.cn/2015_10/ba08bbf2776a0b05.html

为此，白沙物流引入了RFID技术，在每个托盘上安装了电子标签，并升级改造了仓储管理系统，解了燃眉之急。

1．解决货品的精确定位。出库时，只需将货品号输入计算机，计算机立即显示出货位图，并将结果以队列表的形式传输到手持阅读器上。理货员通过手持终端的指示就可以顺利找到货物，扫描托盘上的电子标签，下达出库指令。

2．解决信息存储问题。货物在入库前，只需用手持阅读器读取托盘上物品的条形码信息，然后写到RFID电子标签中，这一托盘上的所有货物信息就会传输到服务器电脑里存储起来。

3．出错预警。在出库时，如果托盘上的货物与计算机内显示出来的情况不同，设在仓库大门两旁的电子标签监控门就会发出警报声。

4．实现物品跟踪。RFID系统是利用托盘上电子标签的动态信息来管理条形码的静态信息，货品移动的每个过程都由标签与读写器自动记录、自动处理，避免了很大一部分重复性劳动，大大提高了仓储管理效率和准确性。

5．提高仓库利用率。仓储利用率由原来的30%提升到了80%，同时电子标签可以重复使用，有效地降低了成本。

## 二、RFID中间件知识

RFID中间件扮演RFID电子标签和应用程序之间的中介角色，它提供了一组通用应用程序接口，既能连到RFID阅读器，读取RFID电子标签数据，又与应用程序相连，进行数据传输，如图2-48所示。这样一来，即使发生存储RFID电子标签信息的数据库软件或后端应用程序增加或改由其他软件取代，或者读写RFID阅读器种类增加等情况，应用端也能无需修改便可处理，省去多对多连接的维护复杂性问题。

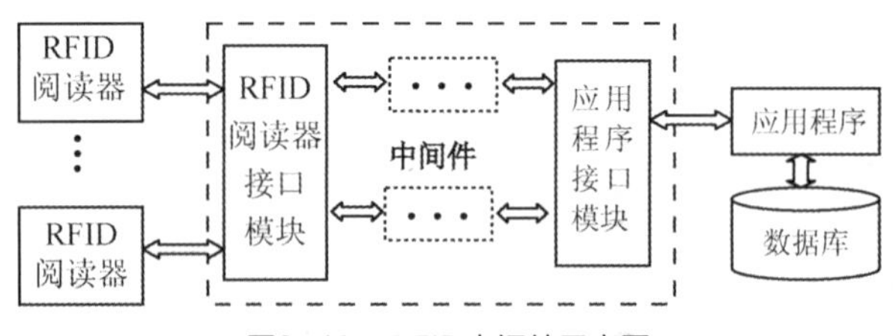


图2-48　RFID中间件示意图

## 三、RFID与物联网

### 1. 物联网概念

物联网（The Internet of Things，IOT）是通过射频识别（RFID）、红外感应器、全球定位系统、激光扫描器、气体感应器等信息传感设备，按约定的协议，把任何物品与互联网连接起来，进行信息交换和通信，以实现智能化识别、定位、跟踪、监控和管理的一种网络。图2-49所示就是物联网的一种典型应用。

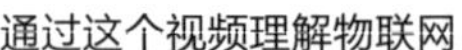
通过这个视频理解物联网：

http://video.eastmoney.com/news/1609,20151230580819474.html

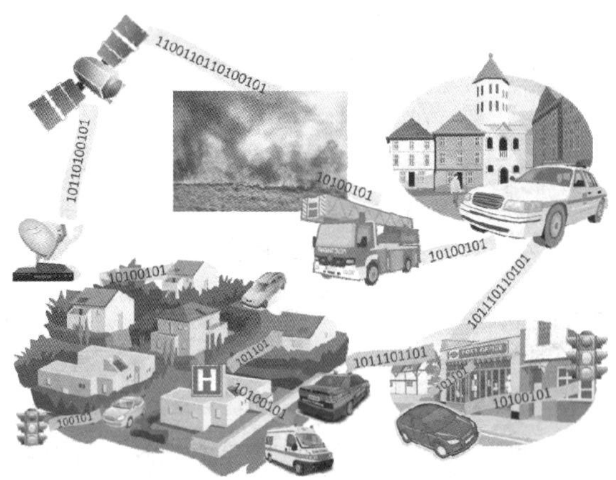

图2-49　物联网应用示意图

简单来说，物联网就是“物物相连的互联网”。这有两层意思：

第一，物联网核心和基础仍然是互联网，是在互联网基础上延伸和扩展的网络；

第二，其用户端延伸和扩展到了任何物品与物品之间，进行信息交换和通信。

### 2. 物联网主要特征

物联网主要具有3大特征，如图2-50所示。

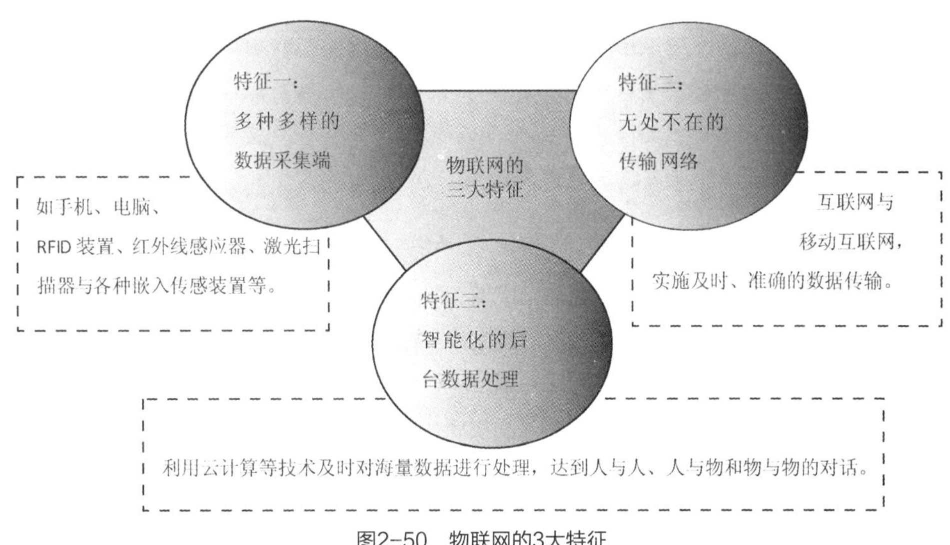


图2-50 物联网的3大特征

首先，它具有多种多样的数据采集端。物联网上部署了海量的多种类型传感器，每个传感器都是一个信息源，不同类别的传感器所捕获的信息内容和信息格式不同。这些传感器获得的数据具有实时性，并按一定的频率周期性地采集环境信息。

其次，它是一种无处不在的传输网络。物联网技术的重要基础和核心仍旧是互联网，通过各种有线和无线网络与互联网融合，将传感器定时采集的物体的信息实时准确地传递出去。

再次，物联网具有智能处理的能力，能够对物体实施智能控制。物联网将传感器和智能处理相结合，利用云计算、模式识别等各种智能技术，扩充其应用领域。从传感器获得的海量信息中分析、加工和处理出有意义的数据，以适应不同用户的不同需求。

**案例2-7**

## 物联网在汽车运输中的应用

博亿物流有限公司在汽车运输中应用了物联网技术。当装载超重时，货车就会自动警告装载人员超载了，并提示超载多少。而且汽车会根据自身空间的大小和货物情况进行分析计算，告诉装载人员轻、重货物怎样搭配；当搬运人员卸货时，若果卸货人员太粗鲁，乱扔物品，货物包装就会大叫："你扔疼我了"，或者说："亲爱的，请你不要太野蛮，可以吗？"；当司机在和别人扯闲话时，货车会装作老板的声音怒吼"笨蛋，该发车了！"

读完案例，再看一个令人震撼的视频：
物联网在亚马逊的仓库中的应用（千万不要错过无人机送货视频哦）

http://mp.weixin.qq.com/s?__biz=MzA4NjAzNDg4NA==&mid=405341666&idx=1&sn=162c0927b6d10aaf5e02e2fb3446eacc&scene=23&srcid=0119hfS5xm7KsmPVO9zV42Zl#rd

在公司的中央数据库中，随时接收每辆汽车的运行情况和货物情况，实时处理每辆货车发回的信息。例如当发生车祸时，汽车会提醒司机注意拍照取证，并通知公司总部的计算机系统和运输部事故处理人员，处理人员可以根据事故发生的时间、地点和具体情况，结合系统给出的处理建议进行处理。

**3. RFID在物联网中的作用**

物联网的核心和基础“互联网”已经非常成熟，但是物与互联网之间的连接与信息交换的环节还是它的短板。目前，能够实现物与互联网“连接”功能的技术，包含RFID技术、红外技术、地磁感应技术、条码识别技术、视频识别技术、无线通信技术等。而所有这些技术中，RFID技术在准确率、感应距离、信息量等方面具有非常明显的优势。它通过无线数据通信网络，把RFID标签中存储的规范、互用性的信息，自动采集到中央信息系统，实现物品的识别，进而通过开放性的计算机网络实现信息交换和共享，达到让物品“开口说话”的目的，实现对物品的“透明”管理。

在物联网中，RFID系统如同网络的触角，使得自动识别物联网中的每一个物体成为可能。RFID技术应用范围非常广泛，如电子不停车收费管理、物流与供应链管理、集装箱管理、车辆管理、人员管理、图书管理、生产管理、金融押运管理、资产管理、钢铁行业、烟草行业、国家公共安全、证件防伪、食品安全、动物管理等领域都有它的身影。

总体来看，物联网与RFID技术关系紧密，RFID技术是物联网发展的关键部分。以简单RFID系统为基础，结合已有的网络技术、数据库技术、中间件技术等，构筑一个由大量联网的阅读器和无数移动的标签组成的物联网，这是目前RFID技术发展的主要任务。

## 四、RFID技术在物流中的应用

目前，RFID技术已经在物流的诸多环节中发挥着重要的作用。

**1. 生产环节**

在生产线上，在物料、产品或者其他装载设备上加装RFID标签，能够实现生产线的自动化和原料、产品的识别定位，这将大大减少人工识读成本和出错率，同时也大大提高生产的效率和产品质量。RFID技术还能够对产品进行信息的收集、处理，帮助生产人员轻松掌握整个生产线的运作情况和产品的生产进度。

**2. 配送/分销环节**

在配送环节，采用RFID技术能大大加快配送的速度，提高拣选与分发过程的效率与准确率，减少人工、降低成本。到达中央配送中心的所有货物包装箱上加装RFID标签，并在配送中心收货处、仓库入口处、出口处等地安装固定式RFID读写器，在搬运设备（如运送车、叉车等）上安装移动式RFID读写器，以及使用手持读写器，可以提高对配送中心货物的出入库管理的自动化程序。例如：在进入中央配送中心时，托盘通过一个阅读器，阅读器读取托盘上所有货箱上的标签内容传入系统，系统将这些信息与发货记录进行核对，避免可能出现的错误，然后将RFID标签更新为最新的商品存放地点和状态；拣货时，利用电子标签货架，可以迅速、准确地完成拣货任务，提升效率，如图2-51所示。

电子标签货架摘果式拣货视频：

http://v.youku.com/v_show/id_XNDgyMjI5NTMy.html?from=y1.2-1-103.3.3-1.1-1-1-2-0

图2-51　电子标签货架拣货

**3. 运输环节**

在运输环节中，运输的货物和车辆都贴有RFID电子标签，标签中包含车牌号、运输的起讫地点、运输线路、所属的运输企业、货物基本信息等。当车辆经过运输线的检查点时，检查点上安装的RFID阅读器会检测RFID标签信息，然后将标签信息、车辆地理位置等经由Internet发送给运输调度中心，这样供应商和经销商就能够比较方便地查阅货物现在所处的位置和状态。

**4. 仓储环节**

在仓库里，射频技术广泛应用于存取货物与库存盘点。当贴有RFID标签的货物进入仓储中心时，入口的RFID识读器将自动识别标签并完成货物的入库登记。在整个仓库管理中，将系统制定的收货、取货、装运等实际功能与RFID技术相结合，能够高效地完成各种业务操作，如指定堆放区域、盘点、上架取货与补货等。

**5. 销售环节**

在销售环节中，RFID可以改进零售商的库存管理。当货物被顾客取走时，装有RFID识读器的货架能够实时地报告货架上的货物情况，并通知系统在适当的时候补货。同时能够监控装有RFID标签的货物的移动、位置，便于货物的规整、盘点。这将大大节约人工成本，降低出错率，提高效率。

## 任务实训2-3

**实训内容：**

2003年6月19日，在美国芝加哥召开的“零售业系统展览会”上，沃尔玛宣布将采用RFID技术取代目前广泛使用的条形码，成为第一个公布正式采用该技术时间表的企业。如果供应商们在2008年还达不到这一要求，就可能失去为沃尔玛供货的资格，而沃尔玛的供应商大约有70%来自于中国。

1. 请分析沃尔玛用RFID技术取代条码技术的原因。
2. 中国的供应商应如何应对？
3. 用RFID技术取代条码技术，中国企业面临的最大困难是什么？

**实训要求：**

4人一组将上面的内容整理成实训报告，做成PPT分组讨论。

# 课后练习

## 一、简答题

1. 简述自动化识别技术有哪些，各自的特点是什么。
2. 常见的条码码制有哪些？
3. 简述二维条码在日常生活中实际运用的案例。
4. 物流条码与商品条码的应用领域有哪些？
5. 简述RFID在物流网中的主要功能。
6. 请根据图2-52填写有关内容：下面是条码在供应链中的应用，在每个环节可以用哪些代码编码？这个编好的物品代码又能用哪些条码符号表示？

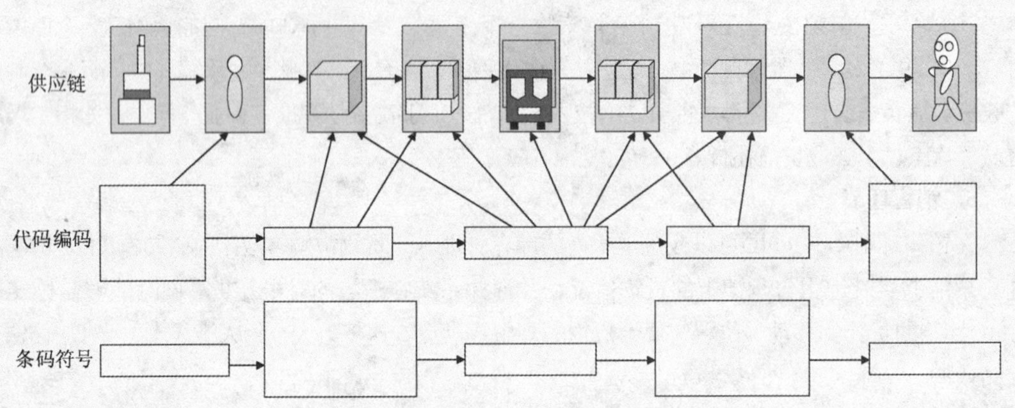


图2-52 条码的应用

提示：

代码编码有：EAN-13、EAN-8、UPC-12（UPC-A的代码）、EAN/UCC-14、SSCC-18

条码符号有：EAN/UPC条码（包括EAN/UCC-13条码、EAN/UCC-8条码、UPC-A条码）、ITF-14条码、EAN-128条码。

## 二、判断题（正确填A，错误填B）

1. 自动识别技术就是条码与RFID技术。（　　）
2. 生物识别技术也出现在了我们日常生活中。（　　）
3. 条码技术是最好用的数据采集技术。（　　）
4. 代码与条码符号是一回事。（　　）
5. 商品代码的3种结构，在我国都可以使用690～695作为它们的前缀码。（　　）

6. EAN-128是能表达物品信息最多的条码。(    )

7. 二维条码在物流领域中的运用，只能用在处理复杂单据的录入上。(    )

8. RFID技术将来必定代替条码，因为它的技术含量更高，企业愿意用更高的成本去使用它。(    )

9. RFID中“R”代表电子标签，它可以制作成各种形状。(    )

10. 物联网可以看作是互联网的升级。(    )

**三、单选题**

1. 自动识别技术不包括（    ）。

A. 条码技术　B. 磁条磁卡技术　C. 声音识别　D. 数据库技术

2. IC卡与磁卡的本质区别是（    ）。

A. IC卡是通过卡里的集成电路存储信息，而磁卡是通过卡内的磁力记录信息

B. IC卡的成本一般比磁卡高

C. IC卡的保密性强

D. IC卡中的数据可以修改

3. 下列关于条和空的说法正确的是（    ）。

A. 条和空可以用任何颜色搭配　B. 条和空只能用黑白颜色搭配

C. 条和空不能都用浅色　D. 条和空可以同时用深色

4. 代码是指用来标识客观事物的一个或一组有序的符号，下列关于EAN-13的代码符号正确的说法是（    ）。

A. EAN-13的代码字符不仅仅可以是数字符号

B. EAN-13的代码可以用大写字符表示

C. EAN-13的代码字符集与EAN-128的一样

D. EAN-13的代码字符集与ITF-14的一样

5. 关于无线射频识别技术正确的是（    ）。

A. 射频识别技术的基本原理同条码技术一样

B. 无线射频技术的英文是Radio Frequency Identification Technology

C. 无线射频技术可以在任何恶劣环境中识别数据

D. 无线射频技术催生了物联网发展

6. 关于条码静空区正确的说法是（    ）。

A. 静空区是指条码上下两侧与空的反射率相同的区域

B. 静空区可以使阅读器进入准备阅读的状态

C. 静空区的宽度可以是任意大小

D. 静空区是EAN-128条码可有可无的部分

7. 下面不属于二维条码的是（    ）。

A. PDF 417码　B. Data matrix码　C. Maxi code码　D. 39码

8. 以下不属于二维条码优点的是（    ）。

A. 二维条码可以将照片、指纹、掌纹、签字、声音、文字等信息进行编码

B. 二维条码比一维条码编码复杂

C. 二维条码的信息容量大

D. 二维条码比RFID的标签便宜

**四、多选题**

1. 自动识别技术可以分为（　　）和（　　）两大类。

A. 数据采集技术　B. 生物识别技术　C. 特征提取技术　D. 光存储器技术

2. 条码技术包括（　　）。

A. 编码技术　B. 符号技术

C. 识读技术　D. 印制技术以及检测技术

3. 关于物流标签的说法正确的有（　　）。

A. 以人、机两种可识读的方式提供有关物流单元简明、清晰的信息

B. SSCC条码必不可少，一般安排在最下面

C. 物流标签自上而下的顺序一般是：承运商区段、客户区段和供应商区段

D. 承运商区段信息主要包括到货地、购货订单代码等

4. 物流标签的位置主要遵循以下几点（　　）。

A. 在物流单元的相邻两面贴上物流标签

B. 高度低于1m的物流单元，标签中的SSCC的底边距离物流单元底部32mm，标签与物流单元垂直边线不小于19mm

C. 高度超过1m的物流单元，标签应距离物流单元底部（或者托盘表面）400～800mm，标签与物流单元垂直边线不小于50mm

D. 若物流单元已经使用别的条码，如EAN-13等，标签应放置在其他条码上方

**五、名词解释**

自动识别技术　一维条码　二维条码　RFID　物联网

## 项目综合实训二

**一、实训目的**

掌握商品条码的注册方法，在实际中运用条码技术给商品和物流单元编制条码，学会二维条码的简单应用，了解和掌握RFID技术的基本识别原理与使用方法。

**二、实训方式**

实训场所安排在电脑机房，需上网和条码设计软件（建议网上下载或由教师提供）。

**三、实训内容及步骤**

1. 任务

某公司生产各式各样的饼干，其中3种是其主打产品，仙仙饼干、脆脆饼干、可可脆饼。图2-53是公司3种产品的样子。

主要采用玻璃罐子、纸皮包装箱及铁皮罐子3种包装形式，如图2-54所示。

仙仙饼干

脆脆饼干

可可脆饼

图2-53　3种饼干

图2-54　3种包装形式

（1）公司一开始出售的仙仙饼干有一斤装、半斤装，采用图2-55所示的2种罐子。

图2-55　2种罐子包装形式

（2）脆脆饼干有一斤装、两斤装、二十斤装，分别采用图2-56所示的3种包装。

图2-56　脆脆饼干3种外包装形式

（3）可可脆饼采用一斤装和八两装，都是用图2-57所示的玻璃罐子包装。

（4）在仓储和运输的时候，除了脆脆饼干二十斤装的产品直接运输存储以外，一般都采用各种大小的纸皮包装箱包装，如图2-58所示。

主要包括以下几种情况：

① 全部放仙仙饼干一斤装10罐。

图2-57　可可脆饼包装形式

图2-58　纸皮包装箱

② 全部放脆脆饼干一斤装12罐。

③ 放仙仙饼干一斤装8罐，脆脆饼干一斤装4罐。

④ 放仙仙饼干一斤装5罐，脆脆饼干一斤装5罐。

⑤ 全部放仙仙饼干半斤装20罐。

⑥ 全部放脆脆饼干八两装24罐。

⑦ 放仙仙饼干半斤装10罐，脆脆饼干半斤装12罐。

请完成以下任务：

（1）请为该公司注册申请商品条码，以利于商品在中国大陆流通。申请网站为中国物品编码中心网站（网址为http://www.gs1cn.org），下载相关表格，并假定公司名称为“班级名称+食品制造有限公司”，填写表格。相关信息自拟，所有审核环节皆为通过。

（2）假若申请下来的公司厂商识别代码是69234565，请采用正确的码制，为该公司产品设计条码，具体要求如下：

① 为每种商品编制商品条码。

② 为储运单元编制条码。

③ 用条码制作软件制作打印条码，把条码贴在物品正确的位置（注：图2-59是贴条码的物品的形状，可大可小）。

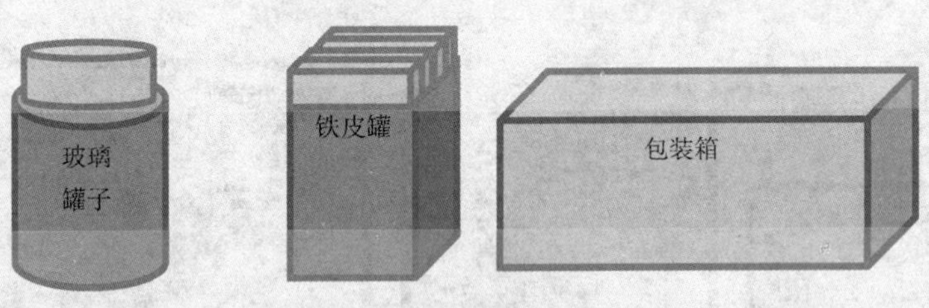

图2-59　贴条码的物品的形状

（3）公司最近生产一种品牌为“麻麻麻”的大麻花，如图2-60所示，一根麻花将近0.5千克，全球销售。公司为它分配了非零售的变量贸易单元代码，其中的贸易项目标识代码为692345651111。最近公司有人订购了1000根麻花，分成2个物流单元，用包装箱装箱发货，具体情况如表2-30所示。请完成下列任务。

① 计算麻花的非零售的变量贸易单元代码校验码C。

② 分别为两个物流单元编制SSCC代码，并用EAN-128的代码说明其重量和数量（提示应用标识用“02”“310n”“37”）。

③ 用条码制作软件设计制作这些条码。其中非零售的变量贸易单元代码用EAN-128码表示，应用标识用“01”。

图2-60 “麻麻麻”牌大麻花

表 2-30 麻花订购具体情况

| 项目 | 说明 |
| --- | --- |
| “麻麻麻”牌大麻花 | 为非零售的变量贸易单元，标识代码为 9692345651111*C*，*C* 为校验码 |
| 物流单元 1 | 500 根麻花，重 256.4kg |
| 物流单元 2 | 500 根麻花，重 246.8kg |

（4）为保证食品的卫生安全，公司决定实行严格的打卡制度，请为员工张三设计一个二维条码，印制在其员工工牌上，这样可以清楚记录张三的健康状况和不良习惯，又能为张三保密。

例如：如下QR Code码中记录了下面这些信息。

姓名：张三

健康状况：良好，无传染病史

不良习惯：有时会扣鼻屎

（5）请采用RFID技术对“麻麻麻”牌麻花之王“麻中麻”进行产地到零售店的物流过程追踪（要求：简述追溯过程中的关键步骤即可）。

2. 实训指导

分小组进行实训，建议4位同学一组。

（1）每组选出组长，自行分配组员任务。

（2）按要求完成任务，记录实训步骤。

**四、实训结果**

每小组提交一份实训报告和汇报PPT，选派1人向全班汇报。

# 项目三
# 物流数据存储技术

3

## 项目目标

### 知识目标

掌握数据库技术、数据仓库和数据挖掘及作用；

理解数据库系统的组成，了解数据库数据组织的模型；

了解数据交换（EDI）技术、网络及通信技术的应用领域。

### 能力目标

能根据物流企业的实际情况，进行数据库项目的需求分析；

能使用 E-R 图等手段，进行数据库的概念模型设计；

能将 E-R 模型转换为关系模型。

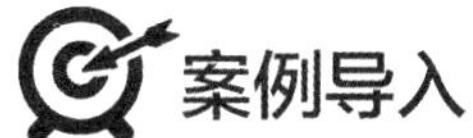

## 案例导入

# 阿里巴巴呼叫中心高效服务的后台支撑
## ——SQL Server数据库

案例来源：

http://www.microsoft.com/china/casestudies/details.aspx?CompanyProfileID=86

作为全球电子商务领域的领导者，阿里巴巴非常重视对市场的培育和对客户的服务。2005年，阿里巴巴开始建立大型呼叫中心，主要负责阿里巴巴旗下诚信通、淘宝、支付宝、口碑网等电子商务交易的主动销售和客户服务工作。整个呼叫中心以杭州为中心，已建成杭州、成都、广州3个地区分支节点。该呼叫中心采用集中控制的方式，实现中继分散接入、座席分散与集中相结合。一期于2005年1月开始建设，当年3月上线448座席，2008年底扩容近5000座席，当年，其规模就在国内呼叫中心位居前列。

随着业务快速成长，呼叫中心数据量不断递增，目前每天每小时的通话量达到5万次左右，平均每小时呼入14000次。在持续提供稳定服务的需求下，系统出现了如下一系列问题：数据分析难；报表生成速度慢；服务器运行缓慢，性能下降；数据分析与挖掘困难，对内外整体业务状况把握不准，整体服务质量趋向不稳定。

为解决上述问题，阿里巴巴呼叫中心采用Microsoft SQL Server作为后台数据库，形成了一个集数据仓储、数据分析和报表生成等功能于一体的可扩展的数据平台，提供强大的商业信息访问和分析功能，使企业能够高效存储和访问所有数据。具体主要表现如下。

1. 数据被分布在多个实体服务器上，在获得并发能力的同时，能够有效实施单点故障恢复，智能地快速切换资源，保障服务永续运行。还可以通过增加处理器或服务器的方式，不间断地提高整个服务器群集工作负载能力。

2. SQL Server数据库引进了全面的性能数据收集器、数据仓库、报表以及基于策略的管理解决方案，使呼叫中心能够对基于SQL Server 的企业数据服务的业务进行前所未有的控制。

3. SQL Server能快速方便地将广州、成都和杭州的数据分中心的数据复制到主中心点，提高主中心数据的实效性。

4. 利用SQL Server强大的数据挖掘能力，大幅减少计算复杂报表所需的时间，降低了服务器负载。

5. 利用SQL Server集成的基于图形开发报表的特点，使得报表可以被方便快速定制开发出来，并能很方便地部署到呼叫中心系统中供用户使用。

SQL Server数据库在呼叫中心系统中的应用，为阿里巴巴集团提高了效率，降低了成本，稳定了客户服务质量，而且有效支持阿里巴巴集团的商业决策。

### 思考

1. 为什么阿里巴巴集团要引进SQL Server数据库系统作为呼叫中心后台？
2. 数据库系统为企业的数据处理带来什么便利？

# 任务一
# 数据库技术的认知

## 任务目标

完成此任务后，学生能掌握数据库的基本概念、特点及发展；了解数据库系统的基本组成、数据库管理系统的功能；掌握大数据的概念和特点；能分析物流管理中的数据库系统。

**知识要点：** 数据库的基本概念；数据库管理系统的功能；数据库系统的组成；数据仓库和数据挖掘的概念；大数据的概念和特点。

## 相关知识

### 一、数据库技术概述

#### 1. 数据库技术的定义

数据库技术是通过研究数据库的结构、存储、设计、管理以及应用的基本理论和实现方法，并利用这些理论来实现对数据库中的数据进行处理、分析和理解的技术。即：数据库技术是研究、管理和应用数据库的一门软件科学。数据库技术是现代信息科学与技术的重要组成部分，是计算机数据处理与信息管理系统的核心。

数据库技术研究和管理的对象是数据，所以数据库技术所涉及的具体内容主要包括：通过对数据的统一组织和管理，按照指定的结构建立相应的数据库和数据仓库；利用数据库管理系统和数据挖掘系统设计出能够实现对数据库中的数据进行添加、修改、删除、处理、分析、理解、报表和打印等多种功能的数据管理和数据挖掘应用系统；并利用应用管理系统最终实现对数据的处理、分析。

#### 2. 数据库技术的发展

数据管理技术的发展大致经过了3个阶段：人工管理阶段、文件系统阶段及数据库系统阶段。如图3-1所示。

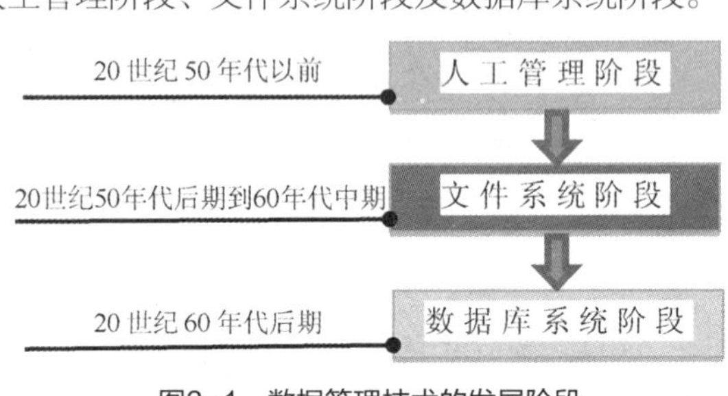

图3-1 数据管理技术的发展阶段

（1）人工管理阶段

20世纪50年代以前，计算机主要用于数值计算。从当时的硬件看，外存只有纸带、卡片、磁带，没有直接存取设备；从软件看，没有操作系统及管理数据的软件（实际上，当时还未形成软件的整体概念）；从数据看，数据量小，数据无结构，由用户直接管理，而且数据间缺乏逻辑组织，数据依赖于特定的应用程序，缺乏独立性，如图3-2所示。

（2）文件系统阶段

20世纪50年代后期到20世纪60年代中期，出现了磁鼓、磁盘等直接存取数据的存储设备。新的数据处理系统也迅速发展起来，这种数据处理系统是把计算机中的数据组织成相互独立的数据文件，系统可以按照文件的名称对其进行访问，对文件中的记录进行存取，并可以实现对文件的修改、插入和删除，这就是文件系统。文件系统实现了数据记录内的结构化，即设计出了记录内各种数据间的关系。但是，文件从整体来看却是无结构的，其数据面向特定的应用程序，因此数据共享性、独立性差，且冗余度大，管理和维护的代价也很大，如图3-3所示。

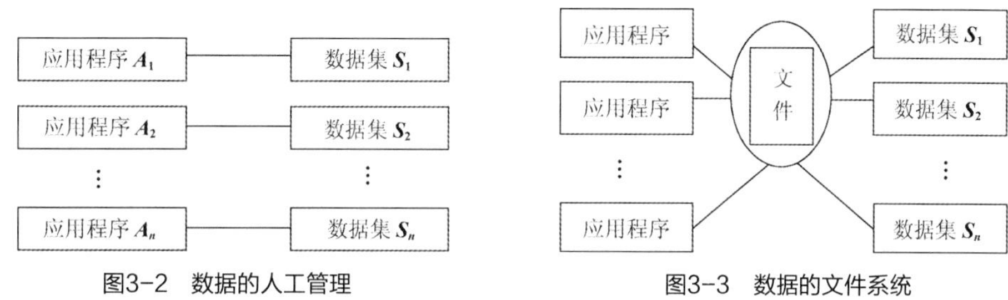


图3-2　数据的人工管理　　图3-3　数据的文件系统

（3）数据库系统阶段

20世纪60年代后期，计算机性能得到提高，更重要的是出现了大容量磁盘，存储容量大大增加且价格下降。数据库的特点是数据不再只针对某一特定应用，而是面向全组织，具有整体的结构性，共享性高，因此冗余度小，具有一定的程序与数据间的独立性，并且实现了对数据进行统一的控制，如图3-4所示。

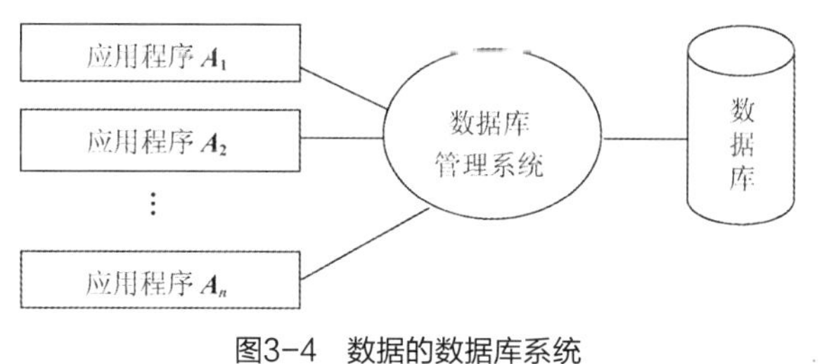


图3-4　数据的数据库系统

**3. 数据库系统的组成**

数据库系统又称为数据库应用系统，是指拥有数据库技术支持的计算机系统，它可以有组织地、动态地存储大量相关数据，提供数据处理和信息资源共享等服务。数据库系统主要由数据库、用户、软件和硬件四部分组成。

（1）数据库

数据库是长期存储在计算机内有组织的共享的数据的集合。它可以供用户共享，具有尽可能小的冗余度和较高的数据独立性，是数据存储最优方式；而且数据库容易操作，并具有完善的自我保护能力和数据恢复能力。数据库主要有两大特点，如表3-1所示。

表3-1 数据库的主要特点

| 特点 | 说明 |
| --- | --- |
| 集成性 | 把某特定应用环境中的各种应用相关的数据及其数据之间的联系全部地集中地并按照一定的结构形式进行存储，或者说数据库是若干单个性质不同的数据文件的统一的数据整体 |
| 共享性 | 数据库中的数据可为多个不同的用户所共享，即多个不同的用户，使用多种不同的语言，为了不同的应用目的，而同时存取数据库中的数据，即多用户系统 |

（2）用户

用户是指使用数据库的人，即对数据库进行存储、维护和检索等操作的人。用户分为3类，如表3-2所示。

表3-2 数据库的3类用户

| 用户种类 | 说明 |
| --- | --- |
| 终端用户 | 主要是使用数据库的各级管理人员、工程技术人员、科研人员，一般为非计算机专业人员 |
| 应用程序员 | 负责为终端用户设计和编制应用程序，以便终端用户对数据库进行存取操作 |
| 数据库管理员（DBA） | DBA是指全面负责数据库系统的“管理、维护和正常使用的”人员，主要职责有：参与数据库设计的全过程，决定数据库的结构和内容；定义数据的安全性和完整性，负责分配用户对数据库的使用权限和口令管理；监督控制数据库的使用和运行，改进和重新构造数据库系统 |

（3）软件

数据库系统软件主要指支持数据库运行的操作系统（例如Windows系列）、数据库应用系统和数据库管理系统。数据库应用系统指由程序员开发出来具备一定功能的信息系统，例如仓储管理系统。数据库管理系统（Data Base Management System，DBMS）指负责数据库存取、维护和管理的软件系统。它们之间的关系如图3-5所示。

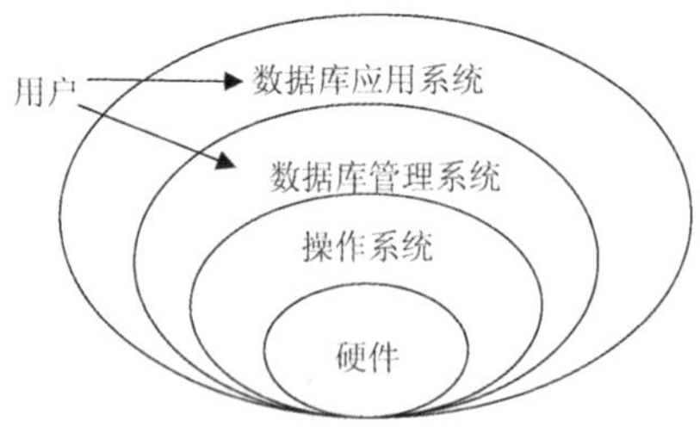


图3-5 数据库系统示意图

（4）硬件

数据库的硬件指存储和运行数据库系统的硬件设备，主要指计算机硬件系统。

**4. 数据库管理系统**

数据库管理系统是对数据进行管理的系统软件，它是数据库系统的核心组成部分，主要是把用户抽象的逻辑数据处理转换成计算机中的具体的物理数据的处理，即用户在数据库系统中的一切操作，例如数据定义、查询、更新及各种控制，都是通过DBMS进行的，这给用户带来很大的方便。DBMS的组成及功能如表3-3所示。

表 3-3 DBMS 的组成及功能

| 组成部分 | 功能 |
| --- | --- |
| 语言编译处理程序 | DBMS 具有定义数据库结构、实现对数据库的基本操作的功能。这些功能由数据定义语言（DDL）和操纵语言（DML）来完成。而语言编译处理程序就是将这些语言翻译成计算机能执行的命令程序 |
| 安全性控制程序 | 防止未被授权的用户存取数据库中的数据 |
| 通信控制程序 | 实现用户程序与 DBMS 间的通信 |
| 完整性控制程序 | 检查完整性约束条件，确保进入数据库中的数据的正确性、有效性和相容性 |
| 并发控制程序 | 协调多用户、多任务环境下各应用程序对数据库的并发操作，保证数据的一致性 |
| 数据存取和更新程序 | 实施对数据库数据的检索、插入、修改、删除等操作 |
| 系统总控程序 | 是 DBMS 运行程序的核心，用于控制和协调各程序的活动 |
| 装配程序 | 完成初始数据库的数据装入 |
| 重组程序 | 当数据库系统性能变坏时（如查询速度变慢），需要重新组织数据库，重新装入数据 |
| 系统恢复程序 | 当数据库系统受到破坏时，将数据库系统恢复到以前某个正确的状态 |
| 数据字典 | 指对数据的数据项、数据结构、数据流、数据存储、处理逻辑、外部实体等进行定义和描述的集合，也是访问数据库的接口 |

**5. 数据库的发展趋势**

（1）面向对象的数据库技术

面向对象的数据库技术将成为下一代数据库技术发展的主流。现有的关系型数据库无法描述现实世界的实体，而面向对象的数据模型由于吸收了已经成熟的面向对象程序设计方法学的核心概念和基本思想，使得它符合人类认识世界的一般方法，更适合描述现实世界。面向对象的数据库技术主要有两个发展方向。一是将面向对象的建模能力和关系数据库的功能进行有机结合的面向对象的关系数据库技术；二是面向对象数据库与具有坚强的数学逻辑基础的演绎数据库相结合的演绎面向对象数据库。

（2）非结构化数据库

非结构化数据库是全面基于因特网应用的新型数据库理论，支持重复字段、子字段以及变长字段，并实现了对变长数据、重复字段进行处理和存储管理。非结构化数据库在处理连续信息（包括全文信息）和非结构信息（重复数据和变长数据）中有着传统关系型数据库所无法比拟的优势。

（3）数据库与其他学科技术的结合

数据库与其他学科技术的结合将会建立一系列新型数据库，如分布式数据库、并行数据库、知识库、多媒体数据库等，这将是数据库技术重要的发展方向。其中，多媒体技术和可视化技术引入多媒体数据库将是未来数据库技术发展的热点和难点。

（4）数据仓库与电子商务

电子商务和数据爆炸式增长，导致数据仓库与电子商务必然成为数据库技术发展的重要趋势。

（5）面向专门应用领域的数据库技术

适合专门应用领域的数据库技术也必然得到的大力发展，如工程数据库、统计数据库、科学数据库、空间数据库、地理数据库等。这类数据库在原理上也没有多大的变化，但是它们却与一定的应用相结合，从而加强了系统对有关应用的支撑能力。随着研究工作的继续深入和数据库技术在实践工作中的应用，数据库技术将会更多朝着专门应用领域发展。

## 二、数据模型

### 1. 数据模型的组成

数据模型是模型的一种，是现实世界数据特征的抽象，通常由数据结构、数据操作和数据的约束条件3个要素组成，如图3-6所示。

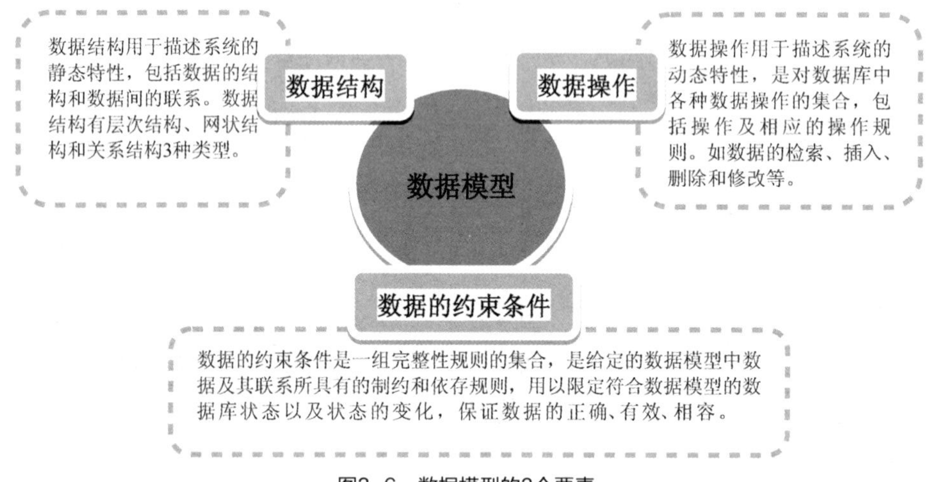


图3-6 数据模型的3个要素

数据结构是数据模型的基础，数据操作和约束都基本建立在数据结构上。不同的数据结构具有不同的操作和约束。

### 2. 数据库中的数据模型

数据库系统中的数据模型是直接描述数据库中数据的逻辑结构，也被称为结构数据模型，是具体的DBMS所支持的数据模型。它通常包括一组严格定义的形式化语言，用来定义和操作数据库中的数据。此模型既要面向用户，又要面向系统，主要用于数据库管理系统（DBMS）的实现。按数据结构来分，结构数据模型可以分为3类：层次模型、网状模型及关系模型。

（1）层次模型

这一模型采用树型结构表示实体及实体间的联系；没有父结点的节点为根结点，根节点只有一个；除根结点以外的其他结点有且只有一个父结点，如图3-7所示。最典型的层次模型系统是IBM公司1969年推出的IMS（Information Management System）数据库系统的数据模型。

（2）网状模型

这一模型用网状结构表示实体及实体之间的联系，用于设计网状数据库。网状模型与层次模型不同的是，在网状模型中允许一个以上的结点可以没有父结点，一个子结点可以有多个父结点，如图3-8所示。

（3）关系模型

这一模型用最简单的二维表结构来表示实体以及实体间的联系。每个表保存着企业或组织业务活动中所涉及的一个特定实体（或者两个实体之间的某种联系）的所有实例的各种属性值数据，如表3-4所示。

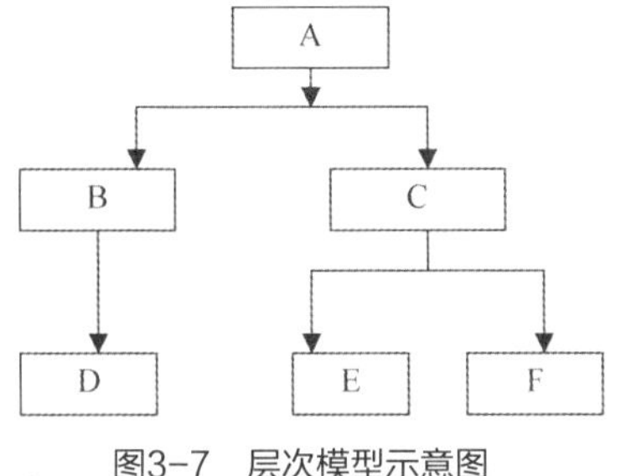

图3-7 层次模型示意图

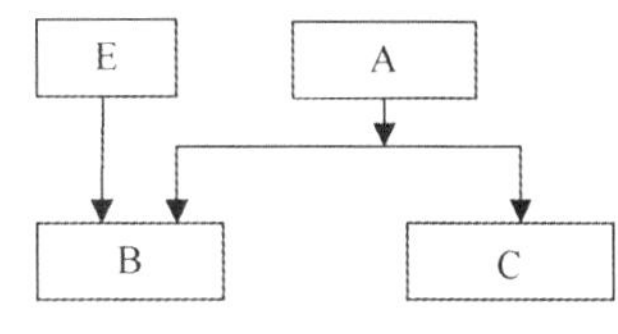

图3-8 网状模型示意图

表 3-4 关系模型示例（订单表）

| 订单代号 | 客户代号 | 订购日期 | 运费 |
|---|---|---|---|
| D001 | K001 | 03/12/03 | 300 |
| D002 | K002 | 03/12/10 | 50 |
| D003 | K001 | 04/04/05 | 100 |
| D004 | K002 | 04/04/20 | 80 |
| D005 | K003 | 03/12/20 | 100 |

层次模型、网状模型和关系模型是3种最重要的结构化数据模型。它们有各自的优势和缺点，具体如表3-5所示。

表 3-5 3 种结构化数据模型优缺点比较表

| 名称 | 优点 | 缺点 |
|---|---|---|
| 层次模型 | 存取方便且速度快；结构清晰，容易理解；数据修改和数据库扩展容易实现；检索关键属性十分方便 | 结构呆板，缺乏灵活性；同一属性数据要存储多次，数据冗余大；不适合拓扑空间数据的组织 |
| 网状模型 | 能明确而方便地表示数据间的复杂关系；数据冗余小 | 网状结构的复杂，增加了用户查询和定位的困难；需要存储数据间联系的指针，使得数据量增大；数据的修改不方便 |
| 关系模型 | 结构特别灵活，概念单一，满足所有布尔逻辑运算和数学运算规则形成的查询要求；能搜索、组合和比较不同类型的数据；增加和删除数据非常方便；具有更高的数据独立性、更好的安全保密性 | 数据库大时，查找满足特定关系的数据费时；对空间关系无法满足 |

随着数据库技术的发展，出现了许多如CAD、图像处理等新的应用领域，例如，存储和检索保险索赔案件中的照片、手写的证词等。这就要求数据库系统不仅能处理简单的数据类型，还要处理包括图形、图像、声音、动画等多种音频、视频信息，传统的关系数据模型难以满足这些需求，因而产生了面向对象的数据模型。一个面向对象的数据模型由若干个类层次组成，最重要的概念是对象和类。具体关于面向对象的相关知识将在后续章节详述。

## 三、数据仓库与数据挖掘

### 1. 数据仓库（Data Warehouse）

企业的数据处理大致分为两类：一类是操作型处理，也称为联机事务处理，它是针对具体业务在数据库联机的日常操作，通常对少数记录进行查询、修改；另一类是分析型处理，一般针对某些主题的历史数据进行分析，支持管理决策。后者是数据仓库产生的原因。

（1）数据仓库的定义

为了提高效率，将分析数据从事务处理环境中提取出来，并重新组织、转换，将其移动到单独的数据库中，该数据库就是数据仓库。数据仓库通常包含了一个企业希望查询的、用于企业所有级别的决策分析的所有数据，并可以为企业提供指导业务流程改进、监视时间、成本、质量以及控制等服务。所以，数据仓库可以定义为：面向主题的、集成的、不可更新的、随时间变化的数据集合，用于支持企业的决策分析过程。

（2）数据仓库的体系结构

数据仓库的体系结构主要包括数据源、数据存储与管理、联机分析处理（OLAP）服务器及前段工具等，如图3-9所示。

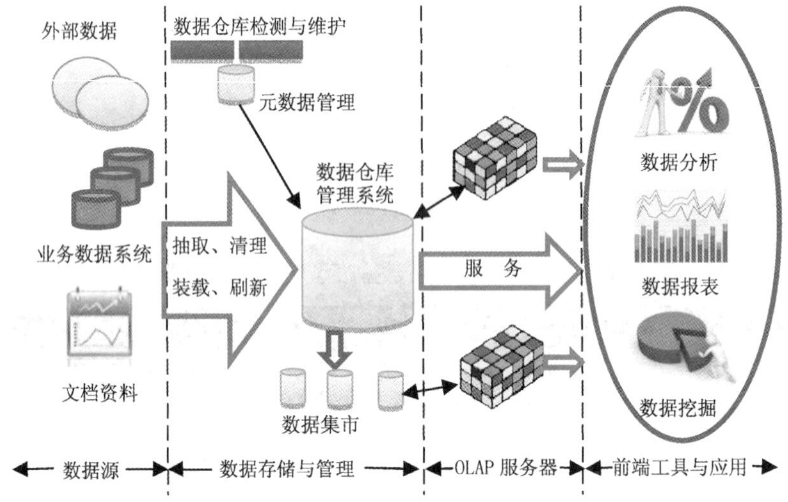


图3-9　数据仓库的体系结构示意图

数据源是数据仓库系统的基础，是整个系统的数据源泉。通常包括企业内部信息和外部信息。内部信息包括存放于RDBMS中的各种业务处理数据和各类文档数据。外部信息包括各类法律法规、市场信息和竞争对手的信息等。

数据的存储与管理是整个数据仓库系统的核心。数据仓库的组织管理方式决定了它有别于传统数据库，同时也决定了外部数据的表现形式。数据仓库针对现有各业务系统的数据，进行抽取、清理，并在不同的范围内，按照主题进行组织、集成。数据仓库按照数据的覆盖范围可以分为企业级数据仓库和部门级数据仓库（通常称为数据集市）。利用元数据（相当于数据仓库的信息目录）可以方便地对各级数据仓库进行管理。

OLAP服务器的主要功能是对分析需要的数据进行有效集成，按多维模型方式组织，并进行多角度、多层次的分析，发现未来趋势。其具体实现可以分为：ROLAP（关系型在线分析处理）、MOLAP（多维在线分析处理）和HOLAP（混合型线上分析处理）。

前端工具主要包括各种报表工具、查询工具、数据分析工具、数据挖掘工具等各种基于数据仓库或数据集市的应用开发工具。

2. 数据挖掘

数据挖掘（Data Mining，DM）就是从大量的、不完全的、有噪声的、模糊的、随机的数据中，提取隐含在其中的、人们事先不知道的、但又是潜在有用的信息和知识的过程。这些数据可以是结构化的，如关系数据库中的数据，也可以是半结构化的，如文本、图形、图像数据，甚至是分布在网络上的异构型数据。常用数据挖掘工具和方法大致有：基于规则和决策树的工具、基于神经元网络的工具、数据可视化工具、模糊发现方法、统计方法及综合方法。

数据挖掘技术在数据仓库中的应用，正好弥补了数据仓库只能提供大量数据，而无法进行深度信息分析的缺陷。而且，数据挖掘工具的可视化技术为用户对数据仓库的操作提供了良好的导航。数据挖掘技术已经成为数据仓库应用的强大支柱。

**案例 3-1**

### 经典的数据挖掘案例

世界著名商业零售连锁企业沃尔玛拥有世界上最大的数据仓库系统。为了能够准确了解顾客在其门店的购买习惯，沃尔玛利对其顾客的购物行为进行购物篮分析，想知道顾客经常一起购买的商品有哪些。沃尔玛数据仓库里集中了其各门店的详细原始交易数据。在这些原始交易数据的基础上，沃尔玛利用数据挖掘工具对这些数据进行分析和挖掘。一个意外的发现是："跟尿布一起购买最多的商品竟是啤酒！"这是数据挖掘技术对历史数据进行分析的结果，反映数据内在的规律。那么这个结果符合现实情况吗？是否是一个有用的知识？是否有利用价值？

于是，沃尔玛派出市场调查人员和分析师对这一数据挖掘结果进行调查分析。经过大量实际调查和分析，揭示了一个隐藏在"尿布与啤酒"背后的美国人的一种行为模式：在美国，一些年轻的父亲下班后经常要到超市去买婴儿尿布，而他们中有30%～40%的人同时也为自己买一些啤酒。产生这一现象的原因是：美国的太太们常叮嘱她们的丈夫下班后为小孩买尿布，而丈夫们在买尿布后又随手带回了他们喜欢的啤酒。

既然尿布与啤酒一起被购买的机会很多，于是沃尔玛就在其各个门店内，将尿布与啤酒并排摆放在一起，结果是尿布与啤酒的销售量双双增长。

3. 数据仓库与数据挖掘在物流管理中的应用

信息化物流网络体系的应用使数据库的规模不断扩大，产生巨大的数据流，使企业很难对这些数据进行准确、高效的收集和及时决策。数据仓库技术提供了存储这些数据的方法和手段；数据挖掘技术能对这些海量数据进行深度分析，帮助决策者快速、准确地做出决策，实现对物流过程的控制，提高企业的运作效率，降低整个过程的物流成本，增加收益。具体解决的问题如：如何合理安排货品的存储、压缩货品的存储成本；对于货品的存放问题，哪些货品放在一起，可以提高拣货效率，哪些货品放在一起却达不到这样的效果等。

## 四、大数据时代的物流

在这个信息爆炸的时代，物流企业每天都会涌现出海量的数据，运输、仓储、搬运、配送、包装和再加工等环节，每个环节中每天的信息流量都十分巨大，使物流企业很难对这些数据进行及时、准确的处理。随着大数据时代的到来，大数据技术能够通过构建数据中心，挖掘出隐藏在数据背后的信息价值，从而为企业提供有益的帮助，为企业带来利润。

大数据核心的价值就是在于对于海量数据进行存储和分析，相比起现有的其他技术而言，大数据的“廉价、迅速、优化”这3方面的综合成本是最优的。因此，大数据具有特殊的数据存储和处理技术，包括大规模并行处理数据库、分布式数据库、数据挖掘电网、分布式文件系统、云计算平台、互联网和可扩展的存储系统。

**小知识**

一、什么是大数据

所谓大数据就是指一种规模大到在获取、存储、管理、分析方面大大超出了传统数据库软件工具能力范围的数据集合，具有海量的数据规模、快速的数据流转、多样的数据类型和价值密度低四大特征。

更多大数据知识请看视频：

http://open.163.com/movie/2014/11/4/7/MA9RJD3RP_MAAATCE47.html

大数据与菜鸟网络案例：

http://www.bigdata.ren/portal.php?mod=view&aid=519

海量的数据规模：表示大数据的数据量巨大。数据集合的规模不断扩大，已从GB到TB再到PB级，甚至开始以EB和ZB来计数。比如一个中型城市的视频监控摄像头每天就能产生几十TB的数据。

快速的数据流转：指数据产生、处理和分析的速度持续在加快，数据流量大。这种大量、快速、连续到达的动态数据集合被称为流数据。数据流转加速的原因是数据创建的实时性（即流数据），以及需要将流数据结合到业务流程和决策过程中的要求。数据处理速度快，处理能力从批处理转向流处理。业界对大数据的处理能力有一个称谓——“1秒定律”，也就充分说明了大数据的处理能力，体现出它与传统的数据挖掘技术有着本质的区别。

多样的数据类型：表示大数据的类型复杂。社交网络、物联网、移动计算、在线广告等新的渠道和技术不断涌现，产生大量半结构化或者非结构化数据，如XML、邮件、博客、即时消息等，导致了新数据类型的剧增。

价值密度低：指大数据由于体量不断加大，单位数据的价值密度在不断降低，然而数据的整体价值在提高。有人甚至将大数据等同于黄金和石油，表示大数据当中蕴含了无限的商业价值。互联网数据中心（IDC）的调研报告中预测，大数据技术与服务市场将从2010年的32亿美元攀升至2015年的169亿美元，实现年增长率达40%，并且将会是整个IT与通信产业增长率的7倍。

二、数据的计量单位

大数据时代的数据单位是TB、PB、EB……这是多大呢？我们先从最小的数据单位bit和数据的基本计量单位Byte说起，按顺序给出数据所有单位依次是：bit、Byte、KB、MB、GB、TB、PB、EB、ZB、YB、BB、NB、DB。它们按照进率1024（2的十次方）来计算，可以得出下列等式：

1Byte= 8 bit

1KB= 1,024 Bytes

1MB= 1,024 KB = 1,048,576 Bytes

1GB= 1,024 MB = 1,048,576 KB

1TB= 1,024 GB = 1,048,576 MB

1PB= 1,024 TB = 1,048,576 GB

1EB= 1,024 PB = 1,048,576 TB

1ZB= 1,024 EB = 1,048,576 PB

1YB= 1,024 ZB = 1,048,576 EB

1BB= 1,024 YB = 1,048,576 ZB

1NB= 1,024 BB = 1,048,576 YB

1DB= 1,024 NB = 1,048,576 BB

一部高清电影的大小是2～3个GB，大家可以想象一下，大数据时代的数据量到底有多大。

**1. 物流企业应用大数据的优势**

面对海量数据，物流企业运用大数据的数据挖掘、数据分析的功能，能为企业取得如下优势。

（1）信息对接，掌握企业运作信息

在信息化时代，电子商务呈现出一种不断增长的趋势，规模已经达到了空前巨大的地步，这给后端的配送物流带来了沉重的负担，对每一个节点的信息需求也越来越多。每一个环节产生的数据都是海量的，过去传统数据收集、分析处理方式已经不能满足物流企业对每一个节点的信息需求。这就需要通过大数据把信息对接起来，将每个节点的数据收集并且整合，通过数据中心分析、处理转化为有价值的信息，从而掌握物流企业的整体运作情况。

（2）提供依据，帮助物流企业做出正确的决策

传统的根据市场调研和个人经验来进行决策已经不能适应这个数据化的时代，只有真实的、海量的数据才能真正反映市场的需求变化。通过对市场数据的收集、分析处理，物流企业可以了解到具体的业务运作情况，能够清楚地判断出哪些业务带来的利润率高、增长速度较快等，把主要精力放在真正能够给企业带来高额利润的业务上，避免无端的浪费。同时，通过对数据的实时掌控，物流企业还可以随时对业务进行调整，确保每个业务都可以带来赢利，从而实现高效的运营。

（3）培养客户黏性，避免客户流失

目前，客户越来越希望物流企业能够提供最好的服务，实时掌握物流业务运作过程中商品配送的所有信息。这就需要物流企业以数据中心为支撑，通过对数据挖掘和分析，合理地运用这些分析成果，进一步巩固和客户之间的关系，增加客户的信赖，培养客户的黏性，避免客户流失。

（4）数据“加工”从而实现数据“增值”

在物流企业运营的每个环节中，只有小部分结构化数据是可以直接分析利用的，绝大部分非结构化数据必须要转化为结构化数据才能储存分析。这就造成了并不是所有的数据都是准确的、有效的，很大一部分数据都是延迟、无效，甚至是错误的。物流企业的大数据中心必须要对这些数据进行“加工”，从而筛选出有价值的信息，实现数据的“增值”。

**2. 大数据在物流企业中的具体应用**

大数据，重构物流供应链案例：

http://www.xd56b.com/zhuzhan/wlzx/20150112/23137.html

物流企业正一步一步地进入数据化发展的阶段，物流企业间的竞争逐渐演变成数据间的竞争。大数据让物流企业能够有的放矢，甚至可以做到为每一个客户量身定制符合他们自身需求的服务，颠覆了整个物流业的运作模式。目前，大数据在物流企业中的应用主要包括以下几个方面。

（1）市场预测

大数据能够帮助企业完全勾勒出其客户的行为和需求信息，通过真实而有效的数据反映市场的需求变化，从而对产品进入市场后的各个阶段做出预测，进而合理控制物流企业库存和安排运输方案。

（2）物流中心的选址

物流中心选址问题要求物流企业在充分考虑到自身的经营特点、商品特点和交通状况等因素的基础上，使配送成本和既定成本等之和达到最小。针对这一类问题，可以利用大数据中分类树的方法来解决。

（3）优化配送线路

配送线路的优化是一个典型的非线性规划问题，它一直影响着物流企业的配送效率和配送成本。物流企业运用大数据来分析商品的特性和规格、客户的不同需求（时间和金钱）等问题，从而用最快的速度对这些影响配送计划的因素做出反应（如选择哪种运输方案、哪种运输线路等），制定最合理的配送线路。而且企业还可以通过配送过程中实时产生的数据，快速分析出配送路线的交通状况，对事故多发路段做出提前预警。精确分析整个配送过程的信息，使物流的配送管理智能化，提高了物流企业的信息化水平和可预见性。

（4）仓库储位优化

合理地安排商品储存位置对于仓库利用率和搬运分拣的效率有着极为重要的意义。对于商品数量多、出货频率快的物流中心，储位优化就意味着工作效率和效益。哪些货物放在一起可以提高分拣率，哪些货物储存的时间较短，都可以通过大数据的关联模式法分析出商品数据间的相互关系来合理安排仓库位置。

大数据时代的到来，现代物流也将发生巨大的变革。

## 任务实训3-1

**实训内容：**

小李在一家传统的物流仓储企业上班，大部分的业务单据工作都是手工处理，作为仓管员的他常常为业务单据上的数据不正确或不一致而延误作业时间，为此，他想用数据技术解决公司的这个问题，请为小李想出一个能说服他公司老板的方案。

**实训要求：**

1. 方案中要求说明数据库能给这个仓储企业做什么。
2. 还要说明采用数据库技术后，这个仓储企业能有什么好处。
3. 根据上述要求，做出方案，完成实训报告。

# 任务二
# 数据库技术的设计与应用

## 任务目标

完成此任务后，学生能掌握关系数据库特点；了解关系数据库系统中的关系模型的基本概念、信息世界的描述方法、数据库系统的一般设计步骤；能根据具体的环境，把现实世界的事务转换成信息世界的内容，再把信息世界的对象转换成计算机描述的数据模型。

**知识要点：**关系数据库的基本概念；关系模型涉及的基本概念；数据库系统设计的基本步骤；E-R图模型的制作方法。

## 相关知识

### 一、关系数据库

#### 1. 关系数据模型

关系数据库是建立在关系数据库模型基础上的数据库，它借助于集合代数等概念和方法来处理数据库中的数据。在关系数据库中，现实世界中的各种实体以及实体之间的各种联系均用关系模型来表示。数据被组织成一组拥有正式描述性的表格，这些表格中的数据能以许多不同的方式被存取或重新召集，使用方便。每个表格包含用列表示的一个或更多的数据类型（例如整型、日期型等），每行包含一个唯一的数据实体。标准数据查询语言SQL就是一种基于关系数据库的语言，是用户和应用程序跟关系数据库的接口，它可以定义关系数据库中的关系模式，制定数据值的约束规则，执行数据的检索和操作等。

#### 2. 关系数据模型

关系模型是建立在严格的数学概念之上的，它的数据结构简单清晰，存取路径透明，程序和数据具有高度的独立性。而且，它的数据语言非过程化程度较高，用户性能好，具有集合处理能力，并有定义、操纵、控制一体化的优点。这些优点提高了程序员的生产效率，广受使用者欢迎。目前，关系数据库已成为应用最广泛的数据库系统，如现在广泛使用的小型数据库系统Foxpro、Access，大型数据库系统Oracle、Informix、Sybase、SQL Server等都是关系数据库系统。关系模型主要涉及以下几个基本概念。

① 关系。关系模型的数据结构是一个“二维表框架”（即关系模式）组成的集合，所以关系模型是“关系框架”的集合。每个二维表就称为关系，如表3-6客户表就是一个关系，它的关系模式，即二维表框架就是：客户（客户代号，姓名，性别，联系方式）。

表 3-6　客户表

| 客户代号 | 姓名 | 性别 | 电话 |
|---|---|---|---|
| K001 | 张三 | 男 | 0756-7777777 |
| K002 | 李四 | 男 | 18945612356 |
| K003 | 王老五 | 女 | 18145612356 |
| K004 | 刘子 | 女 | 13945612356 |
| K005 | 马大炮 | 男 | 13245612356 |

② 元组。表格中的一行，如订单表中的一张订单记录即为一个元组。

③ 属性。表格中的一列，相当于记录中的一个字段，如客户表中有4个属性（客户代号，姓名，性别，联系方式）。

④ 关键字。可唯一标识元组的属性或属性集，也称为关系键或主码，如客户表中客户代号可以唯一确定一个客户，为客户关系的主码。

⑤ 域。属性的取值范围，如性别的域是（男，女）。

⑥ 分量。每一行对应的列的属性值，即元组中的一个属性值，如客户代号的值K001、K002、K003、K004、K005等均是客户代号每一行的分量。

⑦ 关系模式。对关系的描述，一般表示为：关系名（属性1，属性2……属性$n$），如订单（订单代号，客户代号，订购日期，运费）。

在关系模型中，实体和实体间的联系都是用关系来表示的，如客户与订单是两个实体，客户与订单的关系具有下单的关系，就可以用关系表示为：

实体：客户（客户代号，姓名，性别，联系方式）、订单（订单代号，客户代号，订购日期，运费）。

联系：下单关系（订单代号，客户代号）。

**3. 关系数据库的优缺点**

关系模型的优点主要有：

① 与非关系模型数据库不同，关系数据库的关系模型有较强的数学理论根据。

② 数据库的数据结构简单、清晰，用户易懂易用，不仅用关系描述实体，而且用关系描述实体间的联系。因此，广受使用者欢迎，各大数据库公司也纷纷推出自己的关系数据库产品。

③ 关系模型的存取路径对用户透明，具有更高的数据独立性、更好的安全保密性；同时，也简化了程序员的工作和数据库建立、开发的工作。

关系模型的缺点是：

由于存取路径对用户透明，查询效率往往不如非关系模型，因此，为了提高性能，必须对用户的查询表示进行优化，增加了开发数据库管理系统的负担。

## 二、关系数据库的设计

**1. 3个世界的划分**

由于计算机不能直接处理现实世界中的具体事物，所以人们必须将具体事物转换成计算机能够处理的数据，而实现这个目的的最佳手段就是数据库技术。数据库其实就是模拟现实世界中某应用环境（一个企业、单位或部门）所涉及的数据的集合，它反映了数据本身的内容，而且也反映数据之间的联系。在数据库中用数据模型来抽象、表示和处理现实世界中的数据。

为了把现实世界中的具体事物抽象、组织为某一数据库管理系统（DBMS）支持的数据模型，在实际的数据处理过程中，首先将现实世界的事物及联系抽象成信息世界的信息模型，然后再抽象成计算机世界的数据模型。即数据要经历现实世界、信息世界和计算机世界3个不同的世界的两级抽象和转换。如图3-10所示。

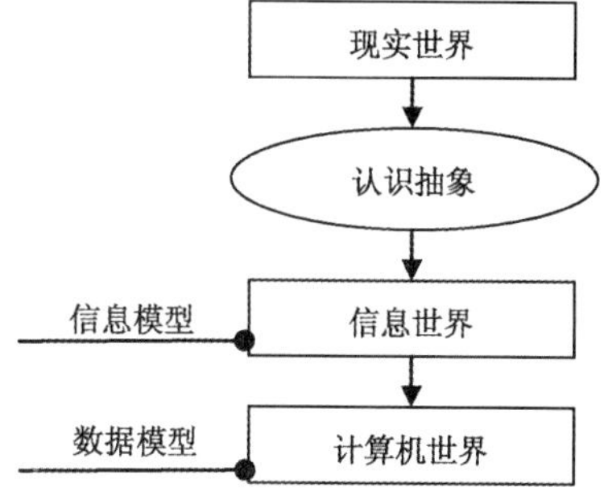

图3-10　数据的抽象和转换过程

信息模型并不依赖于具体的计算机系统，不是某一个DBMS所支持的数据模型，它是计算机内部数据的抽象表示，是概念模型；概念模型经过抽象，转换成计算机上某一DBMS支持的数据模型。所以说，数据模型是现实世界的两级抽象的结果。

**2. 信息世界中的基本概念**

在信息世界中，常用的主要概念如下：

① 实体。客观存在并且可以相互区别的“事物”称为实体。实体可以是可触及的对象，如一个学生、一本书、一辆汽车；也可以是抽象的事件，如一堂课、一次比赛等。

② 属性。实体的某一特性称为属性。如学生实体有学号、姓名、年龄、性别、系等方面的属性。属性有“型”和“值”之分，“型”即为属性名，如姓名、年龄、性别是属性的型；“值”即为属性的具体内容，如（990001，张立，20，男，计算机），这些属性值的集合表示了一个学生实体。

③ 实体型。若干个属性型组成的集合可以表示一个实体的类型，简称实体型。如学生（学号，姓名，年龄，性别，系）就是一个实体型。

④ 实体集。同型实体的集合称为实体集。如所有的学生、所有的课程等。

⑤ 键。能唯一标识一个实体的属性或属性集称为实体的键，如学生的学号。由于学生的姓名可能有重名，不能作为学生实体的键。

⑥ 域。属性值的取值范围称为该属性的域。如学号的域为6位整数；姓名的域为字符串集合；年龄的域为小于某个整数，例如40；性别的域为（男，女）。

⑦ 联系。在现实世界中，事物内部以及事物之间是有联系的，这些联系同样也要抽象和反映到信息世界中来，在信息世界中将被抽象为实体型内部的联系和实体型之间的联系。实体内部的联系通常是指组成实体的各属性之间的联系；实体型之间的联系通常是指不同实体集之间的联系。2个实体型之间的联系通常有如下3种类型，如图3-11所示。

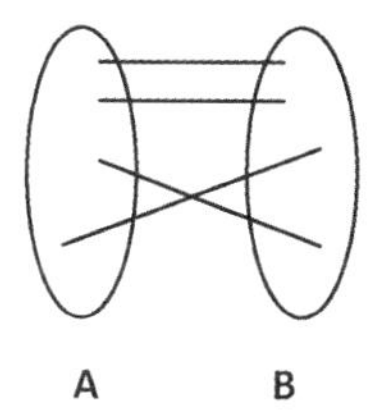

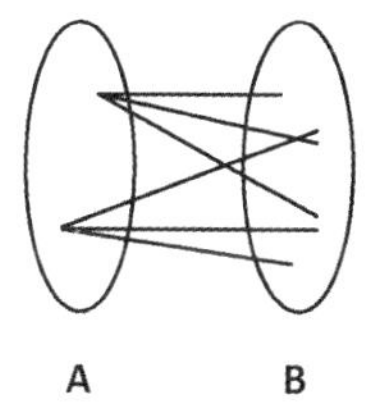

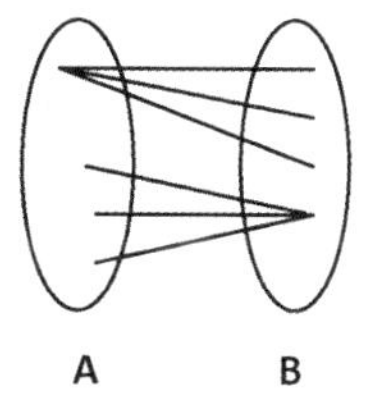

图3-11　不同实体集实体之间的联系

第一种是一对一联系（1∶1）。实体集A中的一个实体至多与实体集B中的一个实体相对应，反之亦然，则称实体集A与实体集B为一对一联系，记作（1∶1）。如班级与班长，观众与座位，病人与床位。

第二种是一对多联系（1∶$n$）。实体集A中的一个实体与实体集B中的多个实体相对应，反之，实体集B中的一个实体至多与实体集A中的一个实体相对应，记作（1∶$n$）。如：班级与学生、公司与职员、省与市。

第三种是多对多（$m$∶$n$）。实体集A中的一个实体与实体集B中的多个实体相对应，反之，实体集B中的一个实体与实体集A中的多个实体相对应，记作（$m$∶$n$）。如：教师与学生，学生与课程，工厂与产品。

**小知识**

## E–R图模型

E–R图也称实体–联系图（Entity Relationship Diagram），提供了表示实体类型、属性和联系的方法，用来描述现实世界的概念模型。

E–R图用矩形表示实体型，矩形框内写明实体名；用椭圆表示实体的属性，并用无向边将其与相应的实体型连接起来；用菱形表示实体型之间的联系，在菱形框内写明联系名，并用无向边分别与有关实体型连接起来，同时在无向边旁标上联系的类型（1∶1，1∶$n$或$m$∶$n$）。例如客户与订单两个的实体型、属性与实体型之间的关系下单就可以用图3–12表示。

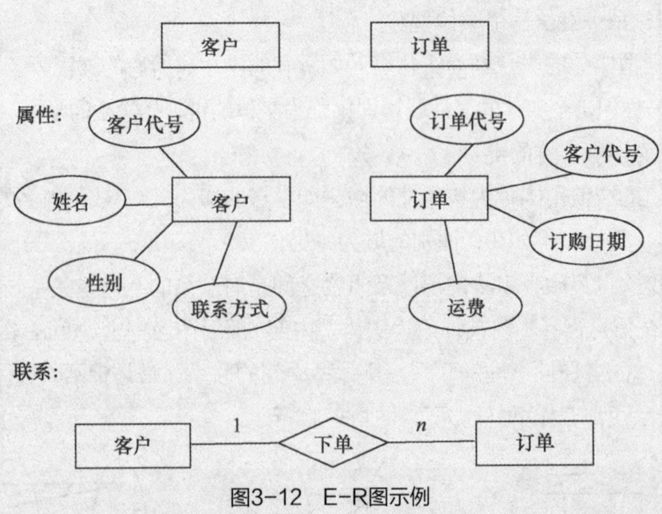


图3–12　E–R图示例

设计E–R图应以下原则遵循的原则：

（1）首先针对特定用户的应用，确定实体、属性和实体间的联系，做出反映该用户视图的局部E–R图。

（2）综合各个用户的局部E–R图，产生反映数据库整体概念的总体E–R图。在综合时，删掉局部E-R图中的同名实体，以便消除冗余，保持数据的一致性。

（3）在综合局部E-R图时，还要注意消除那些冗余的联系，冗余信息会影响数据的完整性，使维护工作复杂化，但有时也要折中考虑，有时必要的冗余会提高数据处理效率。

（4）综合时也可以在总体E-R图中增加新的联系。

**3. 计算机世界中的基本概念**

信息世界中的实体抽象为计算机世界中的数据，存储在计算机中。在计算机世界中，常用的主要概念如下：

① 字段。对应于属性的数据称为字段，也称为数据项。字段的命名往往和属性名相同。如学生有学号、姓名、年龄、性别、系等字段。

② 记录。对应于每个实体的数据称为记录。如一个学生（990001，张立，20，男，计算机）为一个记录。

③ 文件。对应于实体集的数据称为文件。如所有学生的记录组成了一个学生文件。

在计算机世界中，信息模型被抽象为数据模型，实体型内部的联系抽象为同一记录内部各字段间的联系，实体之间的联系抽象为记录与记录之间的联系。

**4. 3个世界中各术语的对应关系**

现实世界是设计数据库的出发点，也是使用数据库的最终归宿。信息世界的信息模型和计算机世界的数据模型是现实世界事物及其联系的两级抽象，其中数据模型是实现数据库系统的基础。这样我们把3个世界中各术语的对应关系联系起来，就形成了图3-13所示的对应关系。

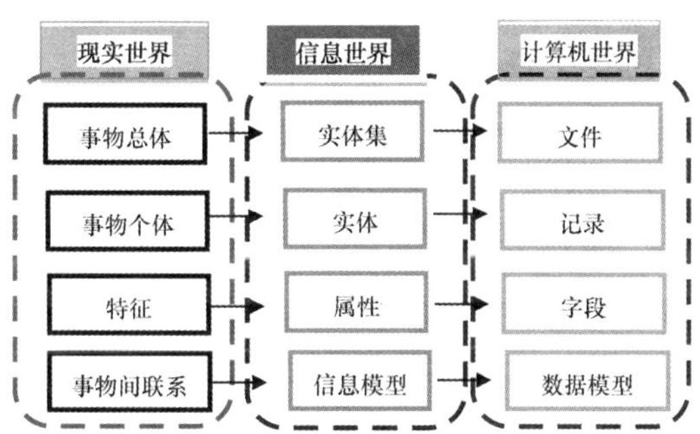


图3-13　3个世界各术语的对应关系

## 模型到数据模型的转换策略

在E-R图的模型中有实体和关系两类元素，这些信息在数据库设计中将转变为数据库关系模型中的二维表（即关系模式）来表示。联系又有“一对一”“一对多”和“多对多”3种，如何将“实体”和不同的种类的“联系”转化为相应的二维表形式，具体的转换策略如下。

（1）一个实体的信息可以用一张二维表表示。将实体的相关信息表示为二维表时，实体的具体某个属性对应二维表中的一个列，每一列在数据库中对应一个字段。每个实体的信息在二维表中对应一行，每一行在关系型数据库中对应一条记录。实体的键就是二维表的关键字。如图3-14所示。

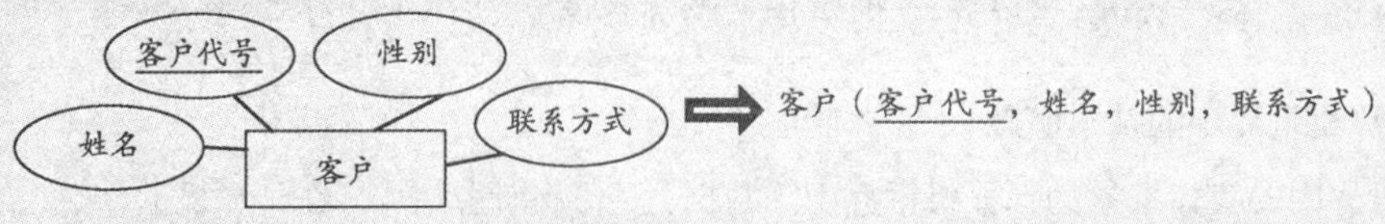


图3-14　实体转换为二维表示例

（2）联系也可以用二维表表示。一个联系可以转换为一张二维表，二维表的列由两部分构成：两个相关实体的关键字和联系自己本身属性。二维表的关键字的选取原则为：如是1∶1则任意一个实体的关键字作为关键字；1∶$n$的$n$端实体的关键字作为关键字；$m$∶$n$的两个实体的关键字同时作为关键字。如图3-15所示。

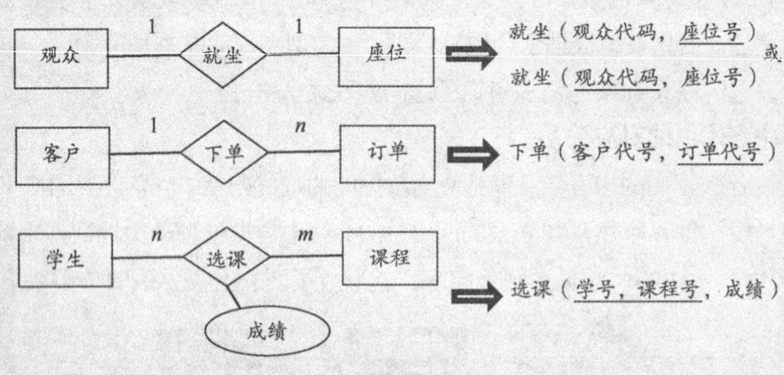


图3-15　联系转换为二维表示例

（3）对3个以上实体间的多元关系的转换及自关系。对3个以上实体间的多元关系根据相同的转换规则，按关系的不同类型进行相应的转换，如图3-16所示。同一实体集的实体间的自关系的转换策略如图3-17所示。

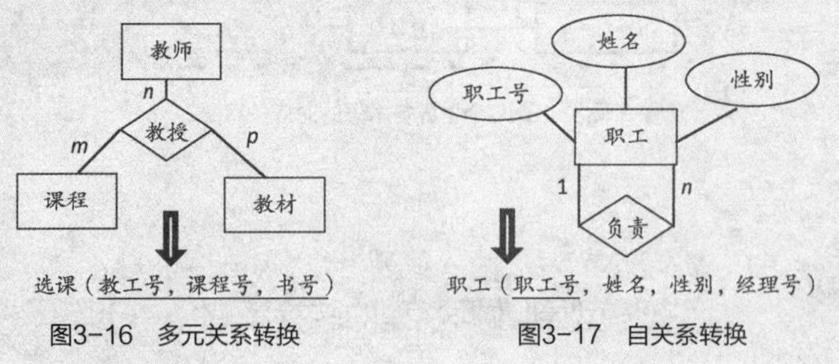


图3-16　多元关系转换

图3-17　自关系转换

**5. 数据库设计的步骤**

数据库设计是指根据用户的需求，在某一具体的数据库管理系统上，设计数据库的结构和建立数据库的过程，它是信息系统开发和建设中的核心技术。数据库应用系统具有复杂性，同时还要支持相关程序运行，因此数据库设计是一个复杂工程，不可能一蹴而就，而只能是一种“反复探寻，逐步求精”的过程。按规范设计法可将数据库设计分为4个阶段：系统需求分析阶段、概念结构设计阶段、逻辑结构设计阶段、物理设计阶段。而一个完整的数据库系统的开发过程还需增加数据库实施和数据库运行与维护阶段。数据库设计的步骤如图3-18所示。

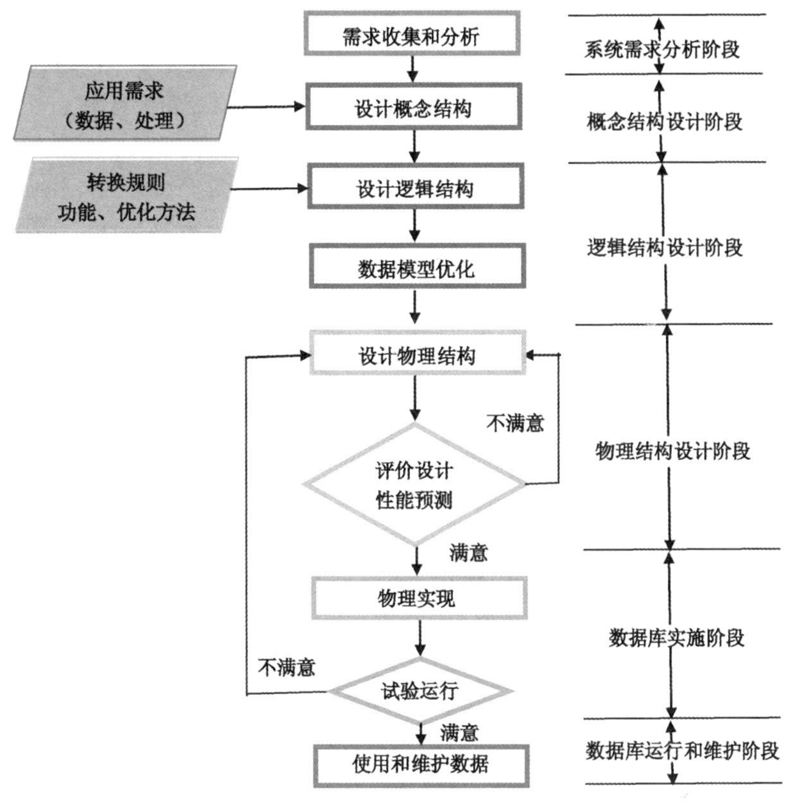


图3-18 数据库设计的步骤

（1）系统需求分析阶段

需求分析的重点是调查和分析用户的业务活动和数据的使用情况，弄清所用数据的种类、范围、数量以及它们在业务活动中交流的情况，确定用户对数据库系统的使用要求和各种数据的约束条件等。

需求分析是在用户调查的基础上进行的，这是一件较为困难的事。一方面，用户不明白计算机能为自己做什么，不能做什么，提出确切的要求较为困难，而且用户的要求在设计数据库时常常会发生变化；另一方面，设计人员的企业的专业知识不够，很难正确理解客户需求。因此，双方必须不断深入沟通和交流，才能逐步实现用户实际需求。用户调查的方法主要有：跟班作业、开调查会、专访、询问、问卷调查和查阅文献等。

（2）概念结构设计阶段

对用户要求描述的现实世界（可能是一个仓库、一个运输企业等），通过对其中各处的分类、聚集和概括，建立抽象的概念数据模型（即信息模型）。这个概念模型应反映现实世界各部门的信息结构、信息流动情况、信息间的互相制约关系以及各部门对信息储存、查询和加工的要求等。所建立的模型应避开数据库在计算机上的具体实现细节，用一种抽象的形式表示出来。

例如，前面提到的E-R模型方法，第一步先明确现实世界各部门所含的各种实体及其属性、实体间的联系以及对信息的制约条件等，从而给出各部门内所用信息的局部描述（在数据库中称为用户的局部视图）。第二步再将前面得到的多个用户的局部视图集成为一个全局视图，即用户要描述的现实世界的概念数据模型。

（3）逻辑结构设计阶段

主要工作是将现实世界的概念数据模型设计成数据库的一种逻辑模式，即适应于某种特定数据库管理系统所支持的逻辑数据模型，这一步设计的结果就是所谓“逻辑数据库”。例如，将E-R图模型转换关系型数据库管理系统支持的关系模型。

（4）物理设计阶段

根据特定数据库管理系统所提供的多种存储结构和存取方法等依赖于具体计算机结构的各项物理设计措施，对具体的应用任务选定最合适的物理存储结构（包括文件类型、索引结构和数据的存放次序等）、存取方法和存取路径等。这一步设计的结果就是所谓“物理数据库”。

（5）数据库实施

这一阶段，主要建立数据库结构，装入试验数据对应用程序进行测试，修改好问题后，加载实际数据试运行。

（6）数据库运行与维护阶段

在数据库系统正式投入运行的过程中，必须不断地对其进行调整与修改，例如数据转储、恢复、安全性和完整性控制，性能监控与改善，数据重组与重构造。

**案例 3-2**

## 一个数据库设计案例

一、数据需求描述

某企业有物资、销售、劳动人事等管理部门，物资管理部门负责产品所需的零件采购以及对全部零件的仓库保管，销售管理部门负责产品的销售，劳动人事管理部门负责管理职工人事关系及职工与产品的关系。具体完成对如下关系进行管理。

1．物资管理部门——供应商提供产品和零件（数量），每个供应商可以供应多个产品和零件，每个零件可以由多个供应商供应。零件放仓库，产品直接卖。一种零件可以放多个仓库，一个仓库可以放多种零件（库存量），仓库由多个职工管理，职工里面有人领导。

2．销售管理部门——产品由顾客下订单来购买，每个顾客能下多张订单，每张订单有多个订单项构成，每个订单项对应一个产品，顾客通过收款账来支付，每个顾客可能收到多个收款账。

3．劳动人事管理部门——每个职工只属于一个部门，由一个部门来领导，而且每个职工负责某项产品的销售，或者多个职工生产某几项产品。

二、概念设计

对三个部门的需求描述进行分类、聚集和概括，先找出实体，分析各自的属性，确定实体型之间关系，最后做出局部E-R图和综合E-R图。如图3-19、图3-20、图3-21和

图3-22所示。

物资管理部门：

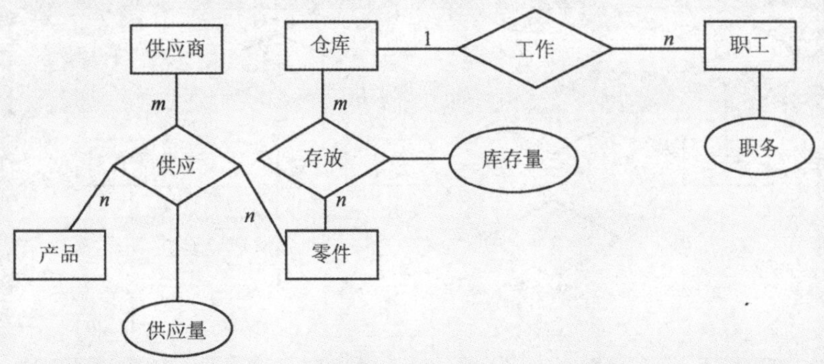


图3-19 物资管理部门局部E-R图

劳动人事管理部门：

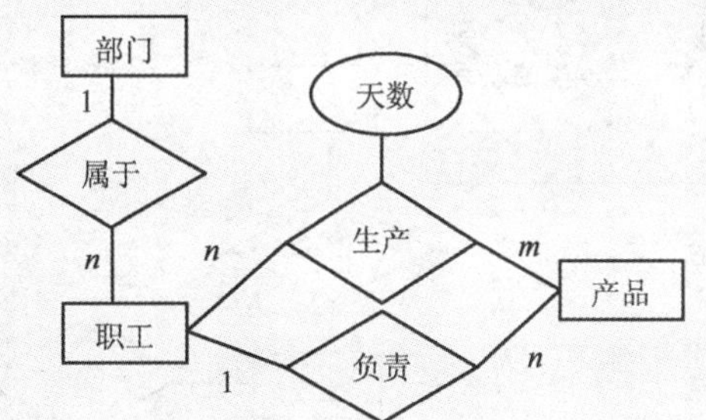


图3-20 劳动人事管理部门局部E-R图

销售管理部门：

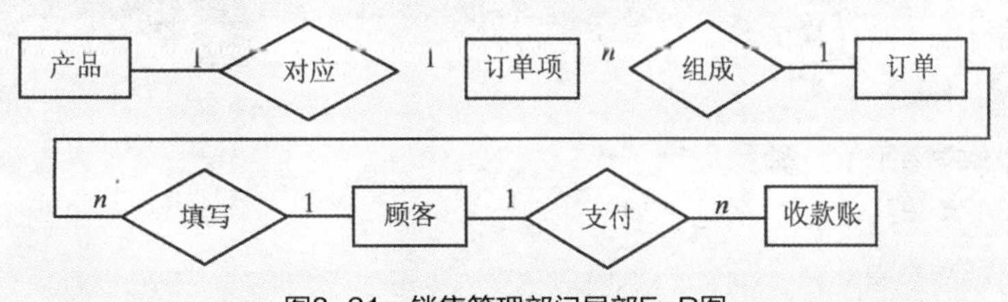


图3-21 销售管理部门局部E-R图

综合E-R图：

三、逻辑设计

将综合E-R图模型转换为关系型数据库管理系统支持的关系模型，每个实体和联系都对应着一张关系，用关系模式的形式表示如下。

实体：

供应商（供应商号，供应商名，地址，电话，信誉度）

产品（产品号，产品名，价格）

零件（零件号，零件名，型号）

职工（职工号，职工名，性别，年龄，部门号，职务，工资，文化程度）

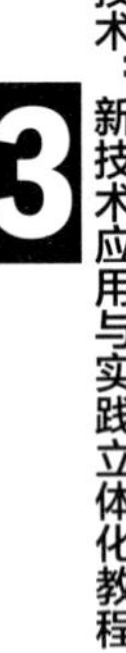


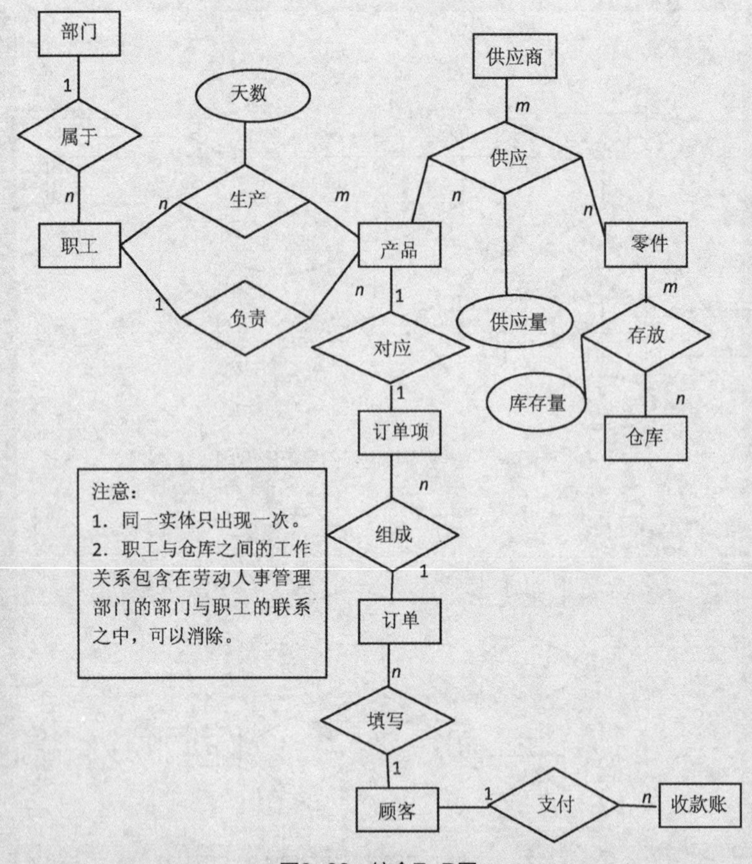


图3-22 综合E-R图

部门（部门号，部门名称）

仓库（仓库号，仓库名称，类型）

订单（订单号，日期，备注）

订单项（订单项号，描述）

顾客（顾客号，名称，地址，联系电话，E-mail）

收款账（收款账号，金额，收款原由）

联系：

属于（部门号，职工号）

生产（职工号，产品号，天数）

负责（职工号，产品号）

供应（供应商号，产品号，零件号，供应量）

存放（仓库号，零件号，库存量）

对应（订单项号，产品号）

组成（订单项号，订单号）

填写（顾客号，订单号）

支付（顾客号，收款账号）

四、物理设计和实施

根据特定数据库管理系统（例如Visual FoxPro）所提供的存储结构和存取方法设计数据文件类型、索引结构和数据的存放次序、数据的存取方法和数据的存取路径等。然后利用具体的数据库管理系统在计算机中加以实现。

## 任务实训3-2

**实训内容：**

在简单的教务管理系统中，有如下语义约束：

一个学生可选修多门课程，一门课程可被多个学生选修；一个教师可讲授多门课程，一门课程可以由多个教师讲授；一个系可有多个教师，一个教师或学生只能属于一个系。请用E-R图方法进行概念模型设计，然后转换为关系数据库系统支持的逻辑模型（用关系模式表示）。

**实训要求：**

1. 先用E-R图表示实体。
2. 在给每个实体设计3个以上的基础属性。
3. 绘制出综合E-R图模型。
4. 将概念模型转换为关系数据库系统支持的逻辑模型。

# 课后练习

**一、简答题**

1. 数据库技术的主要发展阶段有哪3个？为什么第3个阶段的技术能得到广泛的发展？
2. 数据库系统的组成主要有哪几个部分？
3. 数据库管理系统的主要功能有哪些？
4. 数据库的完整设计步骤包括哪几步？

**二、判断题（正确填A，错误填B）**

1. 人工管理阶段时，人们只能用纸和笔计算数据。（　　）
2. 数据挖掘技术经常与数据仓库技术结合起来使用。（　　）
3. 在数据库系统中，实现用户程序与DBMS间通信的是通信控制程序。（　　）
4. 数据结构用于描述系统的静态特性，包括数据的结构和数据间的联系。（　　）
5. 信息模型并不依赖于具体的计算机系统而存在。（　　）

**三、单选题**

1. 下列关于数据库不对的是（　　）。

   A. 数据库是长期存储在计算机内有组织的共享的数据的集合

B. 是数据存储的最优方式

C. 数据库容易操作，并具有完善的自我保护能力和数据恢复能力

D. 它可以供用户共享，完全消除了数据重复存储并具有较高的数据独立性

2. 数据库的发展趋势不包括（　　）。

A. 面向对象的数据库技术　　B. 非结构化数据库

C. 与其他学科技术的结合的数据库　　D. 提供数据共享功能的数据库

3. 将E-R图模型转换关系型数据库管理系统支持的关系模型，正确的说法是（　　）。

A. 一个实体可以转换成两个以上的关系　　B. 关系只能由实体转换

C. 联系是不可以转换成关系的　　D. 实体和联系都可以转换成关系

4. 下列不是实体型间联系的种类有（　　）。

A. 1 : $n$　　B. 1 : 1　　C. $m$ : $n$　　D. 2 : 1

5. 下列不是数据仓库OLAP服务器的主要功能的是（　　）。

A. ROLAP（关系型在线分析处理）　　B. MOLAP（多维在线分析处理）

C. HOLAP（混合型线上分析处理）　　D. On-off line OLAP（线上线下分析处理）

**四、多选题**

1. 关系模型的优点主要有（　　）

A. 关系模型有较强的数学理论根据

B. 数据库的数据结构简单、清晰，用户易懂易用，不仅用关系描述实体，而且用关系描述实体间的联系

C. 关系模型的存取路径对用户透明，具有更高的数据独立性、更好的安全保密性

D. 简化了程序员的工作和数据库建立、开发的工作

E. 查询效率比非关系模型高。

2. 数据模型主要由（　　）组成。

A. 数据结构　　B. 数据操作　　C. 数据的特色　　D. 数据的约束条件

3. 当今，大数据在物流企业中的应用主要包括（　　）。

A. 市场预测　　B. 物流中心的选址　　C. 优化配送线路　　D. 仓库储位优化

4. 下列对数据库系统的组成的说法正确的有（　　）。

A. 数据库系统包括数据库、用户、数据库软和硬件

B. 数据库系统的用户主要有程序员、终端用户和DBA

C. DBMS是数据库系统的核心

D. DB是数据库系统的基础

5. 常用数据挖掘工具和方法有（　　）。

A. 基于规则和决策树的工具　　B. 基于神经元网络的工具

C. 数据可视化工具　　D. 模糊发现方法

E. 统计方法　　F. 综合方法

**五、名词解释**

数据库　　DBMS　　DBA　　大数据　　数据仓库　　数据挖掘　　关系数据库模型

# 项目综合实训三

**一、实训目的**

熟悉数据库系统的设计步骤，学生能根据实际的物流企业的情况，做出E-R图模型，并能将其转换成关系数据库支持的关系模型。

**二、实训方式**

实训场所安排在计算机机房，需上网。

**三、实训内容及步骤**

1. 任务

（1）仔细阅读以下资料，了解企业情况及需求。

珠海市某一百货商店要设计一个数据库管理信息系统来管理这家商店的业务信息，通过调研分析可知：该商店有一个重要方面的问题是同供应商打交道，商店出售的商品由他们提供，各供应商提供多种商品。但是，每种商品可以从多个供应商处获得，各供应商提供的商品价格不同；该商店有若干个部门，每个部门由一个经理和若干雇员组成，每个雇员只能属于一个部门；每个部门销售某些商品，每种商品规定只能由一部门来销售；商店的顾客开定单买商品，由商店送货上门；每个顾客的订单数量可以开多张，一个订单由顾客要求的若干商品和购买的数量构成。且同一类商品可以出现在多个订单中。

（2）请根据以上情况，做出综合E-R图模型。

（3）将E-R图模型转换成关系数据库支持的数据模型。

（4）利用一种DBMS（例如Visual FoxPro），建立名称为“百货数据库”的数据库，并录入自拟数据（注意：请参考下面示例）。

**案例3-3**

## 图书配送中心管理数据库建立

某图书配送中心建立数据库管理系统来管理图书的进出，请根据下列步骤操作（具体操作如图3-23～图3-30所示）。

1．建立项目，名称为：图书配送中心数据管理。

步骤：单击文件菜单中的“新建”，弹出图3-23所示的对话框。选择虚框标识的项目，在弹出的对话框中输入项目名称“图书配送中心数据管理”，然后保存。

2．在项目中建立数据库，名称为：图书信息。

步骤：单击项目管理器中的数据标签页，展开数据选项，选择数据库选项，单击“新建”按钮。在弹出图3-24所示的对话框中选虚框标示按钮。

在弹出对话框中输入数据库名称，单击“保存”按钮。如图3-25所示。

3．在数据库中建立3张表，名称分别为：库存、售书、单据。

步骤：在数据库设计器中，选择数据库设计器工具栏中的“新建表”按钮，如图3-26所示，在弹出对话框中单击虚框标示按钮“新建表”。

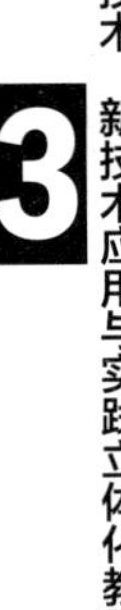

图3-23 建立项目

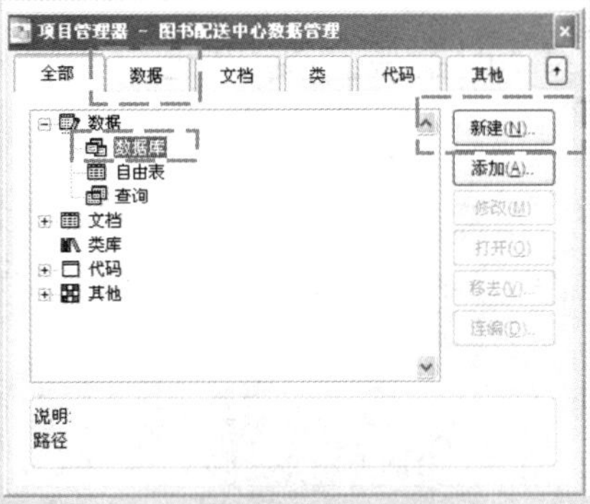

图3-24 新建数据库

图3-25 保存数据库

在弹出对话框中输入第一张表的名称：库存。如图3-27所示。

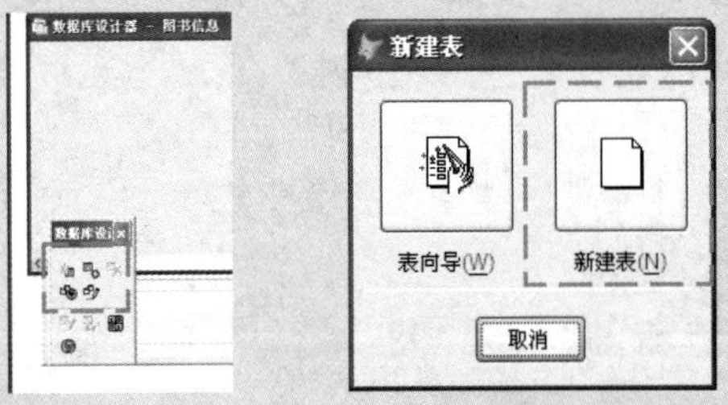

图3-26 新建数据库中的表

图3-27 输入表名称

在表设计器中输入字段名称、数据类型、长度等。如图3-28所示。

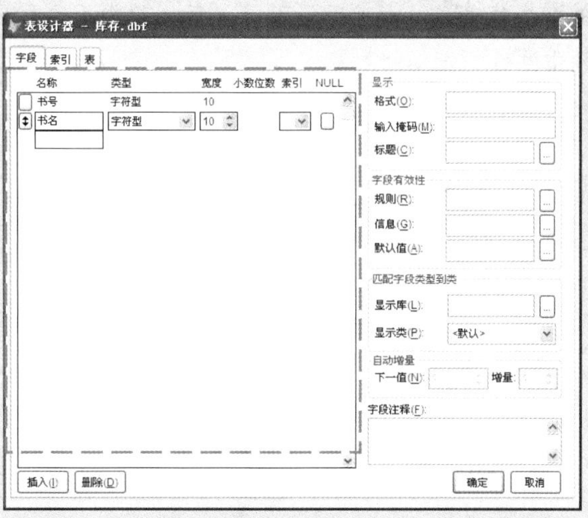


图3-28 输入表中字段

依据上面方法建立3张表，如图3-29所示。

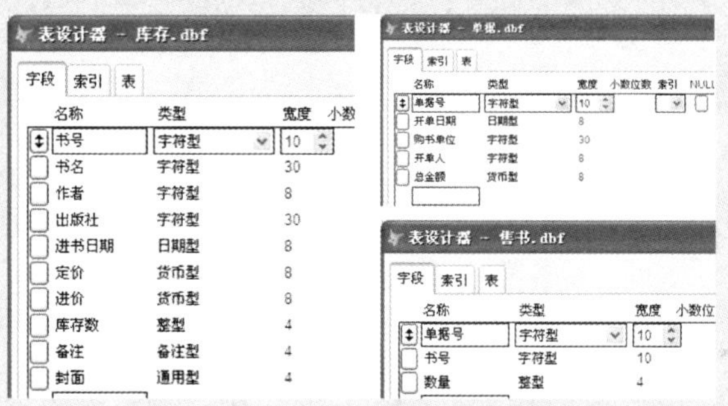


图3-29 建立的3张表

输入下列数据。

步骤：选中其中一张建好的表，单击鼠标右键，选择浏览菜单项；再在左上角菜单编辑中选择“追加记录”命令项，就可以添加数据了。输入数据后的3张表如图3-30所示。

库存

| 书号 | 书名 | 作者 | 出版社 | 进书日期 | 定价 | 进价 | 库存数 | 备注 | 封面 |
|---|---|---|---|---|---|---|---|---|---|
| 7-500-1 | visual foxpro6.0程序设计 | 张捉 | 电子出版社 | 10/05/03 | 25.0000 | 20.0000 | 30 | Memo | gen |
| 7-04-8 | 数据结构 | 陈正方 | 理工出版社 | 05/14/04 | 21.0000 | 18.0000 | 20 | Memo | gen |
| 7-33-3 | 数据库概论 | 李新民 | 大学出版社 | 03/01/04 | 22.0000 | 18.5000 | 10 | Memo | gen |
| 7-06-6 | qbasic程序设计 | 范新民 | 教育出版社 | 10/05/03 | 26.0000 | 21.5000 | 20 | Memo | gen |
| 7-5082-9 | 计算机文化基础 | 刘润 | 机电出版社 | 03/01/04 | 30.0000 | 24.0000 | 10 | Memo | gen |
| 7-503-4 | windows xp网络管理 | 杨声 | 电子出版社 | 05/20/04 | 24.0000 | 20.0000 | 15 | Memo | gen |

售书

| 单据号 | 书号 | 数量 |
|---|---|---|
| 000001 | 7-500-1 | 1 |
| 000001 | 7-5082-9 | 1 |
| 000002 | 7-33-3 | 60 |
| 000003 | 7-04-8 | 2 |
| 000003 | 7-33-3 | 1 |
| 000004 | 7-04-8 | 1 |
| 000004 | 7-08-6 | 1 |

单据

| 单据号 | 开单日期 | 购书单位 | 开单人 | 总金额 |
|---|---|---|---|---|
| 000001 | 06/16/04 | 个人 | 章玉 | 100.0000 |
| 000002 | 07/03/04 | 科技学院 | 章玉 | 200.0000 |
| 000003 | 06/16/04 | 个人 | 林晓 | 400.0000 |
| 000004 | 07/06/04 | 个人 | 章玉 | 200.0000 |

图3-30 输入数据后的3张表

这样一个完整的数据库就建立起来了，程序员可以根据用户的要求编写各种应用程序代码，处理数据库中的数据。

2. 实训指导

分小组进行实训，建议4位同学一组。

（1）每组选出组长，自行分配组员任务。

（2）按要求完成任务，记录实训步骤。

**四、实训结果**

每小组提交一份实训报告，要求详细记录实训全过程。

# 项目四
# 数据传输技术

4

## 项目目标

### 知识目标

掌握数据交换（EDI）技术、网络及通信技术的基本概念、特点及作用；

理解“互联网+”的含义；

了解数据交换（EDI）技术、网络及通信技术的应用领域。

### 能力目标

能根据提供企业需求信息，为企业选取合适的数据传输方式；

学会使用当今流行的通信手段，改变企业信息传输的传统方式；

能利用当下流行的通信手段，改造企业传统的数据传输方式，优化作业流程。

## 案例导入

### EDI技术在沃尔玛中的应用

EDI无纸化贸易视频简介：

http://v.youku.com/v_show/id_XNDI0MjM3NTYw.html

沃尔玛百货有限公司由美国零售业的传奇人物山姆·沃尔顿先生于1962年在阿肯色州成立。经过四十多年的发展，沃尔玛公司已经成为美国最大的私人雇主和世界上最大的连锁零售企业。目前，沃尔玛在全球15个国家开设了超过8000家商场，下设53个品牌，员工总数210多万人，每周光临沃尔玛的顾客2亿人次。

20世纪70年代沃尔玛建立了物流的管理信息系统（MIS），负责处理系统报表，加快了运作速度。20世纪80年代初，沃尔玛与休斯公司合作发射物流通信卫星，物流通信卫星使得沃尔玛产生了跳跃性的发展；1985年建立了EDI，即电子数据交换系统，进行无纸化作业，所有信息全部在电脑上运作。同年，沃尔玛推出电子数据交换与供应商建立自动订货系统，进行更好的供应链协调。通过计算机联网，向供应商提供商业文件，发送采购指令，获取收据和货运清单等，促进了信息在供应链的供应商、分销商各个环节的运用。这保证了商店的销售与配送中心保持同步，配送中心与供应商保持同步。EDI的应用，提高了自动补货系统的准确度。商品的信息直接传送到公司总部，减少了信息扭曲，有助于上层领导做出正确的决策。经过几年的发展，沃尔玛公司在1990年就和5000余家供应商中的1800家实现了电子数据交换，成为当时全美国EDI技术的最大用户。

EDI在沃尔玛中的应用，不仅仅局限在订货系统和配送系统中，在其他方面也得到了广泛的应用。例如，企业采用EDI可以更迅速、更便宜地运送发票、采购订单、传输通道和其他商业单证，提高快速交货单证的能力，加快了商业业务的处理速度，从而可以进行“无纸化贸易”。

EDI在沃尔玛中主要起了以下作用：

（1）方便高效的信息服务。EDI技术将原材料的采购与生产制造、市场需求与销售、订货与库存以及金融、保险、海关等业务有机地结合起来，集先进技术和科学管理为一体，极大地提高了工作效率。

（2）低廉的价格成本。沃尔玛通过EDI技术，无论是在与外部供应商的联系，还是在企业内部配送中心与零售店之间的联系，都可以实现无纸化贸易，大大降低了订单、发票、检测等单据的打印成本。同时，通过EDI系统，可以使沃尔玛合理控制仓库的库存，降低了企业的库存成本。

（3）有利于与供应商建立稳定的战略合作关系。通过EDI技术，使贸易双方都可以相互了解对方企业的生产、销售状况，可以增加双方的信赖程度，改变双方的贸易关系，使贸易双方由普通的供销关系上升到战略合作的关系层面上去，稳定了合作关系。

（4）迅速准确的信息传递。EDI技术以电子文件交换取代了传统的纸面市场交易文件（订单、发票、材料订购清单），双方使用统一的国际标准格式编制文件资料，采用网络传输方式将市场交易资料准确迅速地由一方传到另一方，使数据传递更加迅速准确。

#### 思考

1. 要跟沃尔玛合作，必须要采用EDI技术传递数据吗？
2. EDI技术对沃尔玛的管理有什么影响？除了EDI技术还有哪些技术可以进行数据传输？

# 任务一
# EDI 技术的应用

## 任务目标

完成此任务后，学生能掌握电子数据交换的基本概念、特点及分类；了解EDI的标准、EDI系统的组成和工作原理；能在物流管理中应用EDI技术。

**知识要点：**电子数据交换的基本概念；电子数据交换的功能；EDI系统的组成和工作原理；EDI在物流中的应用领域。

## 相关知识

### 一、EDI技术概述

#### 1. EDI技术的定义

EDI（Electronic Data Interchang，电子数据交换）技术是将商业文件标准化和格式化，并通过计算机网络，在贸易伙伴的计算机系统之间进行数据交换和自动处理的技术。

EDI具有明显的3方面特征：

（1）资料用统一的标准；

（2）利用电信号传递信息；

（3）计算机系统之间的互连。

EDI技术能有效减少或消灭贸易双方的纸面单证，因而EDI也被称为“无纸化贸易”。它将贸易、运输、保险、银行和海关等行业的信息，用一种国际公认的标准格式，通过计算机通信网络，使各有关部门、公司与企业之间进行数据交换与处理，并完成以贸易为中心的全部业务过程，整个过程都是系统自动完成，无需人工干预，减少了差错，提高了效率。

#### 2. EDI技术的特点

（1）EDI使用电子方法传递信息和处理数据

EDI一方面用电子传输的方式取代了以往纸单证的邮寄和递送，从而提高了传输效率；另一方面通过计算机处理数据取代人工处理数据，从而减少了差错和延误。

（2）EDI采用统一标准编制数据信息

这是EDI与电传、传真等其他传递方式的重要区别，电传、传真等并没有统一格式标准，而EDI必须在统一标准的基础上运作。

（3）EDI是计算机应用程序之间的连接

一般的电子通信手段是人与人之间的信息传递，即使传输的内容不完整、格式不规范，只要能被人所理解就可行。但是，这些通信手段仅仅是人与人之间的信息传递工具，不能处理和返回信息；EDI实现的是计算机应用程序与计算机应用程序之间的信息传递与交换。由于计算机只能按照给定的程序识别和接受信息，所以电子单证必须符合标准格式，并且内容完整准确。

EDI系统不但能识别、接受、存储标准格式信息，还能对其进行处理，自动制作新的电子单据，并按要求传输到有关部门，有关部门计算机还可以自动产生电子收据并回传。有关部门在查询自己发出的电子单证时，计算机还可以反馈有关电子单证处理结果和进展状况。

（4）EDI系统具有严格的加密防伪手段

EDI系统具有相应的数据保密措施，常用的保密手段是加密，各用户掌握自己的密码，可打开自己的“邮箱”取出信息，外人却不能打开这个“邮箱”；对于一些重要信息，EDI会在传输时加密，即把信息转换成他人无法识别的代码，接收方计算机按特定程序译码后还原成可识别信息；有时，为防止有些信息在传递过程中被篡改，或防止有人传递假信息，EDI系统还会使用证实手段，即将普通信息与转变成代码的信息同时传递给接收方，接收方把代码翻译成普通信息进行比较，如二者完全一致，可知信息未被篡改，也不是伪造的信息。

**3. EDI系统的构成**

构成EDI系统的3个要素是：数据标准、EDI软件和硬件、通信网络，3个要素相互衔接、相互依存，构成了EDI的基础框架。

一个部门或企业要实现EDI，前提是必须有一套计算机数据处理系统，即软硬件设备；其次，为使本企业内部数据比较容易地转换为EDI标准格式报文，必须数据标准化，这是实现EDI的关键；另外，通信环境的优劣也是关系到EDI成败的重要因素之一。

（1）数据标准

数据标准是EDI系统实施的关键，目前国际上并存两大标准，一个是联合国欧洲经济委员会制定的UN/EDIFACT标准，主要在欧亚流行；另一个是美国国家标准化委员会制定的ANSIX.12标准，主要在北美流行。此外还有很多行业标准，例如OFTP2.0（通信标准）、MMOG / LE（物料管理原则/物流评估标准）、VICS（北美商品零售标准）等。图4-1是商业发票单据转换成EDI标准报文示例。

更多标准报文知识请参阅：

http://www.npedi.com/ediportal-web/ediweb/bw_rule.jsp

EDI的标准制定要遵循以下两条基本原则：

第一，提供一种发送数据及接收数据的各方都可以使用的语言，这种语言所使用的语句是无二义性的。

第二，这种标准不受计算机机型的影响，既适用于计算机间的数据交流，又独立于计算机之外。

（2）EDI软件和硬件

① EDI系统的软件主要包括：转换软件、翻译软件与通信软件，它们将用户数据库系统中的信息翻译成EDI的标准格式，并进行传输交换，是完成整个电子数据交换的过程的必备部件，具体过程如图4-2所示。

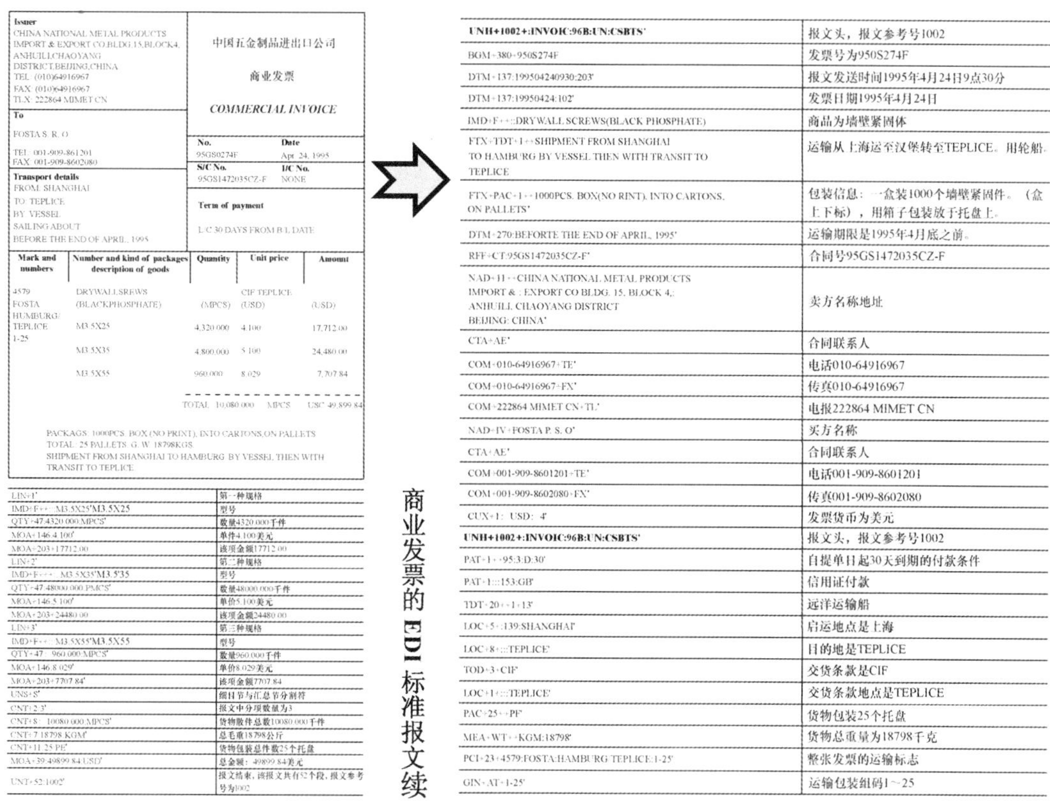

Issuer
CHINA NATIONAL METAL PRODUCTS IMPORT & EXPORT CO.BLDG.15,BLOCK4, ANHUILI,CHAOYANG DISTRICT,BEIJING,CHINA
TEL: (010)64916967
FAX: (010)64916967
TLX: 222864 MIMET CN

中国五金制品进出口公司

商业发票

*COMMERCIAL INVOICE*

To
FOSTA S. R. O
TEL: 001-909-861201
FAX: 001-909-8602080

No. 95GS0274F　Date Apr 24, 1995
S/C No. 95GS1472035CZ-F　I/C No. NONE

Transport details
FROM: SHANGHAI
TO: TEPLICE
BY: VESSEL
SAILING ABOUT
BEFORE THE END OF APRIL, 1995

Term of payment
L/C 30 DAYS FROM B/L DATE

| Mark and numbers | Number and kind of packages description of goods | Quantity | Unit price | Amount |
|---|---|---|---|---|
| 4579 FOSTA HUMBURG/ TEPLICE 1-25 | DRYWALLSREWS (BLACKPHOSPHATE) | (MPCS) | CIF TEPLICE (USD) | (USD) |
| | M3.5X25 | 4,320.000 | 4.100 | 17,712.00 |
| | M3.5X35 | 4,800.000 | 5.100 | 24,480.00 |
| | M3.5X55 | 960.000 | 8.029 | 7,707.84 |
| | TOTAL | 10,080.000 | MPCS | USD 49,899.84 |

PACKAGS: 1000PCS. BOX (NO PRINT), INTO CARTONS,ON PALLETS
TOTAL: 25 PALLETS. G. W. 18798KGS.
SHIPMENT FROM SHANGHAI TO HAMBURG BY VESSEL THEN WITH TRANSIT TO TEPLICE

| | |
|---|---|
| UNH+1002+:INVOIC:96B:UN:CSBTS' | 报文头，报文参考号1002 |
| BGM+380+950S274F | 发票号为950S274F |
| DTM+137:199504240930:203' | 报文发送时间1995年4月24日9点30分 |
| DTM+137:19950424:102' | 发票日期1995年4月24日 |
| IMD+F++::DRYWALL SCREWS(BLACK PHOSPHATE) | 商品为墙壁紧固体 |
| FTX+TDT+1++SHIPMENT FROM SHANGHAI TO HAMBURG BY VESSEL THEN WITH TRANSIT TO TEPLICE | 运输从上海运至汉堡转至TEPLICE。用轮船。 |
| FTX+PAC+1++1000PCS. BOX(NO RINT). INTO CARTONS. ON PALLETS' | 包装信息：一盒装1000个墙壁紧固件。（盒上下标），用箱子包装放于托盘上。 |
| DTM+270:BEFORTE THE END OF APRIL, 1995' | 运输期限是1995年4月底之前。 |
| RFF+CT:95GS1472035CZ-F' | 合同号95GS1472035CZ-F |
| NAD+II++CHINA NATIONAL METAL PRODUCTS IMPORT & : EXPORT CO BLDG. 15, BLOCK 4,: ANHUILI. CHAOYANG DISTRICT BEIJING: CHINA' | 卖方名称地址 |
| CTA+AE' | 合同联系人 |
| COM+010-64916967+TE' | 电话010-64916967 |
| COM+010-64916967+FX' | 传真010-64916967 |
| COM+222864 MIMET CN+TL' | 电报222864 MIMET CN |
| NAD+IV+FOSTA P. S. O' | 买方名称 |
| CTA+AE' | 合同联系人 |
| COM+001-909-8601201+TE' | 电话001-909-8601201 |
| COM+001-909-8602080+FX' | 传真001-909-8602080 |
| CUX+1: USD: 4' | 发票货币为美元 |
| UNH+1002+:INVOIC:96B:UN:CSBTS' | 报文头，报文参考号1002 |
| PAT+1++95:3:D:30' | 自提单日起30天到期的付款条件 |
| PAT+1:::153:GB' | 信用证付款 |
| TDT+20++1+13' | 远洋运输船 |
| LOC+5+:139:SHANGHAI' | 启运地点是上海 |
| LOC+8+:::TEPLICE' | 目的地是TEPLICE |
| TOD+3+CIF' | 交货条款是CIF |
| LOC+1+:::TEPLICE' | 交货条款地点是TEPLICE |
| PAC+25++PF' | 货物包装25个托盘 |
| MEA+WT++KGM:18798' | 货物总重量为18798千克 |
| PCI+23+4579:FOSTA:HAMBURG:TEPLICE:1-25' | 整张发票的运输标志 |
| GIN+AT+1-25' | 运输包装组码1～25 |

商业发票的EDI标准报文续

| | |
|---|---|
| LIN+1' | 第一种规格 |
| IMD+F++::M3.5X25'M3.5X25 | 型号 |
| QTY+47:4320.000:MPCS' | 数量4320.000千件 |
| MOA+146:4.100' | 单件4.100美元 |
| MOA+203+17712.00 | 该项金额17712.00 |
| LIN+2' | 第二种规格 |
| IMD+F+++:M3.5X35'M3.5'35 | 型号 |
| QTY+47:48000.000:PMCS' | 数量48000.000千件 |
| MOA+146:5.100' | 单价5.100美元 |
| MOA+203+24480.00 | 该项金额24480.00 |
| LIN+3' | 第三种规格 |
| IMD+F++::M3.5X55'M3.5X55 | 型号 |
| QTY+47: 960.000:MPCS' | 数量960.000千件 |
| MOA+146:8.029' | 单价8.029美元 |
| MOA+203+7707.84' | 该项金额7707.84 |
| UNS+S' | 细目节与汇总节分割符 |
| CNT+2:3' | 报文中分项数量为3 |
| CNT+8: 10080.000:MPCS' | 货物散件总数10080.000千件 |
| CNT+7:18798:KGM' | 总毛重18798公斤 |
| CNT+11:25:PE' | 货物包装总件数25个托盘 |
| MOA+39:49899.84:USD' | 总金额：49899.84美元 |
| UNT+52:1002' | 报文结束，该报文共有52个段，报文参考号为1002 |

图4-1　商业发票单据转换成EDI标准报文示例

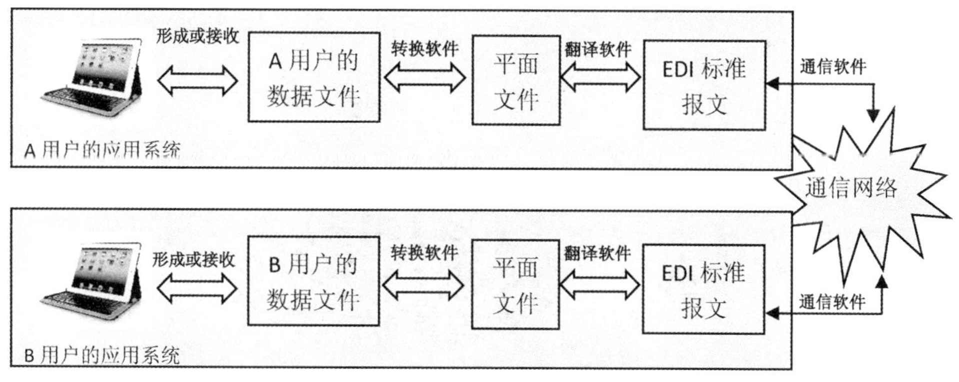


图4-2　EDI系统的工作过程

转换软件将原有计算机系统的文件转换成翻译软件能够理解的平面文件，或是将从翻译软件接收来的平面文件转换成原计算机系统中的文件；翻译软件将平面文件翻译成EDI标准格式报文，或将接收到的EDI标准格式报文翻译成平面文件。具体见图4-3实例，通信软件负责将EDI标准格式的文件外层加上通信信封，再送到EDI系统交换中心的邮箱，或将EDI系统交换中心内邮箱接收到的文件取回。

② EDI系统的硬件主要包括：计算机、调职解调器和通信线路。其中计算机主要指PC机、工作站、小型机、主机或中型机；调制解调器是目前最流行电话网络通信技术中的常用设备；通信线路一般是电话线路，也可租用专线通信。

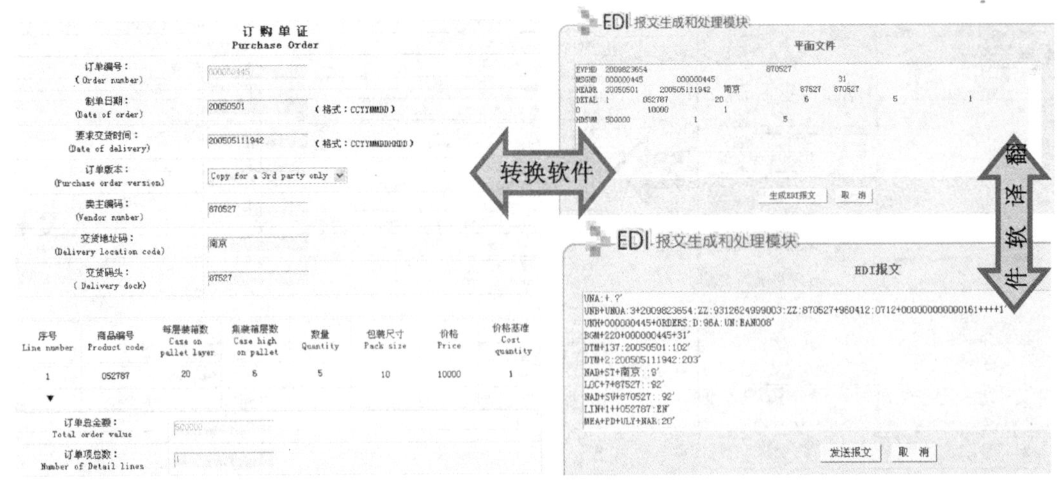


图4-3　EDI文件转换实例

（3）通信网络

通信网络是实现EDI的重要手段，一般EDI主要通过直接连接方式和通过增值网络方式实现通信，如图4-4所示。

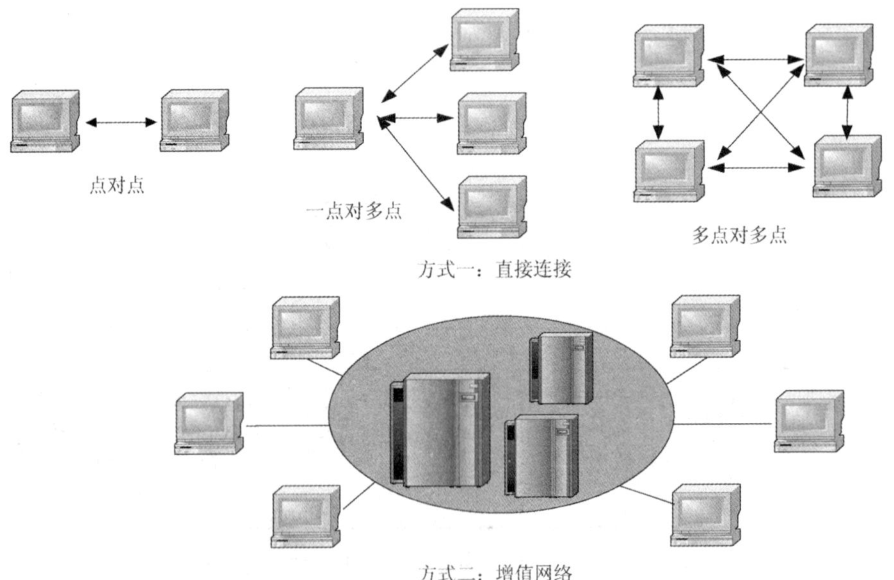


图4-4　EDI通信方式

直接连接方式即点对点方式，这种方式EDI按照约定的格式，通过通信网络进行信息的传递和终端处理，完成相互的业务交往。早期的EDI通信一般都采用此方式，但它有许多缺点，如当EDI用户的贸易伙伴不再是几个，而是几十个甚至几百个时，这种方式面临通信协议不同、工作时间不匹配等问题。同时这种通信方式是同步的，跨国家、区域使用时会面临很大的困难。

通过增值网络通信方式是目前EDI主要的通信方式，指增值数据业务（VADS）公司，利用已有的计算机与通信网络设备，除完成一般的通信任务外，为EDI客户提供增值的EDI服务功能。VADS

公司提供给EDI用户的服务主要是信箱租赁。信箱的引入为EDI用户提供存储转送、协议转换、记忆保管、格式转换、安全管制等服务，实现了EDI通信的异步性，提高了效率，降低了通信费用。例如，图4-5所示为两种通信方式在物流领域中的应用。

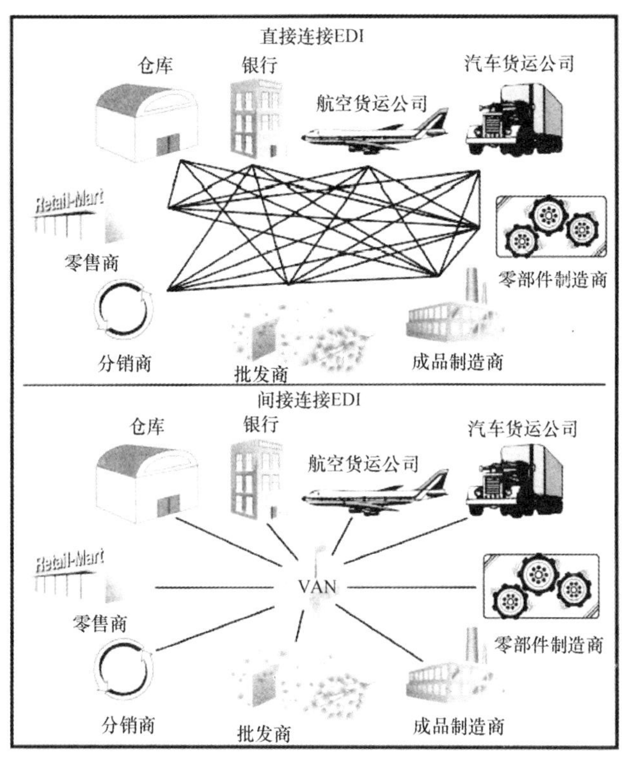


图4-5　直接连接EDI和通过VAN的间接连接EDI

除了上述两种主要的通信方式外，利用MHS（即报文处理系统）方式也渐渐被人们所采用。将EDI报文直接放入MHS的电子信箱中，利用MHS的地址功能和文电传输服务功能，实现EDI报文的传送。

**4. EDI业务应用领域**

（1）商业贸易领域

在商业贸易领域，通过采用EDI技术，可以将不同制造商、供应商、批发商和零售商等商业贸易之间各自的生产管理、物料需求、销售管理、仓库管理、商业POS系统有机地结合起来，从而使这些企业大幅提高经营效率，并创造出更高的利润。

（2）运输业领域

在运输行业，通过集装箱运输电子数据交换业务，可以将船运、空运、陆路运输、外轮代理公司、港口码头、仓库、保险公司等企业之间各自的应用系统联系在一起，从而解决传统单证传输过程中的处理时间长、效率低下等问题；而且可以有效提高货物运输能力，实现物流控制电子化，实现国际集装箱多式联运。

具体EDI操作可参考宁波港EDI中心的说明文档：

http://www.npedi.com/ediportal-web/ediweb/download.jsp

（3）通关自动化

在外贸领域，通过采用EDI技术，可以将海关、商检、卫检等口岸监管部门与外贸公司、来料加工企业、报关公司等相关部门和企业紧密地联系起来，从而可以避免企业多次往返多个外贸管理部门进行申报、审批等程序，大大简化进出口贸易程序，提高货物通关的速度，最终改善经营投资环境，加强企业在国际贸易中的竞争力。

（4）其他领域

税务、银行、保险等贸易链路等多个环节之中，EDI技术同样也有着具有广泛的应用前景。例如，通过EDI和电子商务技术可以实现电子报税、电子资金划拨等多种应用。

## 二、EDI的类型

EDI的分类主要依据功能和运作层次进行分类，具体如下。

### 1. 根据EDI功能分类

（1）贸易数据互换系统（Trade Data Interchange，TDI）

这是最基本的，也是最知名的EDI系统，它用电子数据文件来传输订单、发货票和各类通知。

（2）电子金融汇兑系统（Electronic Fund Transfer，EFT）

它主要在银行和其他组织之间实行电子费用汇兑。例如，各银行之间通过计算机网进行资金转移；银行与其他机关或厂商之间通过计算机网进行资金转移；联机银行服务系统，用户持信用卡在自动出纳机上存取现金；在超级市场设电子销售点，用户持信用卡付款，通过计算机网自动转移到商店的账户上。

（3）交互式应答系统（Interactive Query Response）

典型的应用是在旅行社或航空公司作为机票预定系统。这种EDI在应用时，可询问到达某一目的地的航班，并且能按要求显示航班的时间、票价或其他信息，然后根据旅客的需求确定所要的航班，打印机票。

（4）带有图形资料自动传输的EDI

这种类型的EDI最常见的应用是计算机辅助设计（Computer Aided Design，CAD）图形的自动传输。例如，美国的Kraft Maid公司（一个厨房用品制造公司）先根据客户要求在PC机上，用CAD设计厨房的平面布置图；再用EDI传输设计图纸请用户确认；一旦该设计被认可，系统将自动输出订单，请客户确认后生产；在客户收到所定货物时，系统自动开出收据等。

### 2. 根据EDI的运作层次分类

（1）封闭式EDI

由于不同行业、不同地区实施EDI所采用的标准和协议的内容是不同的，这样就导致了大量不同结构EDI系统的出现。各个系统之间由于所采纳的标准和传输协议不同，彼此之间相对处于封闭状态，因此称之为封闭式EDI。

（2）开放式EDI

开放式EDI被定义为“使用公共的、非专用的标准、以跨时域、跨商域、跨现行技术系统和跨数据类型的交互操作性为目的，自治参与方之间的电子数据交换”。开放式EDI构造一个开放式的环境，发展EDI多应用领域的互操作性，保证EDI参与方对实际使用EDI的目标和含义有一个共同的理解，以减少乃至消除对专用协议的需求，使得任何一个参与方不需要事先安排就能与其他参与者进行EDI业务。

（3）交互式EDI

交互式EDI是指在两个计算机系统之间连续不断地以询问和应答形式，经过预定义和结构化的自动数据交换达到对不同信息的自动实时反应。

（4）以Internet为基础的EDI

这种类型的EDI交易信息经过加密压缩后，作为电子邮件的附件在网上传输。许多种格式的文件之所以可以作为附件随电子邮件传输，是因为它们使用了一种国际通行的MIME（多用途互联网邮件扩展）格式的传输协议，MIME在不改变简单邮件传输协议和邮件格式标准的基础上，使得邮件可以传送任意二进制文件。

## 三、EDI技术在物流中的应用

EDI技术在物流中的应用相当广泛。物流业务涉及各种企业、政府部门和金融机构，同时也面临着处理大量的单证数据。这些单证都属于商业EDI所适用的范围，采用EDI技术能快速、准确、安全地处理这些单证数据，能为物流管理和作业节省时间，提高效率，节约成本。

**1. 物流EDI**

所谓物流EDI指货主、承运业主以及其他的单位之间，通过EDI系统进行物流数据交换，并以此为基础实施物流作业活动。物流EDI的主要参与单位有货主（如生产厂家、贸易商、批发商、零售商等）、承运人（如独立的物流承运企业等）、实际送货的交通运输企业、协助单位（如政府有关部门、金融机构）和其他的物流相关单位（如仓储企业、报关企业等），如图4-6所示。

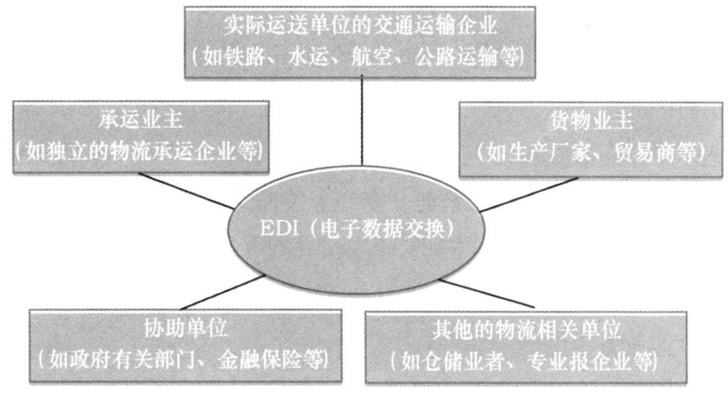


图4-6 物流EDI的主要参与单位

一个由发送货物业主、物流运输业主和接收货物业主组成的物流EDI数据传输流程如下。

（1）发送货物业主（如生产厂家）在接到订货后制定货物运送计划，并把运送货物的清单及运送时间安排等信息通过EDI发送给物流运输业主和接收货物业主（如零售商），以便物流运输业主预先制定车辆调配计划和接收货物业主制定货物接收计划。

（2）发送货物业主依据顾客订货的要求和货物运送计划下达发货指令、分拣配货、打印出物流条形码的货物标签（Shipping Carton Marking，SCM）并贴在货物包装箱上，同时把运送货物品种、数量、包装等信息通过EDI发送给物流运输业主和接收货物业主，以便他们以此为依据请示下达车辆调配指令。

（3）物流运输业主在向发货货物业主取运货物时，利用车载扫描读数仪读取货物标签的物流条形码，并与先前收到的货物运输数据进行核对，确认运送货物。

（4）物流运输业主在物流中心对货物进行整理、集装，并通过EDI向收货业主发送送货清单。在货物运送的同时进行货物跟踪管理，并在货物交纳给收货业主之后，通过EDI向发货物业主发送完成运送业务信息和运费请示信息。

（5）收货业主在货物到达时，利用扫描读数仪读取货物标签的条形码，并与先前收到的货物运输数据进行核对确认，开出收货发票，货物入库，同时通过EDI向物流运输业主和发送货物业主发送收货确认信息。

**2. EDI在物流中的应用**

在物流中应用EDI技术传输、处理数据不仅能使企业节约时间、降低成本，而且能够提高企业管理和服务质量。在物流中应用EDI技术成为了企业提高竞争能力的重要手段之一，许多国际和国内的大型企业对于贸易伙伴都有使用EDI技术的需求。一般来说，企业在物流中应用EDI技术主要有两个目的：数据传输和改善作业流程。下面看几个典型应用的例子。

（1）EDI在生产企业的应用

相对于物流公司而言，生产企业与其交易伙伴间的商业行为大致可分为接单、出货、催款及收款作业，其间往来的单据包括采购进货单、出货单、催款对账单及付款凭证等。生产企业应用EDI的目的主要有两种情况。

第一，便于数据传输。这种情况生产企业一般会选择低成本的方式引入EDI系统，发送采购进货单，接收客户传来的EDI订购单报文，将其转换成企业内部的订单。

第二，改善作业流程。生产企业可以同客户合作，依次采用EDI技术发送采购进货单、出货单及催款对账单，并与企业内部的信息系统集成，逐渐改善接单、出货、对账及收款作业。

（2）EDI在批发商中的应用

批发商因其交易特性，其相关业务包括向客户提供产品以及向厂商采购商品。若批发商为了数据传输而引入EDI，可选择低成本方式；若批发商为改善作业流程引入EDI，可逐步引入各项单证，并与企业内部信息系统集成，改善接单、出货、催款的作业流程，并进一步改善订购、验收、对账、付款的作业流程。

（3）EDI在系统运输业务中的应用

运输企业以其强大的运输工具和遍布各地的营业点在流通业中扮演了重要的角色。运输企业若为数据传输而引入EDI，也可选择低成本方式，先引入托运单，接收托运人传来的EDI托运单报文，将其转换成企业内部的托运单格式；运输企业若引入EDI是为改善作业流程，可逐步引入各项单证，且与企业内部信息系统集成，改善托运、收货、送货、回报、对账、收款等作业流程。

从以上几方面的应用效果来看，在物流中应用EDI技术可以具备以下优势：

第一，可以更快速、更便宜地传送发票、采购订单、传输通知和其他商业单证，提高快速交换单证的能力，加快了商业业务的处理速度。更重要的是，这些过程可以被监督，从而为企业提供了跟踪管理和审计这些操作的能力；

第二，通过对数据进行电子传输，避免了人工录入而出现不一致的错误，提高了总体质量。降低数据对人的依赖性，以及减少无意义的处理时间；

第三，EDI能更快、更精确地填写订单，以便减少库存，直到零库存管理；

第四，EDI存储了完备的交易信息和审计记录，为管理决策者提供更准确的信息和数据，进而为企业增加效率和减少成本提供了更大的可能性。

## 任务实训4-1

**实训内容：**

请比较图4-7与图4-8两种贸易单证的传递方式，分析手工条件下和EDI条件下，贸易单证传递方式的流程差异及优劣。

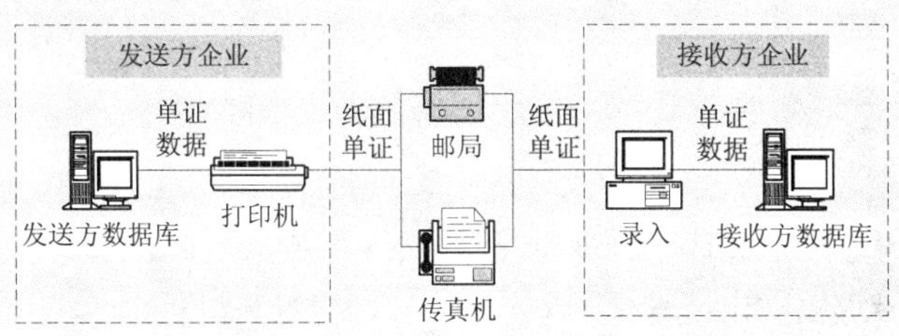


图4-7　手工条件下贸易单证的传递方式

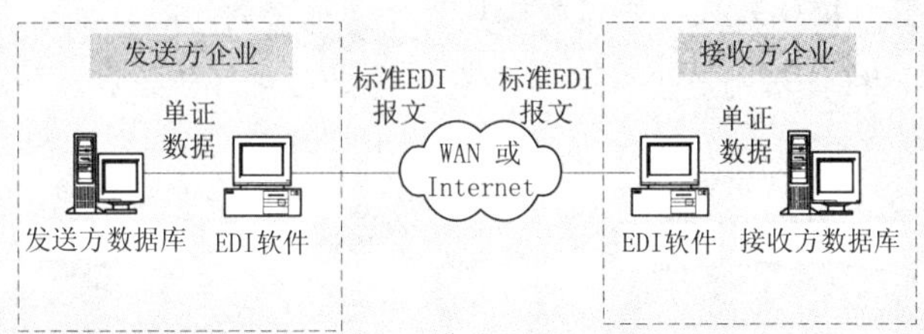


图4-8　EDI条件下贸易单证的传递方式

**实训要求：**

1. 分别说明在两种方式下，贸易单证具体的传递过程。
2. 说明为什么EDI条件下的传递方式要用手工方式，有什么具体的优势。
3. 根据上述要求，完成实训报告。

# 任务二
# 计算机网络技术的应用

## 任务目标

完成此任务后，学生能掌握计算机网络、无线网络及传感器网络的基本概念、特点、结构及分类；了解无线网络技术及其应用；能识别网络类型，利用网络寻找物流信息资源和传递信息。

**知识要点：**计算机网络技术、无线网络技术及传感器网络的基本概念；计算机网络的功能；无线网络技术的类型及应用特点；传感器网络的组成、结构与特点；"互联网+"的含义。

## 相关知识

### 一、计算机网络技术概述

#### 1. 计算机网络的定义

所谓计算机网络就是利用通信设备和线路，将地理位置不同的、功能独立的多个计算机系统互连起来，在功能完善的网络软件和协议（即网络通信协议、信息交换方式及网络操作系统等）的管理下，实现网络中资源共享和信息传递的系统。该定义包括了3个方面的含义：第一，必须有两台或两台以上、具有独立功能的计算机系统相互连接起来，以达到共享资源为目的；第二，计算机互相通信交换信息，必须有一条通道。这条通道的连接是物理的，由物理介质来实现（例如铜线、光纤、微波、卫星等）；第三，计算机系统之间的信息交换，必须要遵守某种约定和规则。最简单的计算机网络系统模型如图4-9所示。

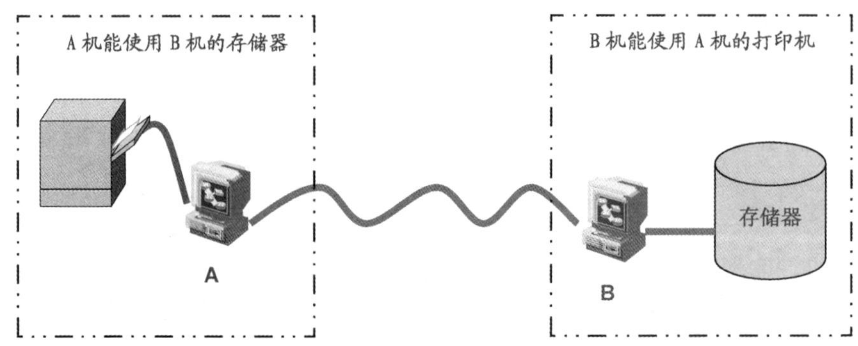


图4-9 最简单计算机互连网络系统模型示例

**2. 计算机网络的主要功能**

计算机网络的主要功能数据通信、资源共享、分布处理、集中管理及负载均衡，如图4-10所示。

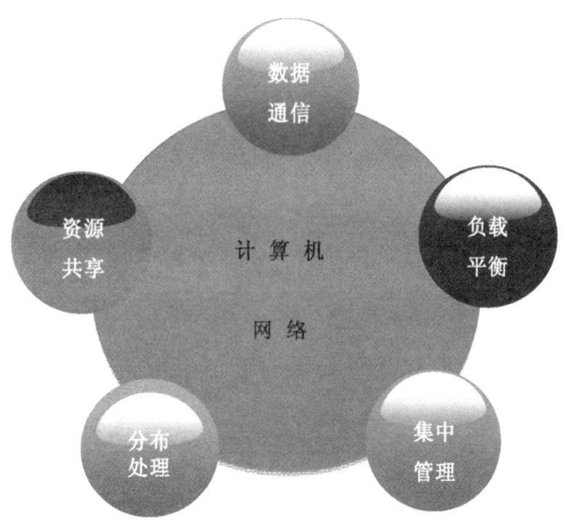


图4-10 计算机网络的主要功能

（1）数据通信

计算机网络能实现计算机与终端、计算机与计算机间传输各种类型的信息，包括数据信息和图形、图像、声音、视频等各种多媒体信息。这项功能使得分布在很远的用户可以互相传输数据信息，互相交流，协同工作。

（2）资源共享

资源共享主要包括：硬件资源共享（例如各种类型的计算机、大容量存储设备、计算机外部设备，如彩色打印机、静电绘图仪等）；软件资源共享（例如各种应用软件、工具软件、系统开发所用的支撑软件、语言处理程序、数据库管理系统等）；数据资源共享（例如数据库文件、数据库、办公文档资料、企业生产报表等）；信道资源共享（信道可以理解为传输介质），信道共享是计算机网络中最重要的共享资源之一。

（3）分布处理

计算机网络能把任务分散到各个计算机上处理，而不是集中在一台大型计算机上。这样，不仅可以降低软件设计的复杂性，而且还可以大大提高工作效率和降低成本。

（4）集中管理

对地理位置分散的组织和部门，可通过计算机网络来实现集中管理，如数据库情报检索系统、交通运输部门的订票系统、军事指挥系统等。

（5）负载均衡

当网络中某台计算机的任务负荷太重时，通过网络和应用程序的控制和管理，将作业分散到网络中的其他计算机中，由多台计算机共同完成。

**3. 计算机网络的组成**

一个完整的计算机网络系统是由网络硬件和网络软件所组成的。网络硬件是计算机网络系统的物理实现，网络软件是网络系统中的技术支持。两者相互作用，共同完成网络功能。

（1）网络硬件的组成

计算机网络硬件系统主要由计算机（主机、工作站或客户机、终端）、通信处理机（集线器、交换机、路由器）、通信线路（同轴电缆、双绞线、光纤、无线电、微波等）、信息变换设备（Modem、编码解码器）等构成，如图4-11所示。

① 主计算机。在一般的局域网中，主计算机通常被称为服务器，是为客户提供各种服务的计算机，因此对其有一定的技术指标要求，特别是主、辅存储容量及其处理速度要求较高，如图4-12所示。根据服务器在网络中所提供的服务不同，可将其划分为文件服务器、打印服务器、通信服务器等。

② 网络工作站。除服务器外，网络上的其余计算机主要是通过执行应用程序来完成工作任务的，我们把这种计算机称为网络工作站或网络客户机，如图4-13所示。它是网络数据主要的发生场所和使用场所，用户主要是通过使用工作站来利用网络资源并完成自己作业。

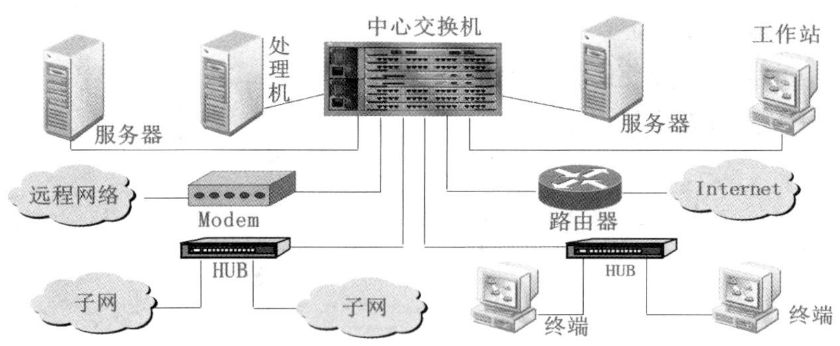


图4-11 网络硬件组成示意图

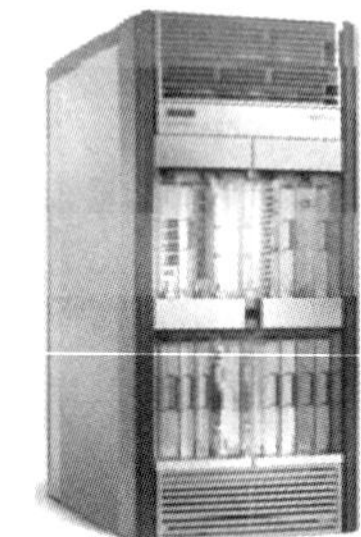
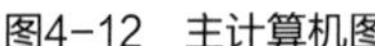

图4-12 主计算机图

图4-13 网络工作站

③ 网络终端。它没有硬盘、软驱、光驱等存储设备，连入网络获取资源，应用软件和数据也都存放在服务器上。网络终端一般可以通过主机联入网内，也可以通过通信控制处理机联入网内。

④ 通信处理机。一方面作为资源子网的主机、终端连接的接口，将主机和终端连入网内；另一方面它又作为通信子网中分组存储转发结点，完成分组的接收、校验、存储和转发等功能。通信处理机主要有集线器、交换机和路由器，常见形式如图4-14所示。

集线器　　交换机　　路由器

图4-14 常见的通信处理机

⑤ 通信线路。通信线路（链路）是为通信处理机与通信处理机、通信处理机与主机之间提供通信信道。线路的传输媒体常用同轴电缆、双绞线、光纤、无线电、微波、卫星通信等，如图4-15所示。

⑥ 信息变换设备。这种设备主要对信号进行变换，包括：调制解调器、无线通信接收和发送器、用于光纤通信的编码解码器等。

（2）网络软件的组成

① 网络操作系统。网络操作系统是网络软件中最主要的软件，用于实现不同主机之间的用户通信，以及全网硬件和软件资源的共享，并向用户提供统一的、方便的网络接口，便于用户使用网络。目前网络操作系统有3大阵营：UNIX、NetWare和Windows。目前，我国最广泛使用的是Windows网络操作系统。

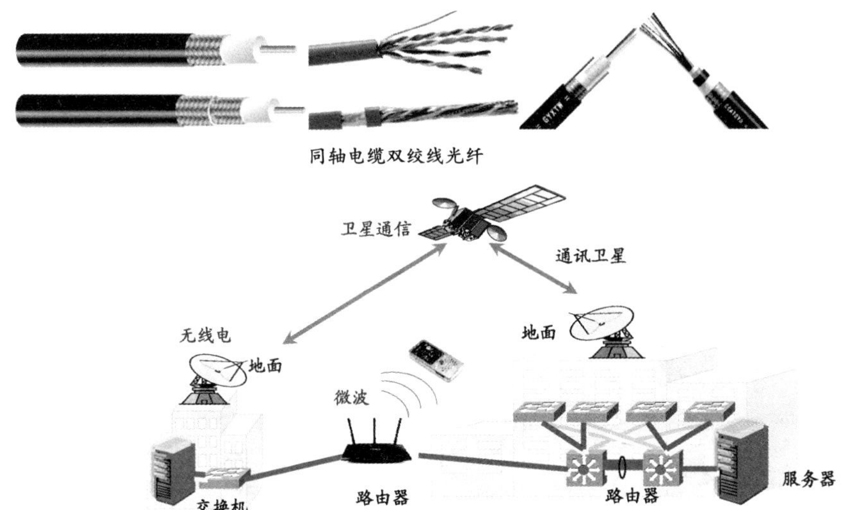


图4-15　各种通信线路示例

② 网络协议软件。网络协议是网络通信的数据传输规范，网络协议软件是用于实现网络协议功能的软件。典型的网络协议软件有TCP/IP协议、IPX/SPX协议、IEEE802标准协议系列等。其中，TCP/IP是当前异种网络互连应用最为广泛的网络协议软件。

③ 网络管理软件。网络管理软件是用来对网络资源进行管理以及对网络进行维护的软件，如性能管理、配置管理、故障管理、流量管理、安全管理、网络运行状态监视与统计等，例如防蹭网大师、网络执法官、局域网一键共享、聚生网管等。

④ 网络通信软件。是用于实现网络中各种设备之间进行通信的软件，使用户能够在不必详细了解通信控制规程的情况下，控制应用程序与多个站进行通信，并对大量的通信数据进行加工和管理。网络通信软件主要包括：即时通信软件，如QQ、微信等；网络电话软件，如MOOGU网络电话等；网络传真软件，如uuFax商务平台客户端等。

⑤ 网络应用软件。网络应用软件是指能够为网络用户提供各种服务的软件，主要用于提供或获取网络上的共享资源。如浏览软件、传输软件、远程登录软件等。

（3）资源子网和通信子网

计算机网络要完成数据处理与数据通信两大基本功能。因此，在逻辑结构上又可以将其看成两部分组成，即资源子网和通信子网，如图4-16所示。

① 资源子网。资源子网是计算机网络的外层，由计算机系统、终端、终端控制器、联网外设、各种软件资源与信息资源组成。它的任务是负责全网数据处理和向网络用户提供资源及网络服务。

② 通信子网。通信子网是网络的内层，是指网络中实现网络连接和通信功能的设备及其软件的集合，通信设备、网络通信协议、通信控制软件等都属于通信子网。通信子网主要任务是为用户提供数据的传输、转接、加工和交换等通信处理工作。

**4. 计算机网络的类型**

根据不同的分类标准，计算机网络可以分成多种不同的类型。下面具体介绍主要的计算机网络类型。

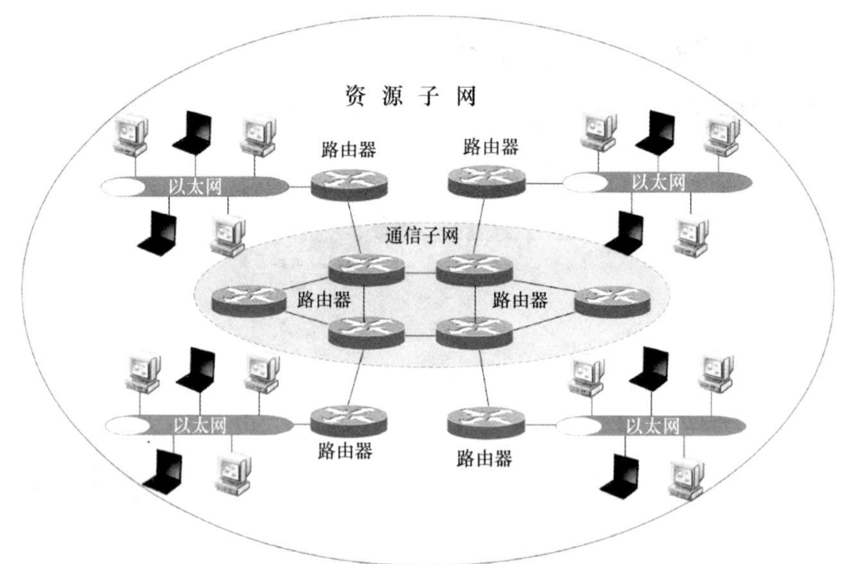


图4-16 现代计算机网络逻辑结构示意图

（1）按覆盖范围分类

根据网络连接的地理范围，可将计算机网络分成局域网、城域网、广域网3种类型。

① 局域网（LAN）。这是我们最常见、应用最广的一种网络，作用范围是几米至10千米；局域网在计算机数量配置上没有太多的限制，少的可以只有两台，多的可达几百台。通常企业网、校园网及家庭网络都采用这种形式，这种网络的特点就是：连接范围窄、用户数少、配置容易、连接速率高。局域网的联网形式如图4-17所示。

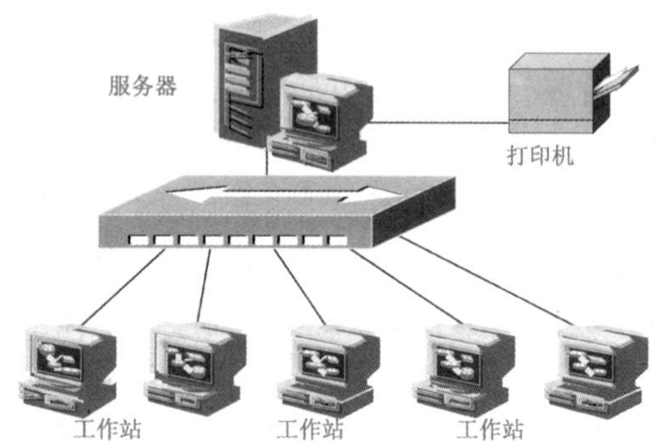


图4-17 局域网连接示意图

② 城域网（MAN）。城域网一般来说是在一个城市，但不在同一地理小区范围内的计算机互联，可以说是局域网的延伸，网络规模局限在一座城市范围内，覆盖的地理范围从几十千米至几百千米，连接大量企业、公司的局域网，如连接政府机构的LAN、医院的LAN、电信的LAN、公司企业的LAN等。城域网采用了广域网的技术组网，能实现大量用户间数据、语音、视频等多种信息的传输。局域网的联网形式如图4-18所示。

③ 广域网（WAN）。广域网又称远程网，通常跨接很大的物理范围，所覆盖的范围从几十千米到几千千米，它能连接多个城市、国家，或横跨大洲，并能提供远距离通信的国际性的远程网络。广域网的通信子网利用公用分组交换网、卫星通信网和无线分组交换网，将分布在不同地区的局域网或计算机系统互连起来，达到资源共享的目的。如因特网（Internet）就是世界范围内最大的广域网。广域网的联网形式如图4-19所示。

（2）按传输介质分类

① 有线网。有线网络主要用到3种介质：同轴电缆、双绞线和光纤电缆。采用同轴电缆组网是比较经济组网方式，安装较为便利，传输率和抗干扰能力一般，现在逐渐淘汰；双绞线组网是目前

最常见的联网方式，比较经济、安装方便、传输率和抗干扰能力一般，广泛应用于局域网中；采用光纤组网是当今有线网络最流行的组网方式，光纤传输距离长，传输率高，每秒可达数千兆比特，抗干扰性强，不会受到电子监听设备的监听，是高安全性网络的理想选择。

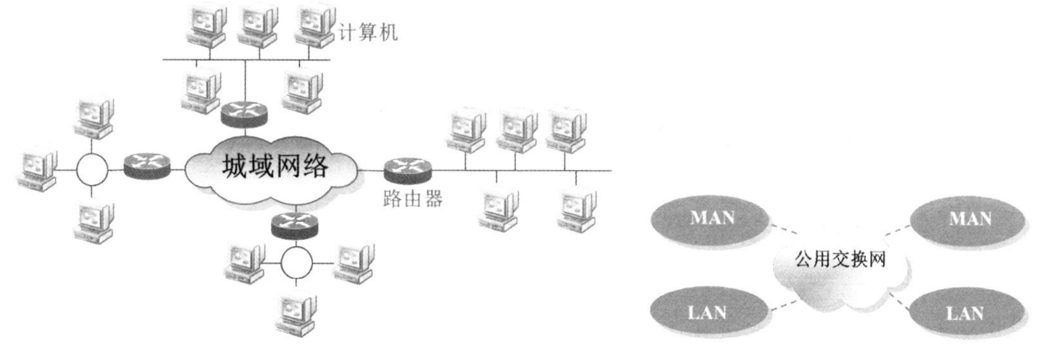


图4-18　城域网连接示意图　　图4-19　广域网连接示意图

② 无线网。无线网络用电磁波作为载体来传输数据，联网方式灵活方便，是一种最有前途的联网方式。无线网络包括无线电话网、语音广播网、无线电视网、微波通信网以及卫星通信网。

现在的网络（包括局域网）大多采用多种传输介质组网。

（3）按管理性质分类

根据网络组建与管理部门的不同，常将计算机网络分为公用网、专用网及增值网络。

① 公用交换网。由电信部门或其他提供通信服务的部门组建、管理和控制的网络，网络内的传输和转接装置可供任何部门和个人使用；公用交换网常用于广域网络的构造，如我国的电信网、广电网、联通网等。

② 专用网。由用户部门组建经营的网络，不容许其他用户和部门使用。由于投资的因素，专用网常为局域网或者是通过租借电信部门的线路而组建的广域网络，如由学校组建的校园网和企业组建的企业网等。

③ 利用公用网组建专用网。许多部门直接租用电信部门的通信网络，并配置一台或者多台主机，向社会各界提供网络服务，这种应用型网络称为增值网络（或增值网），即在通信网络的基础上提供了增值的服务。如中国教育科研网——Cernet，全国各大银行的网络等。

## 二、主干网络

因特网（即Internet），又叫作国际互联网，是由那些使用公用语言互相通信的计算机连接而成的全球网络，其具有世界上最多的网络资源。Internet采用了层次结构的网络，大致可以分为3层。如图4-20所示。

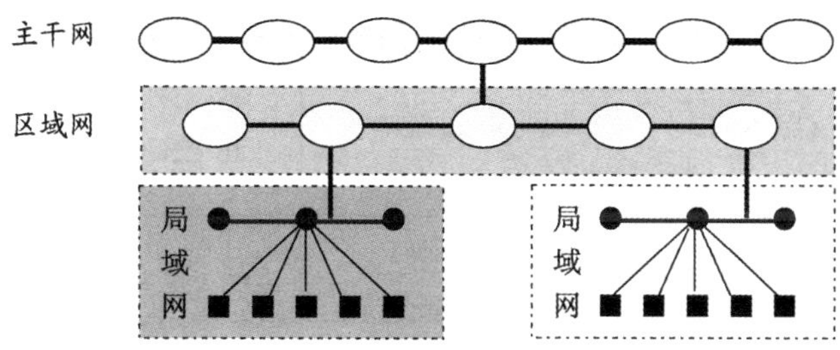


图4-20　Internet层次结构示意图

主干网又称为骨干网是由代表国家或者行业的有限个中心节点通过专线连接形成，覆盖到国家一级的网络；区域网是由若干个作为中心节点代理的次中心节点组成，覆盖部分省、市或地区；局域网是直接面向用户的网络，如校园网、企业网等。我国自1994年加入Internet以来，构建了与Internet网相联十大主流骨干网络，其网络名称、网址和业务特点如表4-1所示。

表 4-1 中国十大主流骨干网络

| 网络中文名称 | 英文名称 | 网址 | 网络业务特点 | 相关链接 |
| --- | --- | --- | --- | --- |
| 中国公用计算机互联网 | ChinaNet | www.chinatelecom.com.cn | 经营国内国际固定电信网络 | |
| 中国科技网 | CSTNet | www.cstnet.net.cn | 最早建立具有国际信道的网络 | |
| 中国教育和科研计算机网 | CERNet | www.edu.cn | 教育科研学术计算机互联网络 | |
| 中国金桥信息网 | ChinaGBN | www.gb.com.cn | 国家公用经济信息通信网 | |
| 中国联通互联网 | UNINet | www.chinaunicom.com.cn | 移动电话电信网络 | |
| 中国网通共用互联网 | CNCNet | www.cnc.net.cn | 国内国际带宽批发与互联接入 | |
| 中国移动互联网 | CMNet | www.chinamobile.com | 经营移动通信业务及其有技术 | |
| 中国国际经济贸易互联网 | CIETNet | www.ciet.net | 向企业用户提供网络专线接入 | |
| 中国长城互联网 | CGWNet | www.cgw.net.cn | 主要提供军事上的Internet 应用服务 | |
| 中国卫星集团互联网 | CSNet | www.chinasatcom.com | 通过卫星通信提供服务的网络 | |

下面简单介绍前面6大网络，其他网络请扫描二维条码，参阅相关信息。

**1. 中国公用计算机互联网（ChinaNet）**

ChinaNet是原邮电部门经营管理的基于Internet网络技术的中国公用计算机互联网，是国际计算机互联网（Internet）的一部分，是中国的Internet骨干网。用户可以通过ChinaNet提供的灵活多样的接入方式，方便地接入全球Internet，享用ChinaNet及全球Internet上的丰富资源和各种服务。

**2. 中国教育和科研计算机网（CERNet）**

中国教育和科研计算机网CERNet是由国家投资建设，教育部负责管理，清华大学等高等学校承担建设和管理运行的全国性学术计算机互联网络。CERNet分4级管理，分别是全国网络中心、地区网络中心和地区主结点、省教育科研网及校园网。全国网络中心设在清华大学，负责全国主干网运行管理。

**3. 中国科技网（CSTNet）**

中国科技网CSTNet的目标是将中国科学院在全国各地的分院的局域网互联，同时连接中科院以外的中国科技单位。它是一个为科研、教育和政府部门服务的网络，主要提供科技数据库、成果信息服务、超级计算机服务、域名管理服务等。

**4. 中国国家公用经济信息通信网（ChinaGBN）**

中国国家公用经济信息通信网（ChinaGBN）是中国国民经济信息化的基础设施，是建立金桥工程的业务网，支持金关、金税、金卡等“金”字头工程的应用。中国国家公用经济信息通信网是以卫星综合数字网为基础，以光纤、微波、无线移动等为主要连接手段，连接国务院、各部委的专用网，并与各省市、大中型企业以及国家重点工程网络相联结的国家公用经济信息通信网，可传输数据、语音、图像等，以电子邮件、电子数据交换（EDI）为信息交换平台，为各类信息的流通提供物理通道。

**5. 中国联通公用互联网（Uninet）**

中国联通公用互联网（Uninet）是中国联通通用分组无线服务技术（GPRS）网络接入点，通过Uninet可以获得完全的Internet访问权。用户可以通过数字数据网、ATM等多种方式接入中国联通公用互联网。

**6. 中国网通高速宽带互联网（CNCnet）**

中国网通高速宽带互联网CNCnet是中国高速互联网络的示范工程。由中国网络通信有限公司（于2008年并入中国联通）建设并运营的全国性的高速宽带IP骨干网络。CNCnet将为中国引入高带宽的互联网接入，并提供基于IP的虚拟私有网服务，将承载包括语音、数据、视频等在内的综合业务及增值服务，并实现各种业务网络的无缝连接。

中国大部分的用户都是通过连接以上6大主流网络来获取Internet上的共享资源。

更多滴滴出行的信息请参看：

http://www.xiaojukeji.com/website/about.html

## 三、“互联网+”与互联网在物流中的应用

**1. 什么是“互联网+”**

通俗地说，“互联网+”就是“互联网+各个传统行业”，但这并不是简单的两者相加，而是利用信息通信技术以及互联网平台，让互联网与传统行业进行深度融合，创造新的发展生态。

例如滴滴出行，就是“互联网+出租车行业”的深度融合的产物，它是互联网与出租车行业结合产生的新生态。在中国滴滴出行被称为手机“打车神器”，广受消费者好评。目前，滴滴已从出租车打车软件，成长为涵盖出租车、专车、快车、顺风车、代驾等多项业务在内的一站式出行平台。

**2. “互联网+”的特征**

① 跨界融合。“+”就是跨界，即从一个行业跨入到另一个行业，这样必然导致重塑融合。跨界使得创新的基础更坚实，融合协同使得群体智慧更容易实现。

② 创新驱动。用互联网思维更能促进中国粗放的资源驱动型增长方式的变革，保证中国经济走创新驱动发展的道路。

③ 重塑结构。信息革命、全球化、互联网业已打破了原有的社会结构、经济结构、地缘结构、文化结构，使得权力、议事规则、话语权不断发生巨大变化，这必然导致结构重新调整，塑造出符合社会发展的、更合理的结构。

④ 尊重人性。互联网的力量之所以强大，最根本的原因是对人性的最大限度的尊重、对人体验的敬畏、对人的创造性发挥的重视。

⑤ 开放生态。生态是“互联网+”非常重要的特征，而生态的本身就是开放的。我们推进“互联网+”，其中一个重要的方向就是要把过去制约创新的环节化解掉，把孤岛式创新连接起来，让研发由市场驱动，让努力者有机会实现价值。

⑥ 连接一切。连接是有层次的、有差异的，连接的价值也相差很大，但是连接一切是“互联网+”的目标。

“互联网+”最重要的两个特征是跨界融合和创新驱动。互联网已经不再停留在信息传输环节，而是渗透到了产品制造、物流、销售等各个环节，推动整个产业链的开放融合，改革传统规模化生产模式，实现以用户为中心，围绕满足用户个性化需求的新型生产模式，推动各类产业的转型升级。

**3. “互联网+物流”**

“互联网+物流”的主要目的就是利用互联网庞大的信息平台，整合供应链以省略繁杂的中间环节，在生产者与消费者之间形成高效的无缝对接。通过互联网创建的物流信息平台，可以改造传统物流存在的需求和供应信息不对称、不透明的问题，缩短冗长的利益链条，提高物流行业的效率。现在，在中国以物流平台为代表的经济格局初现雏形，未来的物流将会进入平台经济的时代，互联网物流企业将快速发展。

**案例 4-1**

### 美国罗宾逊物流的成功模式

罗宾逊全球货运有限公司（以下简称罗宾逊）是一家以“无车承运人”角色整合运输服务资源的物流公司，凭借着集成信息服务平台，6.3万家运输企业签约成为罗宾逊的合同承运人，这些企业合计拥有100多万辆卡车，是全球最大的公路货运企业。随着移动终端的普及，罗宾逊全球货运有限公司签约合同承运人的队伍还在加大，因为现在卡车企业能随时随地通过移动终端在线工具，注册成为罗宾逊合同承运商。

罗宾逊之所以成功，得益于它充分发挥了“互联网+物流”这种创新模式。罗宾逊的服务覆盖美国、加拿大、墨西哥、南美洲，它充分利用互联网的功能，以信息平台遥控签约合作企业物流资源，掌握着公路物流业务的定价权；同时，作为全球最大规模公路运输巨头的罗宾逊，没有大量的自有运输车辆以及物流地产，也没有大量的员工（到2014年4月，罗宾逊仅有1.1万名员工），节约了大量的管理、维护和人力成本。

罗宾逊物流信息平台上有两条互联互通的信息高速路，这能给承运商和货主带来最大化的商业价值。第一条高速路是运输管理系统平台（TMS），罗宾逊用它联通运输企业；第二条高速公路是Navisphere信息平台，罗宾逊用它联通货主企业。只要货主企业在Navisphere信息平台的导航球上注册账号，填写货运信息及目的地等，导航球就能把信息传递给TMS信息平台，TMS根据客户对服务价格、时间等需要，提出各种可供选择的优化物流解决方案。公路运输市场常见的“货找车，车找货”等信息不对称问题被一键解决。

案例来源：

http://www.360doc.com/content/15/1007/17/26309525_503855840.shtml

**思考**：罗宾逊的成功，能给我国物流企业带来哪些启示？

（1）互联网物流企业的6大主要模式

“互联网+物流”形成的首要因素在于将改变原始物流的运作模式，全面推行信息化，实现智慧物流。“互联网+”形势下的信息化，不是单纯地建网站、搭平台、开发APP，而更多的是利用互联网优势，在管理监控、运营作业、金融支付等方面实现信息共享，用互联网思维、信息化技术来改造物流产业，在新的领域创造一种新的物流生态。目前，互联网物流企业的运作模式主要有5类。

第一，物流信息平台模式。初期发展起来的互联网物流企业以平台为主，主要解决了传统物流服务站信息不对称的问题。随着进一步的市场探索，互联网物流企业搭建平台，平台一端对接客户，另一端对接司机，平台的价值更多体现在整合离散的货源，完成集货功能。然而，此种模式以平台为基础，并没有解决根本问题，货源依然不充足，中介同样存在，应收账款周期依然长，成本依然没有大幅降低。只做到了最基本的表层重构，完成了对信息、货物的聚合与分发，并没有从根本上改变物流行业供应链链条。

第二，“滴滴打车”模式。随着移动互联网的发展，基于地理位置服务（LBS）的互联网物流企业纷纷上线，用户在平台发布送货请求，货车司机在线抢单，这种模式类似于“滴滴打车”模式。从逻辑上讲，这样的模式的确没错。但是，“打货”和“打人”从根本上区别就很大，人是活的，且从货物的概念来说人是标准化的东西；而货本身就无法标准化，且支付环节司机无法直接开具发票、运费结算单价高、签收回单和账单期等一系列问题都有待解决。

第三，“拼车”模式。拼车模式以整车为单位，但并不是指整车出租，“拼车”模式将收集的货物信息通过数据分析，通过货物总体积、吨位、类型分类后，直接匹配给就近车主，多装多卸，通过系统统一调配，配送车辆可以多点取送，多装多卸，将社会闲散运力整合起来，同时达到降低成本和提高效率的目的。但在市场还未完全打开时，“拼车”的利润率估计大打折扣。此类模式对货源数量、来源要求较高，同时也受到相关优化技术的影响，例如取配距离、取配时间的最佳平衡点问题。

第四，平台招投标模式。此种模式用户可以通过平台发布货运需求，司机在平台展开竞价，用户根据报价选择性价比合适的司机进行接洽。此类模式的互联网企业更看重产业链管理价值，若平台能在产业链管理上出类拔萃，掌握一手货源，这种模式的潜力很大。

第五，众包模式。此模式的另一名称是“全民快递”，意思是说任何人都是快递员。比方说：你今天要从公司回家，和你住同一小区的张某有一个物流件在你公司附近，通过平台分析路程、货物重量、体积得出价格，张某发布物流需求，你就可以抢单，然后取件配送。同样该模式也应用于跨省、市的运输。众包概念由2015年国家提出，旨在有效利用社会资源以降低物流成本。此类模式对社会价值比较高，但和滴滴模式类似在支付环节上有待解决；同时货物安全也是一大隐患。

中国物流城的介绍：

http://www.zgwlc.cn/index.php?s=/aboutus/index

第六，立体生态模式。这种模式的设计围绕着整个产业链展开，产业链由一条直线向多条直线衍生形成商业生态圈，而由生态圈形成平台。典型代表是中国物流城，它整合多个模式、业务范围的平台，形成立体生态模式，其中包含基层的末端配送运营、干线整合、全国仓储圈地建设、信息平台建设、大数据战略、物流金融服务，最后还延伸到产品生产。此类模式将掌控整个生态圈，成为最大的供应链平台。但由于布局之大，整合起来的难度也相当之高。

（2）互联网物流的特点

第一，经营全球化。互联网技术的出现，加速了全球经济的一体化进程，致使企业的发展趋向多国化、全球化。

第二，系统网络化。物流系统的网络化是经济全球化电子商务时代物流活动的主要特征之一。完善的物流网络是现代高效物流系统的基础条件，地区性物流网络、全国性物流网络、全球性物流网络是现代物流系统不可缺少的资源。任何物流企业要在国际竞争中立于不败之地，必须拥有一个高效率的物流网络系统。

第三，供应链的简约化。供应链是指涉及将产品或服务提供给消费者活动的全过程中，上、下游企业所构成的系统。互联网技术为供应链的所有环节提供了强大的信息支持，生产者、最终消费者和中间经营者都能够及时地了解供应链的全部动态。任何多余的环节、任何不合理的流程与作业都能被及时发现、消除。因此，供应链将变得更为紧凑。

第四，企业规模化。在电子商务时代，由于物流的小批量、多品种、快速的特征更为显著，配送的难度更大，必须达到一定规模才能产生相应的经济效益，没有规模就没有效益。

第五，服务一体化。在“互联网+”下，物流企业“提供一体式物流服务”更加容易，利用互联网提供的资源和手段，扩大的增值服务，把用户的物流业务从规划设计到运行管理全部承担下来，使用户拥有一个高效、通畅的物流体系，实现物流服务一体化。

（3）“互联网+”时代下的未来物流

随着互联网、移动互联、大数据、云计算将与物流业深度融合，物流将更加“智慧化”“智能化”，这将给物流业带来巨大的变革，促进物流行业的转型升级。与之相应，政府管理部门、物流企业也要学会用“互联网思维”思考，不断优化物流行业的管理、运营、市场等各环节，用“互联网+”改变现代传统物流格局，构建高效透明、信息对称、价格公开的社会化现代物流体系。

**小知识**

## 什么是云计算

云是网络、互联网的一种比喻说法，而云计算（cloud computing）是一种基于互联网的计算方式，通过这种方式，共享的软硬件资源和信息可以按需求提供给计算机和其他设备。换句话说，客户可以通过可用的、便捷的、按需的网络访问，进入可配置的计算资源共享池（资源包括网络、服务器、存储、应用软件、服务），然后投入很少的管理工作，或与服务供应商进行很少的交互，就能获取快速所需资源。

从技术上讲，云计算是分布式计算、并行计算、效用计算、网络存储、虚拟化、负载均衡、热备份冗余等传统计算机和网络技术发展融合的产物。云计算拥有每秒10万亿次的运算能力，这么强大的计算能力可以模拟核爆炸、预测气候变化和市场发展趋势。用户可以方便地通过电脑、笔记本、手机等方式接入云计算数据中心，按自己的需求进行运算。

一、云计算主要服务层次

1. IaaS：基础设施即服务

IaaS（Infrastructure as a Service，基础设施即服务）。用户通过Internet可以获得完善的计算机基础设施服务。例如：硬件服务器租用。

2. PaaS：平台即服务

PaaS（Platform as a Service，平台即服务）实际上是指将软件研发的平台作为一种服务，以SaaS的模式提交给用户。PaaS的出现可以加快SaaS的发展，尤其是加快SaaS应用的开发速度。例如：软件的个性化定制开发。

3. SaaS：软件即服务

SaaS（Software as a Service，软件即服务）。它是一种通过Internet提供软件的模式，用户无需购买软件，而是向提供商租用基于Web的软件，来管理企业经营活动。例如：阳光云服务器。

二、云计算的应用

1. 云教育

云教育即教育在云技术平台上的开发和应用。云教育从信息技术的应用方面打破了传统教育的垄断和固有边界，使教育的不同参与者——教师、学生、家长、教育部门等在云技术平台上实现教育、教学、娱乐、沟通等功能。

2. 云物联

随着物联网业务量的增加，对数据存储和计算量的需求，物联网的业务将会从很大程度上依靠"云计算"的能力来完成。如图4-21所示。

云计算在物流中的应用：

http://www.chinawuliu.com.cn/information/201301/11/203838.shtml

3. 云社交

云社交是一种虚拟社交应用，它以资源分享作为主要目标，将物联网、云计算和移动互联网相结合，通过其交互作用创造新型社交方式。云社交把社会资源进行测试、分类和集成，并向有需求的用户提供相应的服务。如图4-22所示。

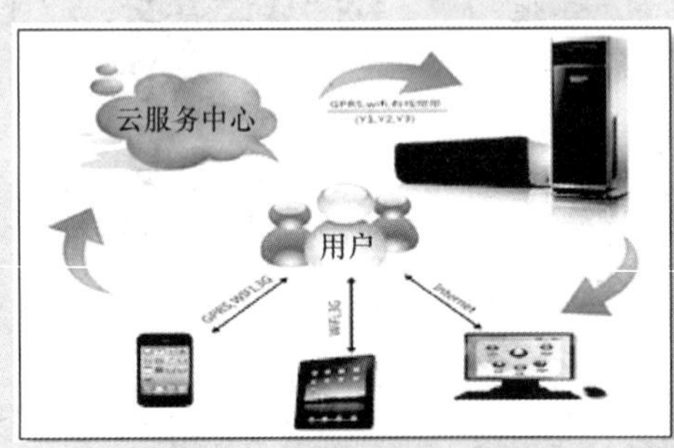


图4-21　云物联示意图

图4-22　云社交示意图

4. 云安全

云安全是云计算在互联网安全领域的应用。云安全融合了并行处理、网络技术、未知病毒等新兴技术，通过云计算技术使整个互联网变成了终极安全卫士。例如腾讯的云安全。

5. 云政务

云计算应用于政府部门中，为政府部门降低成本提高效率做出贡献。在电子商务延伸至电子政务的背景下，各国政府部门都在着力进行电子政务改革，研究云计算普遍应用的可能性。

6. 云存储

云存储是云计算的一个新的发展浪潮。它不是某一个具体的存储设备，而是互联网中大量的存储设备通过应用软件共同作用协同发展，进而带来的数据访问服务。如图4-23所示。

图4-23　云存储示意图

云计算的应用还很多，这里不再详细叙述。

**4. 互联网在物流中的应用**

物流企业可以采用Internet、Intranet和Extranet信息集成的运行模式，建立灵活、开放、先进的集成支撑网络环境，将企业的各个部门紧密地联接成一个整体，从而实现了企业各分系统内部及分系统之间各种主要事务过程的协同合作，实现物流、信息流、资金流的集成和有序控制，实现降低物流成本和提高物流服务水平两大目标。

（1）企业内部网——Intranet

Intranet称为企业内部网，或称内部网、内联网、内网，是一个使用与因特网同样技术的计算机网络，它通常建立在一个企业或组织的内部并为其成员提供信息的共享和交流等服务。可以说Intranet是Internet技术在企业内部的应用，它的核心技术是万维网（WWW）技术。

Intranet的基本思想是：在内部网络上采用TCP/IP作为通信协议，利用Internet的Web模型作为标准信息平台，同时建立防火墙把内部网和Internet分开，只有企业内部人员才能访问，外部人员只有在许可的条件下才能进入Intranet。当然Intranet并非一定要和Internet连接在一起，它完全可以自成一体作为一个独立的网络。Intranet的服务器主要由Web服务器、数据库服务器和电子邮件服务器构成。

（2）企业外联网——Extranet

Extranet是一个使用Internet/Intranet技术，使企业与其客户和其他企业相连来完成其共同目标的合作网络，主要用于交换这些企业共享的信息。

企业的Intranet与Extranet网络如图4-24所示。

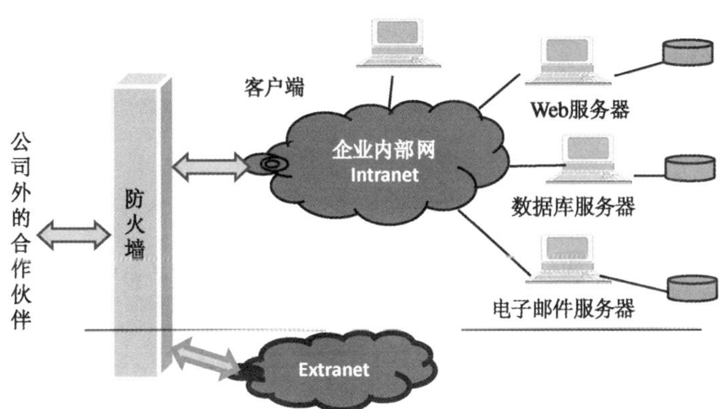


图4-24　所示企业内部网Intranet/Extranet外联网示意图

（3）物流企业网络的应用

目前，大部分物流公司都十分重视对Internet资源的有效利用。通过互联网，物流公司可以寻找自己所需的信息资源、寻求合作伙伴、发布物流信息及开发新的客户。许多物流公司还开发了基于互联网的查询系统，通过Internet技术，公司的客户可以及时查询到自己货物的信息，客户的意见和建议也能得到及时的回应，这极大地提高了物流企业的服务质量；对网络的应用，物流公司主要还是体现在对Intranet资源的利用上。许多大型的公司开发了自身的管理信息系统，与Intranet相连，这能更实时、准确、高效地完成物流信息的收集、加工、传递和共享，提高各个公司的反应能力，降低物流成本。总体来说，物流企业的网络应用主要表现在以下几个方面。

① 信息共享与通信。Intranet将Internet的应用搬到机构组织内部，实现信息共享和快捷通信。

信息共享将机构内部的信息网转换成了全球性的信息网，实现了高效、无纸的信息传输。信息共享不仅将大量的纸质文件、手册转换成了电子形式，减少了印刷、分发成本和传播周期，而且也营造了开放的企业文化。通过Intranet，领导可以直接与员工交流，及时了解和掌握企业运作和市场营销情况。与传统的媒体相比，Intranet的信息共享应用不仅范围广、价格便宜、更新及时，更重要的是具有丰富多媒体信息和可以实现按需点播。

Intranet应用的另一个内容是通信。通信应用可分为共同工作和独立工作两种方式。常见的共同工作通信方式有日程安排、电话会议、视频会议、电子系统、白板系统及交谈系统。独立工作通信方式有电子邮件、讨论组、支持小组工作的文档编辑工具等。

② 数据库的应用。这一应用的技术特点是Web和数据库的结合。通过通用网关接口（CGI），将万维网技术与数据库结合起来后，使数据存取本身和结果显示都变得更加容易。万维网技术提供的友善、统一和易用的界面，使更多的用户乐意去访问数据库。而且，这使得不同部门之间的数据库传输和转换、不同应用与数据库的互联，员工的培训等问题都迎刃而解了。

③ 以业务流程为中心的应用。以业务流程为中心的Intranet应用就是将新的管理理念和先进的Intranet技术有机结合，对现有业务流程进行重新分析、重组、优化和管理，以顾客为中心将流程中和每一项工作综合成一个整体，使之顺畅化和高效化，以协调内部业务关系和活动，提高对外界变化的反应能力，改善服务质量，降低经营和管理成本。这种应用集成了多种先进的IT技术，例如：基于WED的多层客户/服务器技术、数据库（DW）、计算机电话集成技术（CTI）、分布对象技术（DOT）、安全和保密术等。

## 任务实训4-2

**实训内容：**

1. 利用QQ、微信等工具，寻找关于货物运输的物流QQ群，如图4-25所示，然后加入该群。

2. 某公司有一批衣服，箱装，20方5吨，要从珠海运往广州南站，请利用你加入的物流QQ群，为该公司找到与之匹配的承运人和车辆信息，然后向全班汇报，判断其合理性。

**实训要求：**

1. 注意：此次实训只寻找合适的车辆信息，不可与承运人达成任何运输业务上的实质承诺（任课教师要强调这点）。

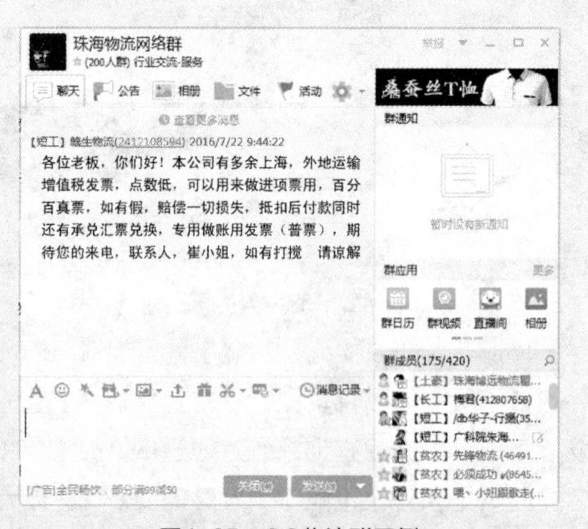


图4-25 QQ物流群示例

2. 从车辆与货物的匹配程度、价格、保障、服务质量上进行综合比较，最终选择合适的承运人和车辆。

3. 记录实训过程，说说网络在货物运输中的作用，完成实训报告，并制作PPT向全班汇报。

# 任务三
# 通信技术的应用

## 任务目标

完成此任务后，学生能掌握通信、数据通信技术及移动通信技术的基本概念、特点及作用；能在物流管理和作业中合理的应用通信技术。

**知识要点：**信号、通信技术、数据通信技术及移动通信技术的基本概念；通信系统的构成；移动通信的基本技术；移动通信的应用系统。

## 相关知识

### 一、通信技术概述

**1. 通信概念**

通信是指通过某种媒质进行的信息传递。通信的发展历史则可以分为古代通信和近现代通信。

在中国古代，飞鸽传书，烽火传信，利用驿站的邮驿系统、旗语等都是属于常见的通信方式，如图4–26所示。

飞鸽传书　烽火传信　驿站传书　旗语

图4–26　中国古代的通信方式

近现代的通信发展历史，大致可以分为两个阶段。第一阶段是电通信阶段，第二阶段是电子信息通信阶段。第一阶段的通信技术包括1835年出现的电报通信技术、1876年出现的电话通信技术以及1895年出现的无线电通信技术；第二阶段是电子信息通信阶段。主要的通信技术有移动通信技术、程控交换技术、传输技术、数据通信与数据网技术、接入网与接入技术。

计算机技术与通信技术的结合以及计算机网络的产生，标志着人类史上信息通信时代的到来。

**2. 通信的类型**

通信的实质是信号通过某种媒质进行传递。“信号”是信息的表现形式，“信息”则是信号的具体内容。信号分为模拟信号与数字信号两类。根据传输的信号可以把通信分为模拟通信、数字通信和数据通信。

（1）模拟通信

更多的通信知识请看视频：
http://open.163.com/movie/2014/3/P/3/M9N6HOJCV_M9NDSB3P3.html

模拟信号是指在时间和幅值上都是连续变化的信号。其特点是幅度连续（连续的含义是在某一取值范围内可以取无限多个数值）。如常见的正弦波信号，见图4-27。能传输模拟信号的信道称为模拟通信。模拟信号的电平随时间连续变化，语音信号是典型的模拟信号。如果利用模拟信道传送数字信号，则必须经过数字与模拟信号之间的变换，调制解调器就是完成这种变换的。

（2）数字通信

数字信号是指在幅值和时间两个方面都离散的信号。其特点是幅值离散（离散的含义是在某一取值范围内可以取有限多个数值）。如常见的脉冲信号，见图4-27。能传输离散数字信号的信道称为数字通信。离散的数字信号在计算机中指由“0”和“1”的二进制代码组成的数字序列。当利用数字信道传输数字信号时不需要进行变换，只需进行数字编码即可传输。

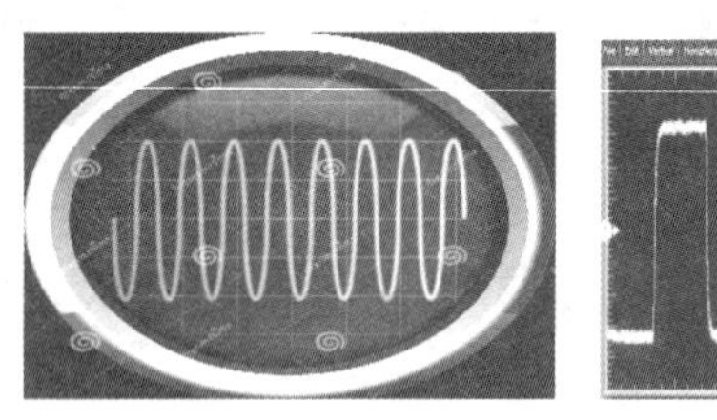

正弦波信号　　脉冲信号

图4-27　通信信号示例

（3）数据通信

数据通信是指专门用来传递数据类消息的通信方式，传送数据信息既可以用模拟通信系统，也可以用数字通信系统。

（4）脉冲编码调制（PCM）技术

PCM是模拟数据数字化的主要方法，因为模拟信号的基带信号具有比较低的频率，不宜直接在信道中传输，而数字信号传输失真小、误码率低、数据传输速率高，因此，常常采用PCM技术将模拟信号转换成数字信号传输，如语音数字化。在发送端通过PCM编码器将语音数据变换为数字化的语音信号，通过通信信道传送到接收方，接收方再通过PCM解码器还原成模拟语音信号，如图4-28所示。

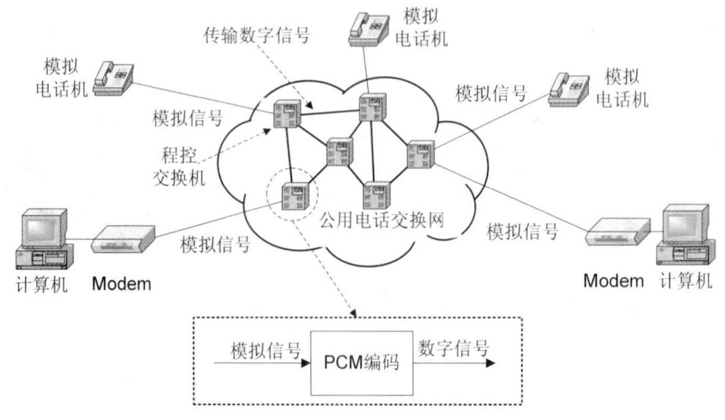


图4-28　模拟信号转数字信号传输示例

**小知识**

## 什么是信道

信道是信号传输的通道，包括传输媒体和通信设备。传输媒体可以是有形媒体，如电缆、光纤等，也可以是无形媒体，如传输电磁波的空间。信道可以按不同的方法分类，例如：有线信道与无线信道、模拟信道与数字信道、专用信道和公用信道。

**3. 通信的基本技术**

（1）多路复用技术

在发送端将若干个独立无关的分支信号合并为一个复合信号，然后送入同一个信道内传输，接收端再将复合信号分解开来，恢复原来的各分支信号，称为多路复用。多路复用的原理如图4-29所示。最常用的多路复用技术是频分多路复用和时分多路复用，另外还有统计时分多路复用和波分多路复用技术。

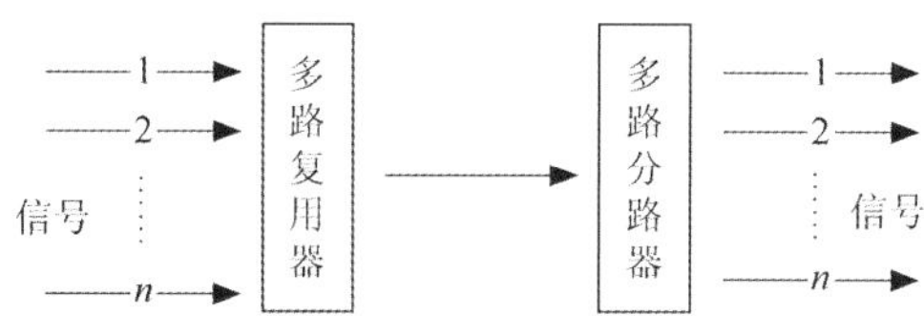


图4-29 多路复用的原理示意图

（2）数字复接技术

数字复接技术就是指将两个或多个低速数字流合并成一个高速率数字流的过程、方法或技术。它是进一步提高线路利用率、扩大数字通信容量的一种有效方法。如图4-30所示，低速数字流A、B经过数字复接技术变成高速数字流。

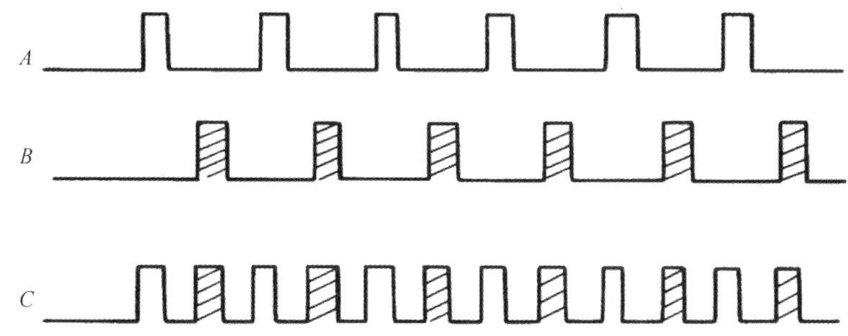


图4-30 数字复接技术示意图

（3）多址技术

多址技术是指把处于不同地点的多个用户接入一个公共传输媒质，实现各用户之间通信的技术。通俗地说，就是信号发射端给用户信息赋予不同的特征，然后向空中发射；信号接收端能根据不同的特征，从空中提取自己的信号。多址技术是在无线通信中常用的技术，目的是使多用户的信号可以直接实现多边通信传输，需要区分不同用户信号。根据特征的不同，多址技术可以分为：

FDMA（频率区分）、TDMA（时间区分）、CDMA（编码区分）、SDMA（空间方向区分）。

频分多址（FDMA）技术：是让不同的通信站占用不同频率的信道进行通信。因为各个用户使用着不同频率的信道，所以相互没有干扰。早期的移动通信就是采用这个技术。

时分多址（TDMA）技术：这种多址技术是让若干个通信站共同使用一个信道。但是占用的时间不同，所以相互之间不会干扰。显然，在相同信道数的情况下，采用时分多址要比频分多址能容纳更多的用户。现在的移动通信系统多数用这种多址技术。

码分多址（CDMA）技术：这种多址技术也是多个通信站共同使用一个信道。但是每个通信站都被分配有一个独特的“码序列”，与所有别的“码序列”都不相同，所以各个用户相互之间也没有干扰。因为是靠不同的“码序列”来区分不同的通信站，所以叫做“码分多址”。采用CDMA技术可以比时分多址方式容纳更多的用户。

空分多址（SDMA）技术：是利用空间分割来构成不同信道的技术。举例来说，在一个卫星上使用多个天线，各个天线的波束分别射向地球表面的不同区域。这样，地面上不同区域的地球站即使在同一时间使用相同的频率进行通信，也不会彼此形成干扰。

（4）数据交换技术

① 电路交换。电路交换指交换机负责在两个通信站点之间建立一条物理的固定传输通路，直到通信完毕后再拆除。电路交换有3个阶段：电路建立阶段、数据传输阶段及电路释放阶段。

② 存储转发交换。在交换过程中，交换设备将接收到的报文先存储，待信道空闲时再转发出去，一级一级中转，直到目的地。这种数据传输技术称为存储-转发。存储转发交换可靠性高，不需要一条专用的通路，提高了信道的利用率。主要有两种方式：报文交换和分组交换。报文交换现在已经很少使用；分组交换具有存储量要求较小，速度快、转发延时小（适用于交互式通信）、效率高、有强大的纠错机制，流量控制和路由选择功能。目前，广域网大都采用分组交换方式。

（5）差错控制技术

差错是指在数据通信中，接收端接收的数据与发送端发出的数据不一致的现象。差错控制技术就是采用相关手段避免这种现象的技术，例如：选用高可靠性的设备和传输介质，并辅以相应的保护和屏蔽措施；采用抗干扰编码和纠错的编码，即差错控制编码，它是差错控制的核心。

（6）数据传输技术

数据传输技术主要有基带传输技术和频带传输技术。基带传输技术是指在通信线路上原封不动地传输由计算机或终端产生的0或1数字脉冲信号。一般用于传输距离较近的数字通信系统，如局域网系统。基带传输的特点是信道简单，成本低，但是信道利用率低；频带传输技术是指将数字信号调制成音频信号后再发送和传输，到达接收端时再把音频信号解调成原来的数字信号。经常用于远距离通信。采用频带传输时，调制解调器（Modem）是最典型的通信设备，要求在发送和接收端都要安装调制解调器。

**4. 通信模型**

具体通信系统中涉及大量具体设备，而且不同的通信系统又具有不同的具体设备，但所有通信系统可以抽象为一个通信模型，其涵盖了所有通信系统的特征。一个典型的通信模型由信源、信宿、变换器、反变换器、信道、噪声6部分组成，结构如图4-31所示。

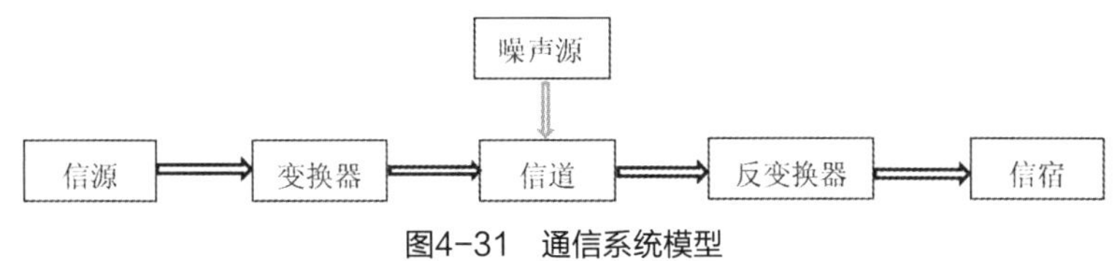


图4-31　通信系统模型

各部分的作用如表4-2所示。

表 4-2　通信系统模型各部分作用

| 名称 | 解释 |
| --- | --- |
| 信源 | 发信息端，将各类消息转换成信号 |
| 信宿 | 收信息端，将接收到的信号还原成消息 |
| 信道 | 信息传输通路，不完全等同与传输介质 |
| 变换器 | 将信源产生的信号变换成适合在信道传输的信号 |
| 反变换器 | 完成信号的反变换，将信号还原成信宿能接收的信号 |
| 噪声 | 噪声不是通信模型中的一部分，但通信模型中传输的信号会被噪声所干扰，从而产生误码。噪声分为自然噪声和人为噪声 |

**5. 通信网络**

通信网是由若干用户终端A，B，C……，并通过传输系统链接起来。用户终端之间通过一个或多个节点链接，在节点处提供交换、处理、网络管理等功能，如图4-32所示。

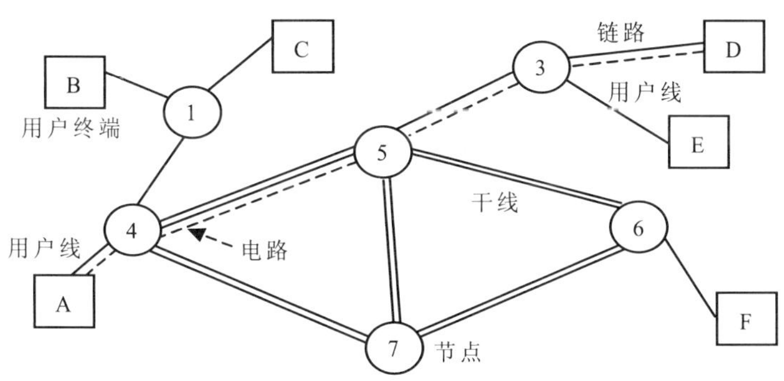


图4-32　通信网的组成结构示意图

通信网络在组成结构上包括用户终端设备、传输线路、交换系统3个部分。

① 用户终端设备。用户终端设备是通信网中的源点和终点，它除对应于信源和信宿之外还包括一部分变换和反变换装置。如电话机、传真机、计算机等。

② 传输线路及设备。传输线路及设备是交换设备之间的通信路径，承载用户信息和网络控制信息。

③ 交换系统。交换系统用于把点对点通信系统连接成通信网，完成网内选路功能，从而实现网内任意用户之间都能相互交换信息。

**6. 通信数据的传输方式**

最基础的通信数据的传输方式是串行传输和并行传输。串行传输指数据流以串行方式在一条信道上传输，串行通信的优点是收、发双方只需要一条传输信道，易于实现，成本低，但速度比较低，如图4-33所示；并行通信指数据以成组的方式在多个并行信道上同时进行传输。并行通信的优点是速度快，但发端与收端之间有若干条线路，导致费用高，较适合于近距离和高速率的通信，如图4-34所示。

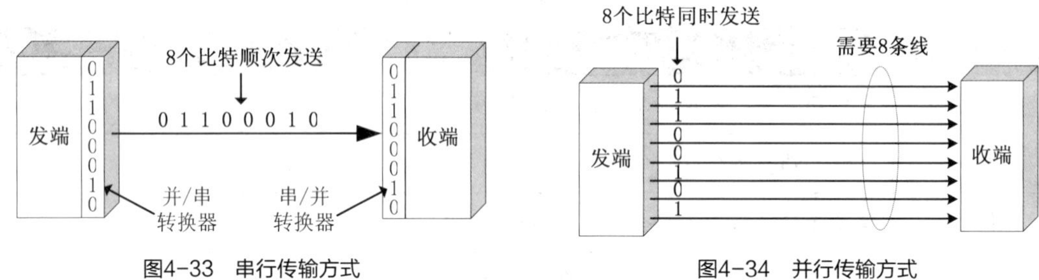


图4-33 串行传输方式

图4-34 并行传输方式

在数据通信中，采用串行通信时，通信双方要交换数据，需要有高度的协同动作，彼此间传输数据的速率、每个比特的持续时间和间隔都必须相同。否则，收发之间会产生误差，造成传输的数据出错，这就是同步问题。实现收发之间的同步技术是数据传输中的关键技术之一，通常使用的同步技术有两种：异步方式和同步方式。异步方式实现比较容易，但每传输一个字符都需要多使用2～3位，所以适合于低速通信，例如键盘和主机；同步方式的附加位非常少，数据传输的效率较高，所以这种方法一般用在高速传输数据的系统中，比如计算机之间的数据通信。

**7. 信道的通信方式**

信道的通信方式主要有3种：单工通信、半双工通信和全双工通信。

单工方式指通信信道是单向信道，数据信号只沿一个方向传输，发送方只能发送不能接收，接收方只能接收而不能发送，任何时候都不能改变信号传送方向，如图4-35所示。例如：无线电广播和电视都属于单工通信。

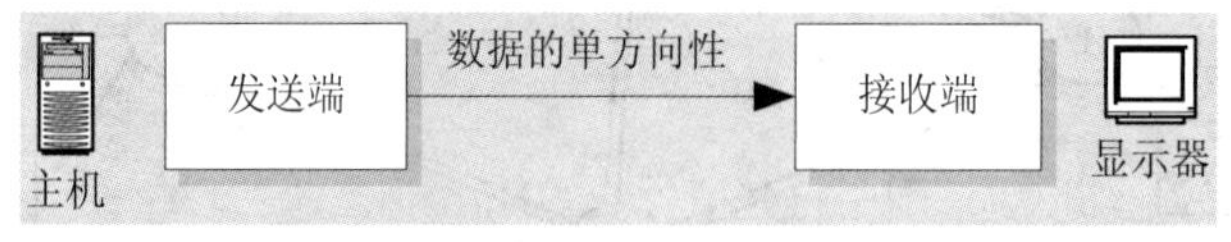


图4-35 单工方式通信示意图

半双工通信是指信号可以沿两个方向传送，但同一时刻一个信道只允许单方向传送，即两个方向的传输只能交替进行，而不能同时进行。当改变传输方向时，要通过开关装置进行切换，如图4-36所示。比如公安系统使用的“对讲机”和军队使用的“步话机”。

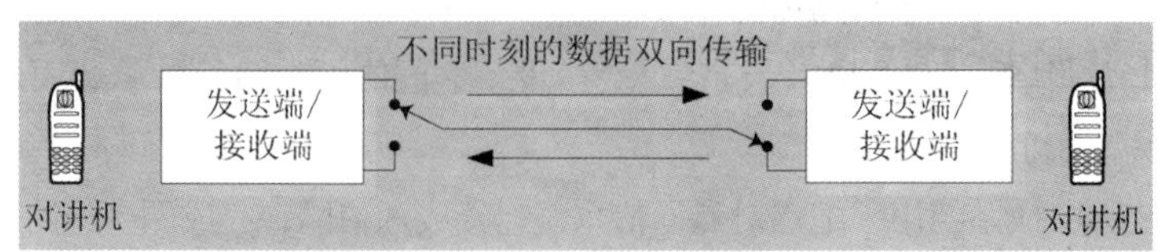


图4-36 半双工方式通信示意图

全双工通信是指数据可以同时沿相反的两个方向作双向传输，如图4-37所示。比如，电话通话。

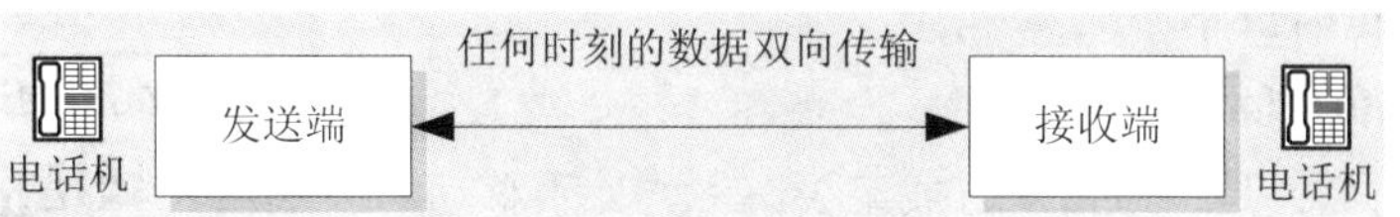


图4-37 全双工方式通信示意图

**8. 通信网络常用的传输媒体**

通信网络常用的传输媒体有双绞线，同轴电缆、光纤、短波、微波及卫星，各种媒体传输性能比较如表4-3所示。

表 4-3 通信网络常用的传输媒体比较

| 传输媒体 | 速率 | 传输距离 | 抗干扰性 | 价格 | 应用 | 示例 |
|---|---|---|---|---|---|---|
| 双绞线 | 模拟 300～3400Hz；数字 10～100Mbps | 几十千米 | 可以 | 低 | 模拟传输 数字传输 | 用户环线 LAN |
| 50Ω 同轴电缆 | 10M | 1 千米内 | 较好 | 略高于 TP | 基带数字信号 | LAN |
| 75Ω 同轴电缆 | 300～450MHz | 100 千米 | 较好 | 较高 | 模拟传输，可分多信道混合传输电视、数据及 CD 音频 | CATV |
| 光纤 | 100～几千 Mbps | 30 千米 | 很好 | 较高 | 远距离传输 | 长话线路，主干网 |
| 短波 | 几十～几百 bps | 全球 | 一般，通信质量差 | 较低 | 远程低速通信 | 广播 |
| 地面微波接力 | 4～6GHz | 几百千米 | 很好 | 低于同容量和长度的电缆 | 远程通信 | 电视 |
| 卫星 | 4～14GHz | 三万六千多千米 | 很好 | 费用与距离无关 | 远程通信 | 电视、电话、数据 |

## 二、数据通信技术

数据通信是通信技术和计算机技术相结合而产生的一种新的通信方式。根据传输媒体的不同分有线数据通信与无线数据通信，它们都是通过传输信道将数据终端与计算机联结起来，使不同地点的数据终端实现软、硬件和信息资源的共享。数据通信具有许多不同于电报、电话通信的特点。它主要实现“人（通过终端）—机（计算机）”通信与“机—机”通信，但也包括“人（通过智能终端）—人”通信。在数据通信中所传递的信息均以二进制的数据形式出现。

## 三、移动通信技术

### 1. 移动通信的概念

所谓移动通信，是指通信双方或至少有一方处于移动中进行信息传输和交换的通信方式。移动通信的主要应用系统有无绳电话、无线寻呼、集群通信、卫星移动通信、蜂窝移动通信等。蜂窝移动通信是当今移动通信发展的主流和热点。随着数据通信与多媒体业务需求的发展，适应移动数据、移动计算及移动多媒体运作需要的第四代移动通信（4G）开始兴起，并成为当今发展的主流。

移动通信更详细发展史请看：
http://www.linkwan.com/gb/tech/htm/1749.htm

### 2. 移动通信的发展

到目前为止，移动通信的发展可以分为1G、2G、3G、4G和5G，即第一代移动通信技术到第五代移动通信技术。

第一代移动通信技术（1G）是指最初的模拟，仅限语音的蜂窝电话标准，制定于20世纪80年代。移动通信的设备也只是采用电子管的，不仅又大又笨重，而且接通时间长，接通效率低。频率的控制和接续都是采用人工方式。第一代移动电话如图4-38所示。

第二代移动通信系统（2G）起源于20世纪90年代初期，采用GSM，与一代相比，话音质量得到了质的改进、传输数据的容量提高近一倍，初步具备了支持多媒体业务的能力。但随着用户规模和网络规模的不断扩大，频率资源已接近枯竭，无法在真正意义上满足移动多媒体业务的需求。第二代移动电话如图4-39所示。

图4-38　1G的移动电话

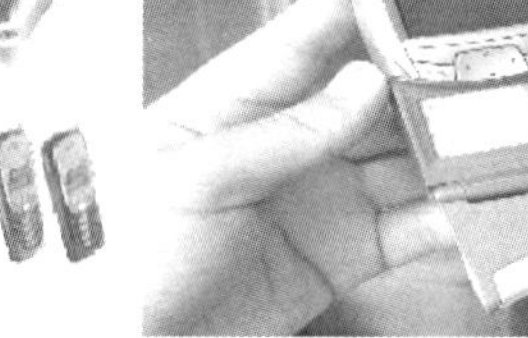

图4-39　2G的移动电话

第三代移动通信系统（3G，也称为IMT 2000）的最基本特征是智能信号处理技术，智能信号处理单元将成为基本功能模块，支持话音和多媒体数据通信，例如高速数据、慢速图像与电视图像等。通信标准共有WCDMA、CDMA2000和TD-SCDMA三大分支，能实现全球无缝覆盖，具有全球漫游能力并与固定网络相互兼容。第三代移动端设备如图4-40所示。

第四代移动通信技术（4G）定位于具有更高的数据率和频谱利用率，更高的安全性、智能性和灵活性，更高的传输质量和服务质量，提供智能化及开放灵活的使用环境。系统充分体现了移动与无线接入网及IP网络不断融合的发展趋势。

移动通信更多知识请看视频：
http://open.163.com/movie/2013/12/0/2/M9FF74C30_M9KCECT02.html

第五代移动通信技术（5G）的核心技术正在试验，这一技术预计将于2020年开始推向商业化。该技术可实现每秒1Gbps以上的速度传送数据，且最长传送距离可达2千米。5G技术预计可提供比4G（最快75Mbps）技术快100倍的传输速度，利用这一技术，下载一部高清电影只需10秒钟。

图4-40　3G的移动端设备

**3. 移动通信的特点**

（1）无线电波传播环境复杂

在移动通信系统（特别是陆地移动通信系统）中，由于移动台可能在各种环境中不断运动，建筑群或障碍物对其的影响不断变化，电磁波在传播时会产生反射、折射、绕射等现象，由此会产生多径干扰、信号传播延迟和展宽及多普勒等效应，从而导致接收信号的强度和相位随时间、地点而不断变化，严重影响通信质量。只有充分研究电波传播的规律，才能进行合理的系统设计，保证通信质量。

（2）移动通信受干扰严重

外部噪声（例如交通工具的噪声、房屋装修过程中的噪声及各种的工业噪声）会严重影响通信质量；同时，互调干扰、邻道干扰及同频干扰等移动通信系统自身产生的干扰也会严重影响通信效果。因此，在系统设计时，应根据具体情况，采取相应的抗干扰和噪声的措施。

（3）频带利用率要求高

移动通信的用户数量很大，而可利用的频率资源有限。因此，除了开发新频段之外，还要采取各种措施来更加有效地利用频率资源，如压缩频带、缩小波道间隔、多波道共用技术等。

（4）移动台的移动性强

由于移动台的移动是在广大区域内的不规则运动，而且移动是不可预知的，这要求系统有完善的管理技术对移动台的位置进行登记、跟踪，不因位置改变中断通信。

（5）移动通信设备的性能要好

移动通信设备性能要好，必须要求移动台体积小、重量轻、功耗低、操作方便。同时，在有振动和高、低温等恶劣的环境条件下，要求移动台依然能够稳定、可靠地工作。

（6）系统和网络结构复杂

移动通信系统是一个多用户的通信系统；此外，移动通信系统还应能与公用电话网（PSTN）、综合业务数字网（ISDN）等互连。因此，移动通信系统和网络结构十分复杂。

**4. 移动通信系统的构成**

移动通信系统一般由移动业务交换中心（MSC）、基站（BS）、移动台（MS）、中继传输系统和数据库构成，如图4-41所示。

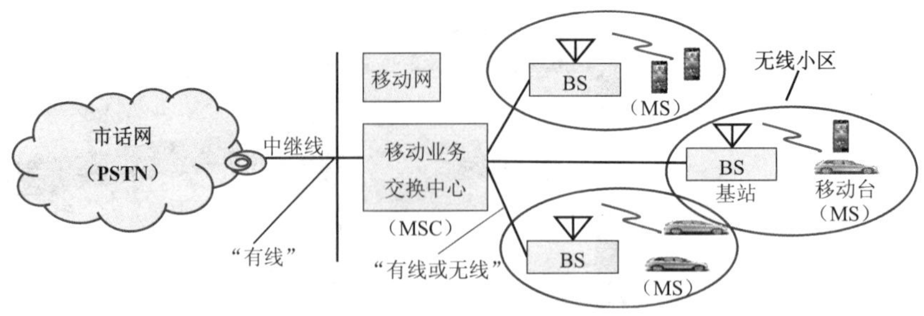


图4-41 移动通信系统构成示意图

（1）移动业务交换中心（MSC）

MSC是蜂窝通信网络的核心，主要作用是信息交换、集中控制管理及与公用电话网相连。

（2）基站（BS）

BS主要负责与本小区内的移动台进行无线电波通信，并与MSC相连，以保证移动台在不同小区之间移动时也可以进行通信。

（3）移动台MS

移动台MS（Mobile Station）即手机或车载台。

（4）中继传输系统

中继传输系统在MSC之间、MSC和BS之间的传输线一般采用有线方式。

（5）数据库

数据库用来存储用户的有关信息的，例如身份、位置等。

**5. 移动通信的分类**

按不同的分类条件，移动通信可以分为不同的类型，常见的类别如表4-4所示。

表4-4 移动通信的常见分类

| 依据 | 类型 |
|---|---|
| 使用环境 | 陆地通信、海上通信、空中通信 |
| 多址方式 | FDMA、TDMA、CDMA |
| 信号形式 | 模拟网、数字网 |
| 工作方式 | 单工、双工、半双工 |
| 使用对象 | 民用系统、军用系统 |
| 服务范围 | 专用网、公用网 |
| 覆盖范围 | 城域网、局域网、个域网 |
| 业务类型 | 电话网、数据网、综合业务网 |

**6. 常用的移动通信系统**

移动通信的常见应用系统有无绳电话系统、集群移动通信系统、无线电寻呼系统、卫星移动通信系统及蜂窝移动通信系统。

（1）无绳电话系统

简单的无绳电话机是把普通的电话单机分成座机和手机两部分，座机与有线电话网连接，手机与座机之间利用无线方式进行连接，这样允许携带手机的用户可以在一定范围内自由活动时进行通话。因为手机与座机之间不需要用电线连接，故称之为“无绳”电话机。

无绳电话系统指的是以无线电波（主要是微波波段的电磁波）、激光、红外线等作为主要传输媒介，利用无线终端、基站和各种公共通信网，在限定的业务区域内进行全双工通信的系统。如图4-42所示。无绳电话系统采用的是蜂窝无线传输技术，20世纪90年代中期出现的新一代的无绳电话系统，具有容量大、覆盖面宽、支持数据通信业务等特点，其典型的代表有：泛欧数字无绳电话系统（Digital European Cordless Telephone，DECT）、日本的个人手持电话系统（Personal Handyphone System，PHS）和美国的个人接入通信系统（Personal AccessCommunicationSystem，PACS）。

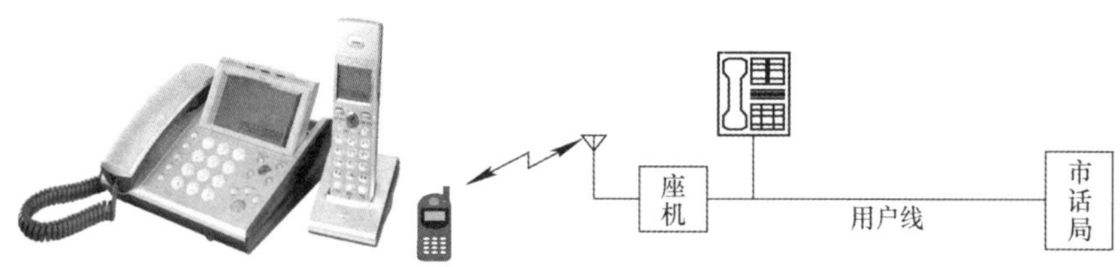


图4-42 无绳电话及无绳电话机系统

（2）集群通信系统

系统所具有的可用信道可为系统的全体用户共用，具有自动选择信道功能，是一种共享资源、分担费用、共用信道设备及服务的多用途、高效能的无线调度通信系统。适用于对指挥调度功能要求较高的专门部门或企事业单位，如公安、铁道、水利、军队等，可以提供单呼、组呼、广播呼叫、短信息等业务。集群系统一般由终端设备、基站、调度台和控制中心等组成，如图4-43所示。

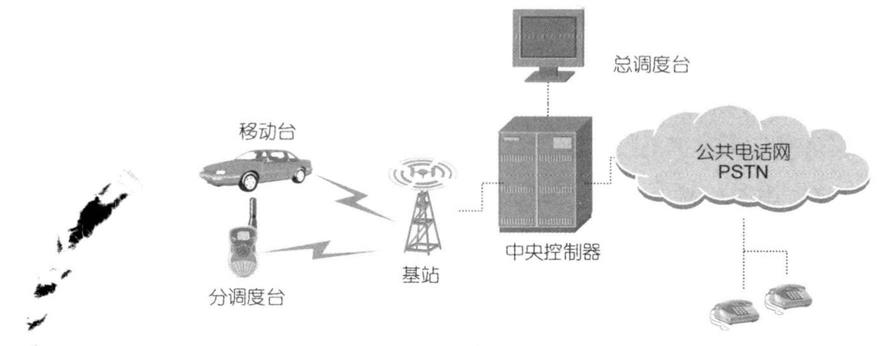


图4-43 集群移动通信系统示意图

（3）无线寻呼系统

无线寻呼系统可定义为一种非语言单向告警个人选择呼叫系统。即通过此系统，通信的一方借助于市话电话机能够向特定的寻呼接收机持有者传递一些简单的个人信息。在无线寻呼系统中应用的寻呼接收机称为袖珍铃，俗称“BB机”。当接收到信息时，袖珍铃以告警的形式通知其持有者。告警方式包括声音、视觉、振动或是这几种方式的结合。每个袖珍机都有其特定的“地址编码”，只有真正发送给它的信息，持有者才能接收到；同样，只有知道了特定的“地址编码”，才能向特定的袖珍机发送信息。图4-44为无线寻呼系统示意图。

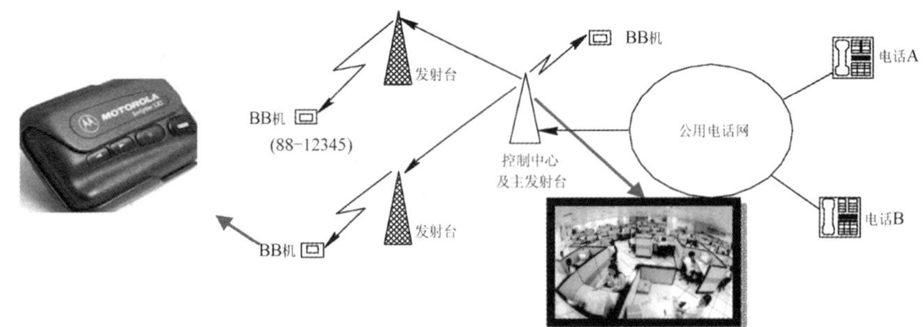


图4-44 无线寻呼系统示意图

（4）卫星移动通信系统

所谓移动卫星通信是指以通信卫星为中继站，在较大地域及空间范围内实现移动台与固定台、移动台与移动台、移动台或固定台与公众网用户之间的通信。利用卫星通信系统可以实现在海上、空中以及地形复杂的地区的通信，具有独特的优越性，如图4-45所示。

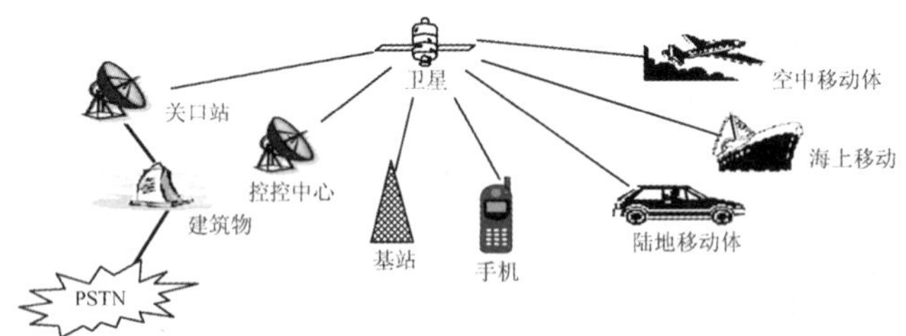


图4-45 卫星通信系统示意图

（5）蜂窝移动通信系统

蜂窝移动通信系统主要由移动台（MS）、基站（BS）和移动交换中心（MSC）组成，如图4-46所示。整个覆盖区被划分为许多六边形的小区，如图4-47所示，每个小区由一个基站和若干个移动台，这些基站连接至移动交换中心，然后通过有线与市话局或长途局相连。基站能与小区内所有移动台通信，并负责小区内移动台之间的频率分配和管理以及处理移动台进出相邻小区的越区切换，还负责小区内移动台与其他小区用户以及市话用户、长话用户通信的转接。这种蜂窝状网络结构有以下优点：应用灵活，可根据需要向外扩展覆盖区，发射功率小，频率可重复使用，系统容量大。

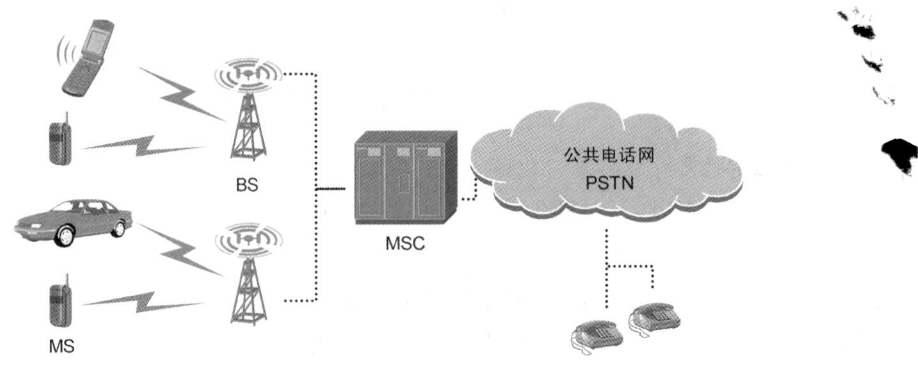


图4-46 蜂窝移动通信系统

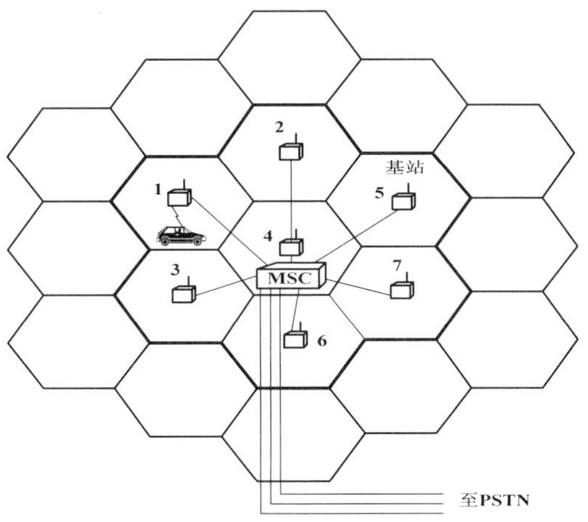


图4-47　蜂窝移动通信系统覆盖区划分示意图

## 四、通信技术在物流管理中的应用

通信技术特别是移动通信技术将信息处理和传递突破了时间和空间的限制，随时随地可以传送到个人，这使得企业和个人的管理水平、办事效率大为提高；通信技术与其他信息技术的结合应用，使物流企业的作业更加方便、流畅。通信技术的信息化解决方案正逐步成为物流企业提升工作效率、降低成本的首选方案。由各种移动、轻便的终端和信息中心组成的支持系统，能实现物流现场作业与室内办公系统能随时联系；物流配送、运输等信息能与管理中心数据实时交换；外出活动中，实时采集、查询数据；实时监控作业活动；通知紧急情况等功能。

（1）通信技术在供应链上各个环节的应用

通信技术与条码、电子标签相结合，经常应用在供应链的各个环节，这利于减少货物的统计差错，及时获得准确的信息数据；提高物流的自动化程度与业务处理效率，减少人员；加大货物监控和管理力度，降低了供应链上各个环节的安全库存和运营资本；能快速了解各种货物的库存和销售情况，对顾客的需求变化做出更加敏捷的反应。如在仓储环节，仓管员可以利用无线手持终端接收入库、盘点、出库等命令，并利用终端扫描条码完成相应的工作，这些信息能实时地反馈到信息中心供相关人员使用。

（2）通信技术在车辆管理调度中的应用

通信技术与全球定位技术（GPS技术）结合在车辆管理调度中的应用，能给货物和司机的安全提供更高程度的保证。GPS确定车辆的位置，通信技术将位置等信息传输到控制中心，经过计算机数据处理，可以在计算机中以图形的方式显示车辆的位置信息。通过通信网络，物流企业不仅可以充分了解车辆的实时信息，还可以低成本地将调度工作延伸至全国范围。车辆司机通过手机、手持终端接收控制中心发出的配货、调度命令等信息进行作业和调整行车路线。若遇到紧急情况，司机还可以通过无线通信网络直接与控制中心对话，处理紧急事务。

（3）通信技术在订货、支付中的应用

客户通过手机可以向配送中心订货，货品名称、数量、送货时间等信息可以通过通信网络发送，而配送中心可以及时回复。货物送到后，客户可以用手机确认，同时，送货员用移动POS机进行收款。这可以帮助物流企业拓展交易空间实现实时在线、随时交易，降低物流成本，提高服务效率和质量，提升企业竞争力。

（4）通信技术在日常办公中的应用

通信技术在日常办公中应用可以帮助物流企业拓展办公空间，日常业务管理可以实时控制，节约会议和沟通成本。企业可以随时通过电视电话会议、移动终端组织各种业务讨论和召开大大小小的会议；还可以通过通信技术发送相关的信息文档，保证日常工作的正常进行；在物流企业员工的日常工作交流中，员工也可以充分利用QQ等网络通信软件进行业务上的沟通。

（5）通信技术在货物安全中的应用

对于重要或者贵重的货物，可以将物品的信息、送货线路、目的地和收货人等信息输入到电子锁（一种通过密码输入来控制控制机械开关的闭合，完成开锁、闭锁任务的电子产品）中，在每个检查关卡，只要扫描电子锁，信息就会通过通信系统传输到控制中心进行核对；若电子锁中途被非法打开，电子锁也会自动发送短信报警。

## 任务实训4-3

**实训内容：**

1. 滴滴出行是现代移动通信在人们出行方面，进行人车匹配的一种流行方式，请调研其运用哪些先进的通信方式，并弄清其具体的运作模式。

2. 这种模式能不能运用在车货匹配上？目前有没有公司在进行车货匹配的业务？运营情况如何？这种模式的关键问题有哪些？运用通信技术能否解决？

**实训要求：**

1. 可以进行网上调查或实地调研。

2. 根据实训内容，完成实训报告，并制作PPT向全班汇报。

# 课后练习

**一、简答题**

1. 简述EDI技术的特点有哪些。
2. 简述物流EDI数据传输流程。
3. 请举例说明什么是PCM。
4. 简述计算机网络的主要功能。

**二、判断题（正确填A，错误填B）**

1. 蜂窝移动通信系统的整个覆盖区被划分为许多六边形的小区。（　　）
2. 开放式EDI是目前最好用的标准数据传输方式。（　　）
3. 计算机互相通信交换信息，必须有一条通道，并且这条通道要有物理介质。（　　）

4. "互联网+"最重要的特征是尊重人性。(　　)

5. 无线寻呼系统可定义为一种非语言双向告警个人选择呼叫系统。(　　)

**三、单选题**

1. 下列不是EDI的明显特征的是(　　)。

A. 资料用统一的标准　　B. 利用电信号传递信息

C. 计算机系统之间的互联　　D. 信息数据传输速率加快

2. 点对点的EDI通信方式的优点(　　)。

A. 贸易伙伴不再是几个，而是几十个甚至几百个时，通信更加简便

B. 轻松解决贸易双方工作时间不匹配问题

C. 这种通信方式是同步的，利于跨地区通信

D. 这种通信方式传输的数据是标准化报文格式数据

3. 计算机网络的分布处理指的是(　　)。

A. 计算机网络能把任务分散到各个计算机上处理

B. 计算机网络能把任务集中在一台大型计算机上，分次处理

C. 计算机网络能把任务集中在一台大型计算机上，分批处理

D. 计算机网络能把任务用复杂的软件进行处理

4. 下列对于无线网络的说法不正确有(　　)。

A. 用电磁波作为载体来传输数据

B. 联网方式灵活方便，是目前一种最有前途的联网方式

C. 无线网络包括无线电话网、语音广播网、无线电视网、微波通信网以及卫星通信网

D. 无线网络不包括电话网

5. 下列对于数据传输技术正确的是(　　)。

A. 数据传输技术主要有基带传输技术、频带传输技术和混合传输

B. 基带传输技术是指在通信线路上原封不动地传输由计算机或终端产生的0或1数字脉冲信号

C. 频带传输技术是指将数字信号调制成音频信号后再发送和传输0或1

D. 调制解调器(Modem)只要求在接收端安装

**四、多选题**

1. 通信技术在物流管理中的应用方面有(　　)。

A. 在供应链上各个环节的应用　　B. 通信技术在订货、支付中的应用

C. 在货物安全中的应用　　D. 在物流企业日常办公中的应用

E. 在车辆管理调度中的应用

2. 移动通信的常见应用系统有(　　)。

A. 蜂窝移动通信系统　　B. 卫星移动通信系统　　C. 集群移动通信系统

D. 无线电寻呼系统　　E. 无绳电话系统

3. 多址技术可以分为(　　)。

A. FDMA　　B. TDMA　　C. CDMA

D. XDNA　　E. SDMA

4. 云计算主要服务层次有（　　）等。

A. 基础设施即服务　　B. 平台即服务　　C. 软件即服务

D. 电子商务订货服务　　E. 海量数据计算服务　　F. 车辆监督监控服务

5. 大数据的四大特征有（　　）。

A. 海量的数据规模　　B. 快速的数据流转　　C. 多样的数据类型

D. 数据的作用大　　E. 数据算法奇特　　F. 数据价值密度低

**五、名词解释**

计算机网络通信　　EDI　　4G　　全双工通信　　MSC

企业外联网　　互联网+

## 项目综合实训四

**一、实训目的**

熟悉通信技术特点以及通信技术在物流企业的应用方式，学生能根据物流企业的实际情况，合理运用通信技术。

**二、实训方式**

实训场所安排在电脑机房，需上网。

**三、实训内容及步骤**

1. 任务

（1）仔细阅读以下案例，了解企业情况及需求。

**案例 4-2**

### 物流企业成功运用现代通信技术案例

案例一：深圳市中南运输集团有限公司是一家大型专业运输企业，与深圳移动携手合作开始于2004年，公司在车辆上采用了定位和监控调度管理系统，有效实现了对车队的实时监控和灵活调度，减少了车辆在执行任务时的空跑频率，保证了司机、车辆和货物的安全。公司管理人员只要静坐办公室中，鼠标轻轻一点，公司所有车辆的地理位置、行驶路线、车速和承载状况便可一清二楚；通过自动报送系统，司机只需拥有一部移动公司的手机，就能在第一时间接收到所有可用货运信息；一旦发生安全事故，司机也只需按动预设的按钮，便可启动与公安部门的联动系统；通过对出车辆的实时监听监控，使得被监听监控车辆的安全系数大幅度提高。具体表现在：第一，为司机的安全提供一定的保障。通过语言沟通对话，对有抢劫意图和对司机有暴力行为的人起到一种威慑作用。第二，一旦安全事故发生，比如抢劫，必要时可以锁定车辆，司机不必为保护车辆而冒生命危险，同时可以通过移动信息化迅速找到车辆。第三，通过车辆路线的数据储存，可以作为向运政管理机关提交的证据，避免遭受套牌车的恶意侵犯。第四，可以保护货物的安全，通过电子安全锁等措施，及时了解货物的在途状况……

**案例二：**顺丰速运在2004年12月就已经与深圳移动合作在全省范围内启动了“巴枪”物流管理应用。顺丰速运借助于深圳移动成熟、稳定、高覆盖率的无线网络平台，以手机或PDA终端为平台，结合条码和扫描枪而形成的条码数据采集系统，优化企业物流管理的流程，规范了货物的进出库操作流程，减少了外勤人员开展物流信息传递的通信成本，提高了揽货、货物配送的时效性。人均业务量从每人每天30单提高到每人每天40单，而且实现了客户随时随地都能获取货物的在途信息，规避了因信息不流畅造成客户满意度下降的情况，增强了物流全程的透明度，提升了客户服务的水平。除此以外，利用深圳移动优质、稳定的通信网络，顺丰速运还搭建了物流信息发布平台，可以为客户提供货物达到通知，或货物在途信息等货物信息情况；发布本公司最新的优惠方案、资费的调整、新设备的引入、流程的变更通知等最新动态信息，进一步挖掘客户的潜在需求，拓展新的业务渠道；在重要节日、不同节气，给客户发送关怀短信，拉近客户与企业间的距离；客户可以通过短信的形式，查询货品、企业信息，让客户能及时掌握所需的信息资料，进一步加深客户对企业的满意度等。通信技术在企业与用户之间搭建了一条畅通的沟通桥梁。

物流行业目前是个微利行业，竞争非常激烈，必须通过提升管理降低成本，提高运营能力，获得利润。要想在提高客户满意度和控制成本之间达到一种均衡，需要很多技术的支撑，通信技术的介入就有了巨大的空间和必要性。

（2）详细阐述“通信技术介入物流企业有巨大的空间和必要性”。

（3）比较这两个案例，这两家公司运用通信技术的相同点和不同点。

（4）请再举一个数据传输技术在物流企业应用的案例，并分析各项技术的具体应用情况。

2. 实训指导

分小组进行实训，建议2位同学一组。

（1）每组自行分配组员任务。

（2）按要求完成任务，记录实训步骤。

（3）提示：充分利用网络查询功能，寻求解决问题的方法。

（4）比较总结，得出结论。

**四、实训结果**

每小组提交一份实训报告和汇报PPT，选派1人向全班汇报。

# 项目五 物流动态跟踪技术

5

## 项目目标

### 知识目标

掌握 GPS 技术、GIS 技术、RS 技术和呼叫中心技术概念及作用；

理解 GPS、GIS、RS 和呼叫中心技术的组成，了解各项技术的工作原理；

熟悉 GPS、GIS、RS 和呼叫中心技术的工作过程。

### 能力目标

能运用3S技术解决生活中路径的问题；

能根据物流企业的实际情况，合理使用GPS技术、GIS技术、RS技术和呼叫中心技术，为企业的货物追踪、车辆定位、路线优化等找到解决方法。

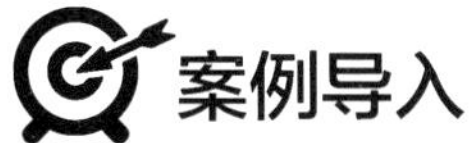

## 案例导入

# 某医药企业物流配送优化系统

某医药企业物流配送优化系统是采用网络数据库技术、WEB/GIS技术、GPS技术及GPRS通信技术等，以金启元科技发展（北京）有限公司的地图引擎中间件产品为核心开发技术平台，结合该企业物流的实际情况，开发设计集医药配送线路优化、医药稽查、车辆监控、医药业务（销售、客户关系管理等）可视化分析、医药电子地图查询为一体的物流综合管理信息系统。系统中使用GPS技术实时监控车辆的位置，并可以根据道路交通状况，向车辆发出实时调度指令，实现对车辆的远程管理；系统还利用WEB/GIS技术的地理数据功能来进行物流分析，及时获取直观可视的第一手综合管理信息，直接合理调配人力、运力资源，求得最佳的送货路线，为综合管理决策提供依据。具体体现在以下6个方面。

1. 医药配送线路优化。系统在用户选择订单日期和配送区域后，可自动完成订单数据的抽取，根据送货车辆的装载量、客户分布、配送订单、送货线路交通状况、司机对送货区域的熟悉程度等因素设定计算条件，进行送货线路的自动优化处理，形成最佳的送货路线，保证送货成本和效率最佳。

2. 医药综合地图查询。用户能够实现基于电子地图的客户分布模糊查询、行政区域查询和任意区域查询，查询结果实时在电子地图上标注出来。用户还可以使用图形操作工具对具体目标进行放大、缩小、测距等操作，具体查看每一客户的详细情况。

3. 医药业务地图数据远程维护。系统提供基于地图方式的医药业务地图数据维护功能（例如客户点的增加、删除、修改等），采集发生变化的地理数据（如道路的改建）等，及时更新地图。

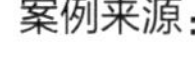

案例来源：

http://www.dzbarcode.com/hyfa/yl02.htm

4. 医药业务分析。系统能实现选定区域和时间段内，进行医药销售分布情况统计、送货区域的地理分布统计及各种品牌香烟销售量统计及销售区域分布显示；还可以对客户分布规律进行分析，挖掘潜在客户，扩展配送业务。

5. 医药物流车辆监控管理。系统通过对医药送货车辆的导航跟踪，通告车辆运作效率，降低车辆管理费用，抵抗不可预知风险。例如，当车辆遇到被抢被盗及其他紧急情况，司机可以按下车上的GPS报警装置向公司信息中心报警；轨迹回放功能可以将车辆的实际行车过程重现于电子地图上，为事后处理提供有力证据等。

6. 配送车辆信息维护。系统可以根据车辆与医药配送人员的变动，及时在系统中进行车辆、司机、送货员信息的更新和维护操作。

某医药物流配送优化系统为该企业物流信息化建设迈上了一个新的台阶，为该企业实现数字化跨域配送起到了巨大的推动作用。

### 思考

1．这个案例主要使用哪几项追踪技术？

2．GPS和GIS各自的主要作用是什么？

# 任务一
# GPS 技术的应用

## 任务目标

完成此任务后，学生能掌握GPS的基本概念、特点及应用；了解全球定位系统的基本组成、工作原理及功能；能使用GPS技术解决生活和工作中遇到的问题；能运用GPS技术实现运输企业车辆的定位和跟踪。

**知识要点：** GPS的基本概念；GPS的特点、功能及组成；GPS在物流的主要应用领域。

## 相关知识

### 一、GPS技术概述

#### 1. GPS技术的定义

GPS（Global Positioning System，全球定位系统）是由美国国防部研制建立的一种具有全方位、全天候、全时段、高精度的卫星导航系统，能为全球用户提供低成本、高精度的三维位置、速度和精确定时等导航信息，方便用户在全球范围内实时进行定位、导航。GPS是卫星通信技术在导航领域的应用典范，是主要的空间信息技术之一，它极大地提高了地球社会的信息化水平，有力地推动了数字经济的发展。

GPS起始于1958年美国军方的一个项目，1964年投入使用。20世纪70年代，美国陆海空三军联合研制了新一代卫星定位系统GPS。GPS起初的主要目的是为陆海空3大领域提供实时、全天候和全球性的导航服务，并用于情报搜集、核爆监测和应急通信等一些军事目的。经过20余年的研究实验，到1994年，全面建成21颗工作星和3颗备用星工作在互成60度的6条轨道上的布局，如图5-1所示。

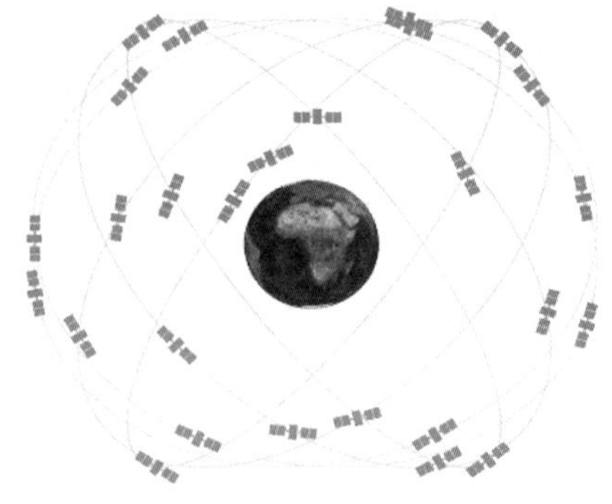

图5-1　GPS示意图

**2. GPS的特点**

GPS导航定位以其高精度、全天候、高效率、多功能、操作简便、应用广泛等特点著称，具体如表5-1所示。

表5-1 GPS主要特点

| | |
|---|---|
| 定位精度高 | GPS相对定位精度在50千米以内可达10～6米，100～500千米可达10～7米，1000千米可达10～9米 |
| 观测时间短 | 20千米以内相对静态定位，仅需15～20分钟；实时动态定位和测速工作，仅需1至数秒即可完成 |
| 测站间无需通视 | GPS测量只要求测站上空开阔，不要求测站之间互相通视，因而可大大减少测量工作的经费和时间；同时也使选点工作变得非常灵活，也可省去经典测量中的传算点、过渡点的测量工作 |
| 全球统一的三维坐标 | GPS可同时精确测定观测站平面位置和大地高程，并且GPS定位是在全球统一的坐标系统中计算的，因此全球不同地点的测量坐标都是统一的 |
| 操作简便 | GPS测量的自动化程度很高，趋于"傻瓜化"操作。在观测中，测量员只需安置仪器，连接电缆线，量取天线高，监视仪器的工作状态，而其他观测工作，如卫星的捕获、跟踪观测和记录等均由仪器自动完成 |
| 全球、全天候作业 | GPS卫星的数目较多，且分布均匀，保证了地球上任何地方任何时间至少可以同时观测到4颗GPS卫星，确保实现全球全天候连续的导航定位服务 |
| 功能多、应用广 | GPS应用广泛，利用其测量、导航、测速、测时等功能，可以在陆地应用、海洋应用、航空航天方面发挥巨大作用，例如车辆导航、地球物理资源勘探、远洋船最佳航程航线测定、船只实时调度与导航、海洋探宝、飞机导航、航空遥感姿态控制等 |

**3. GPS的组成**

GPS系统包括3大部分：空间部分（GPS卫星系统）、地面控制部分（地面监控系统）和用户设备部（GPS信号接收机），如图5-2所示。

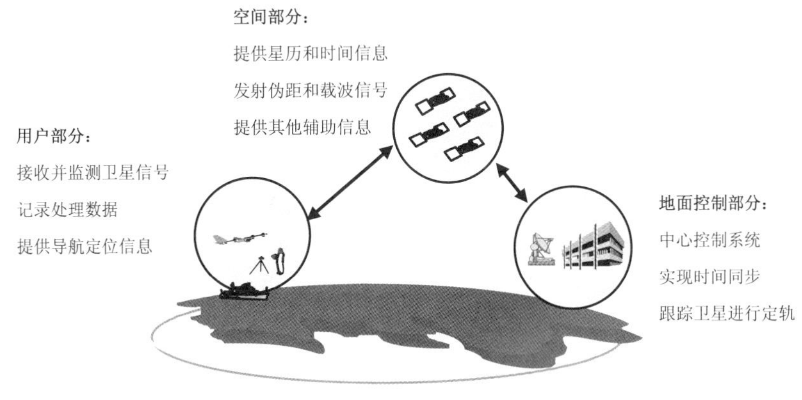


图5-2 GPS组成示意图

（1）GPS空间部分

空间卫星系统由均匀分布在6个轨道平面上的24颗高轨道（距地面约20000千米）工作卫星构成，

每颗卫星都配备有精度极高的原子钟（30万年的误差为1秒）。其中3颗是备用卫星，用来更换老化或损坏的卫星，保障整个系统的正常工作。这种卫星布局能够保证地球上任一地点的GPS用户都能连续地观测到至少4颗卫星，从而提供全球范围从地面到20000千米高空之间，任一载体高精度的三维位置、三维速度和系统时间信息。

（2）地面监控部分

地面控制系统由监测站、主控制站和注入站组成。其中主控站（1个）位于美国科罗拉多·斯必灵司，主要为GPS提供时间基准，监视、控制卫星的轨道，处理监测站送来的各种数据，编制各卫星星历，计算和修正时钟误差及电离层对电波传播造成的偏差；注入站（3个）分别位于阿松森（Ascensions）、迭哥·伽西亚（Diego Garcia）及卡瓦加兰（Kwajalein），主要作用是将主控站计算出的卫星星历、卫星轨道和卫星钟的改正数等注入到卫星中。此外，注入站每隔1分钟需向主控站发射信号，报告自己的工作状态；监测站（5个）除了上述的4个地点各一个外，还有一个在夏威夷（Hawaii），它们的主要任务是接收卫星信号，监测卫星的工作状态，并向主控站提供观测数据。

（3）用户部分

GPS信号接收机主要用于接收GPS卫星发射信号，信号经处理后，获得用户位置、速度等信息，从而完成导航和定位。GPS的用户只接收而不必发射信号，因此用户的数量不受限制。GPS信号接收机由主机、天线、电源以及GPS数据处理软件构成。电源一般采用机内和机外两种直流电源，设置机内电源的目的在于更换外电源时不中断连续观测。接收机现有单频与双频两种，双频的价格较高，一般单频接收器使用较多。各种形式的GPS信号接收机如图5-3所示。

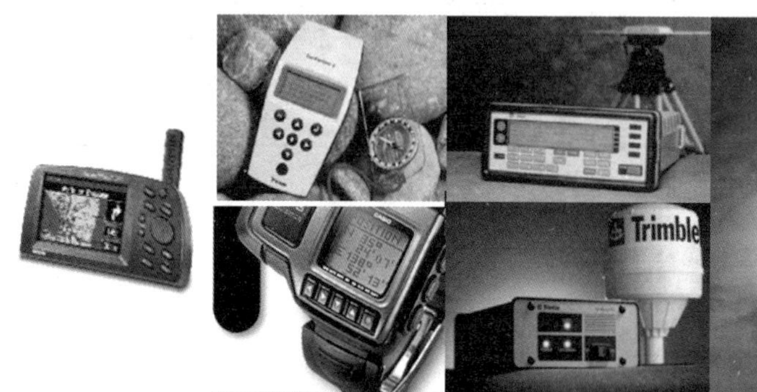

图5-3　GPS信号接收机

GPS定位和导航原理视频：

http://baidu.ku6.com/watch/5683225513528687754.html?page=videoMultiNeed

**4. GPS定位和导航原理**

首先假定卫星的位置为已知，而又能准确测定某地点A至卫星之间的距离，那么A点一定是位于以卫星为中心，所测得距离为半径的圆球面上。进一步，又测得点A至另一卫星的距离，则A点一定处在前后两个圆球面相交的圆环上。另外，还可测得与第三个卫星的距离，通过3个定位球面就可以确定A点在地球上的空间位置，如图5-4所示。如果要定位空中位置（如飞机），还可通过第4颗卫星。

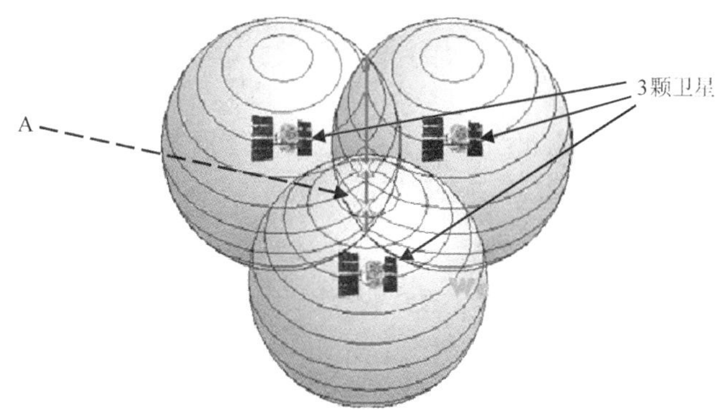


图5-4　GPS定位和导航原理

北斗卫星导航系统与GPS：

http://baidu.v1.cn/watch/08043627323131380040.html?page=videoMultiNeed

从上述可以得出：GPS导航系统的基本原理是测量出已知位置的卫星到用户接收机之间的距离，然后综合多颗卫星的数据就可知道接收机的具体位置。

**5. 四大导航系统**

除了美国的GPS以外，中国自主研发的北斗卫星导航系统[Bei Dou（COMPASS）Navigation Satellite System]、俄罗斯的（GLONASS）格洛纳斯以及欧盟的（GNSS）伽利略系统是目前世界上另外3个著名的导航系统，它们与美国的GPS一起并称全球四大卫星导航系统。具体如表5-2所示。

表 5-2　全球四大卫星导航系统

| 名称 | 隶属国家或地区 | 卫星个数 | 定位精度 | 使用对象 | 建成时间 |
|---|---|---|---|---|---|
| GPS | 美国 | 24 | 精度约为 10 米 | 军民两用 | 1994 年 |
| COMPASS | 中国 | 35 | “北斗一号”精确度在 10 米之内；“北斗二号”可以精确到“厘米”之内 | 军民两用 | 2012 年 |
| GLONASS | 俄罗斯 | 24 | 精度在 10 米左右 | 军民两用 | 2012 年 |
| GNSS | 欧盟 | 30 | 定位误差不超过 1 米 | 民用 | 2015 年 |

## 二、GPS技术在物流管理中的应用

**1. GPS在汽车导航和交通管理中的应用**

三维导航是GPS的首要功能，飞机、船舶、地面车辆以及步行者都可利用GPS导航接收器进行导航。GPS导航系统与电子地图、无线电通信网络及计算机车辆管理信息系统相结合，可以实现车辆跟踪和交通管理等许多功能，这些功能包括如下内容。

（1）车辆跟踪

利用GPS和电子地图可以实时显示出车辆的实际位置，使目标始终保持在屏幕上；并且可以对车辆进行任意放大、缩小、还原、切换观察角度等方式进行监控；还可以实现多窗口、多车辆、多屏幕同时跟踪。该功能主要可以用于对重点车辆和货物进行跟踪运输。

（2）提供出行路线规划和导航

提供出行路线规划是汽车导航系统的一项重要辅助功能，它包括自动线路规划和人工线路设计。自动线路规划是由驾驶者确定起点和目的地，由计算机软件按要求自动设计最佳行驶路线，包括最快的路线、最简单的路线、通过高速公路路段次数最少的路线等的计算。人工线路设计是由驾驶者根据自己的目的地设计起点、终点和途经点等，自动建立线路库。线路规划完毕后，设计线路能在电子地图上进行显示，并同时显示汽车行驶路径和时间。

（3）信息查询

利用GPS系统，用户能够在电子地图上根据需要进行目标车辆信息查询，查询结果可以以文字、语言及图像的形式显示，并在电子地图上显示其确切位置。同时，监测中心可以利用监测控制台对区域内的任意车辆所在位置进行查询，车辆信息将以数字形式在控制中心的电子地图上显示出来。

GPS定位器跟踪防盗视频：

http://www.iqiyi.com/w_19rsp560c9.html

（4）话务指挥

指挥中心可以监测区域内车辆运行状况，对被监控车辆进行合理调度。指挥中心也可随时与被跟踪目标通话，进行实时管理。

（5）紧急援助

通过GPS定位和监控管理系统可以对遇有紧急情况或发生事故的车辆进行紧急援助。监控台的电子地图显示求助信息和报警目标，规划最优援助方案，并以声光报警方式提醒值班人员进行应急处理。例如：越界报警、超速报警、遇劫报警、远程熄火和远程监听等。

**2. GPS信息接收终端应用**

就应用而言，我们主要使用的是GPS信息接收终端，而就GPS终端来说，它只是具备采集经纬度、GPS时间与终端运行速度的功能设备而已，即信息采集的终端。在物流的程序中，信息流占据着主导地位，是很多物流企业的制胜关键。更确切地说，GPS在物流中的应用就是GPS在物流信息中的应用。就现在的GPS系统与终端所具备的功能来讲，主要有以下几点。

（1）车辆分布情况统计与查询

用户可以操作GPS系统的电子地图上察看自己用户名上所有车辆的分布情况，了解所有车辆在各区域分布的具体位置、行驶状况。通过对该功能的使用，用户还可以查到在某个地域内哪些车辆可供使用，也可以了解公司所有在途运输车货的分布以及空车行驶的车辆情况。

（2）历史轨迹回放

通过对历史轨迹的查询，可以看出车辆在行驶过程中的状态、路线，从而合理调整行驶线路、中途停车休息地点。根据该车的行驶轨迹，公司与客户都可掌握货物在途的运输情况，并可将此作为司机的考评依据。

（3）当前位置查询

用户通过实时查询车辆位置，可以看出车辆当前准确的位置所在、运行的方向和运行速度。这个功能一般在意外或特殊情况发生时才会用到，如：有报警信息发生需进行救援、急于查看车辆的具体位置进行实时调度等。

（4）连续监控

这项功能可根据实际情况进行监控条件（例如监控的时间段和位置点）设置。例如在车辆出发前，预先设置行驶的时间和经过地点，这样可达到对车辆进行全程监控的目的。

（5）区域看车。用户可根据车辆预计行驶的范围或路线，在电子地图上设定一个或多个报警区域。当车辆驶出和驶入该区域时终端就会向系统发出报警信息，报警信息会以短信的方式发送到指定的手机上，通知用户是何时、何地、哪辆车、因何原因驶出和驶入何区域。这项功能利于车辆按时、按计划完成运输任务。

通过对GPS这些功能的应用，物流企业可及时对车辆进行调度和配载，降低车辆空驶率；可对承运货物的车辆进行全程跟踪以保证其安全性；也可实时掌握车货的所在位置，提前做好后续作业的准备工作；而且可以加强对司机的管理，彻底解决私拉、乱运等问题。

**3. GPS在物流三方中的应用**

GPS在物流中普及应用后，通过互联网实现信息共享，实现三方应用，即车辆使用方、运输公司、接货方对物流中的车货位置及运行情况等都能了如指掌，透明准确，利于三方协调好商务关系，从而获得最佳的物流流程方案，取得最大的经济效益。

（1）车辆使用方（货运代理、生产厂家等用车单位）

运输公司将自己的车辆信息指定开放给合作客户，让客户自己能实时查看车与货的相关信息，能较为直观地在网上看到车辆分布和运行情况，找到适合自己使用的车辆，从而省去不必要的交涉环节，加快车辆的使用频率，缩短运输配货的时间，减少相应的工作量。在货物发出之后，发货方可随时通过互联网或是手机来查询车辆在运输中的运行情况和所到达的位置，实时掌握货物在途的信息，确保货物运输时效。

（2）运输公司

运输公司通过互联网实现对车辆的动态监控式管理和货物的及时合理配载，以便加强对车辆的管理，减少资源浪费，减少费用开销。同时将有关车辆的信息开放给客户后，既方便了客户的使用，又减少了不必要的环节，提高了公司的知名度与可信度，拓展了公司业务面，提高了公司的经济效益与社会效益。

（3）接货方

接货方只需要通过发货方所提供的相关资料和权限，就可在互联网实时查看到货物信息，掌握货物在途的情况和大概的运输时间，以此来提前安排货物的接收、停放以及销售等环节，提前完成货物的销售链。

## 任务实训5-1

**实训内容：**

小李准备从珠海运送一批货物去广州火车南站，请利用高德导航或百度地图，为其寻找一条合适路线。

**实训要求：**

1. 要求使用手机的GPS功能。
2. 利用模拟导航功能，完成导航过程。
3. 在使用导航系统过程中，要注意导航的有哪些优点。
4. 找出最优方案，记录过程，完成实训报告。

# 任务二
# GIS 的应用

## 任务目标

完成此任务后，学生能掌握GIS的基本概念、特点及应用；了解地理信息系统的基本组成及功能；掌握GIS的数据组织及管理；能熟练使用GIS五项基本功能；能运用GIS技术强大的地理数据处理功能和可视化表达方式为物流优化分析服务。

**知识要点：** GIS的基本概念及特点；GIS的分类、功能及组成；GIS在物流的主要应用领域。

## 相关知识

### 一、GIS技术概述

#### 1. GIS技术的定义

GIS（Geographic Information System，地理信息系统）是以地理空间数据为基础，采用地理模型分析方法，提供多种空间和动态的地理信息，为地理研究和地理决策服务的计算机技术系统。地理信息系统在计算机硬、软件系统支持下，对整个或部分地球表层（包括大气层）空间中的有关地理分布数据进行采集、储存、管理、运算、分析、显示和描述。图5-5是一个典型的地理信息系统。

GIS的教学视频：

http://www.iqiyi.com/w_19rsi322ih.html

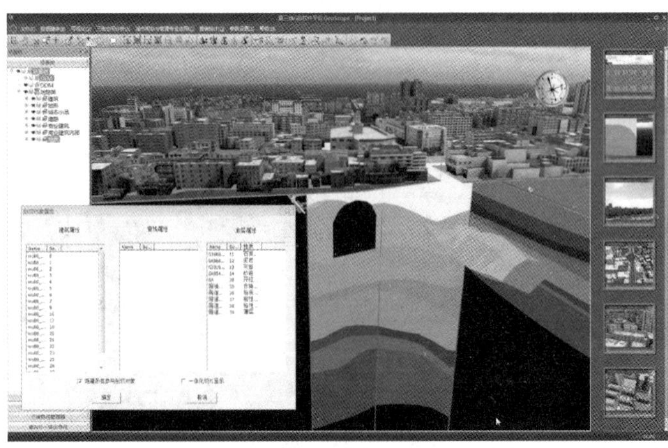

图5-5　典型的地理信息系统示例

GIS正式产生于20世纪70年代，经过30多年的发展，如今已成为一门集测绘、计算机、几何学、地理学等为一体的新型交叉学科，广泛应用于资料调查、环境评估、灾害预测、国土管理、城市规划、邮电通信、交通运输、军事公安、水利电力、公共设施管理、农林牧业、统计、商业金融等几乎所有领域。

**2. GIS的组成**

地理信息系统由硬件、软件、数据、人员和方法五部分组成，如图5-6所示。

图5-6 GIS的组成

（1）硬件和软件

它们为地理信息系统建设提供环境。硬件主要包括计算机和网络设备、存储设备、数据输入、显示和输出的外围设备等。软件主要包括以下几类：操作系统软件、数据库管理软件、系统开发软件、GIS 软件等。GIS软件直接影响其他软件的选择，影响系统解决方案，也影响着系统建设周期和效益。

（2）数据

数据是GIS应用系统最重要的基础组成部分。GIS数据分为空间数据和属性数据，空间数据描述空间对象空间特征及空间对象间关系的数据，表现了地理空间实体的位置、大小、形状、方向以及几何拓扑关系，例如定位的经度、纬度、邻接、包含等，它的表达可以采用栅格和矢量两种形式，如图5-7所示；属性数据表示空间对象属性特征的数据，又称非几何数据，如类型、名称、性质等。数据来源主要包括室内数字化、野外采集以及从其他数据的转换。

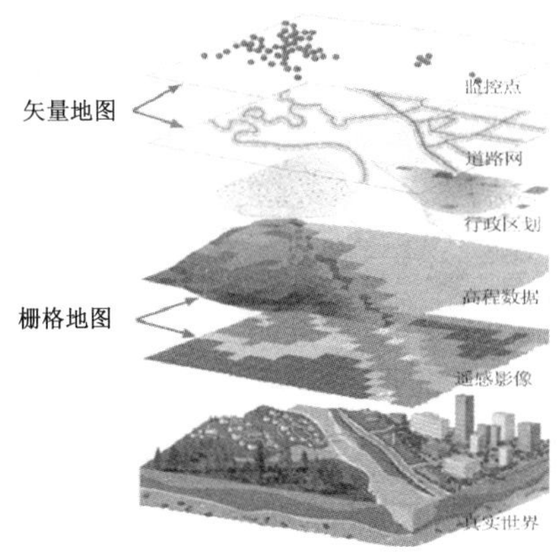


图5-7 GIS的空间数据表示

（3）方法

GIS的方法主要是指空间信息的综合分析方法，即常说的应用模型。它是在对专业领域的具体对象与过程进行大量研究的基础上总结出来的规律。GIS应用就是利用这些模型对大量空间数据进行综合分析，从而解决实际问题。如基于GIS的土地利用评价模型、生态环境评价模型等。

（4）人员

GIS的人员是系统建设中的关键和能动性因素，直接影响和协调其他几个组成部分。地理信息系统需要人进行系统组织、管理、使用和维护。这些人员既包括从事设计、开发和维护GIS系统的技术专家，也包括那些使用GIS系统并解决专业领域问题的专家。一般来说，一个完整的GIS应包含项目负责人、信息技术专家、应用专业领域专家、若干程序员和操作员。

**3. GIS的分类**

GIS依据功能来分可以分为工具型GIS和应用型GIS。

（1）工具型GIS

工具型GIS又称GIS开发平台或外壳，具有GIS基本功能，是供其他系统调用或用户进行二次开发的操作平台，如ArcGIS、MapInfo、GeoMedia、MapGIS、SuperMap等。用户可以根据实际的需要，在工具型GIS中加入地理空间数据、专题模型和相关界面，开发自己的应用型GIS。

成都市GIS云
平台介绍：

http://baidu.ku6.com/watch/302383066297970592.html?page=videoMultiNeed

（2）应用型GIS

应用型GIS又可以分为区域地理信息系统与专题地理信息系统。

区域地理信息系统主要以区域综合研究和全面信息服务为目标。根据不同的规模，区域地理信息系统可以分为国家级的、地区或省级的、市级、县级的为各不同级别行政区服务的地理信息系统。也可以按自然区域或者流域为单位划分。如加拿大国家地理信息系统、黄河流域地理信息系统、北京水土流失信息系统。

专题地理信息系统是具有有限目标和专业特点的地理信息系统，为特定专门领域目的服务，图5-8所示为环保专题的地理信息系统。

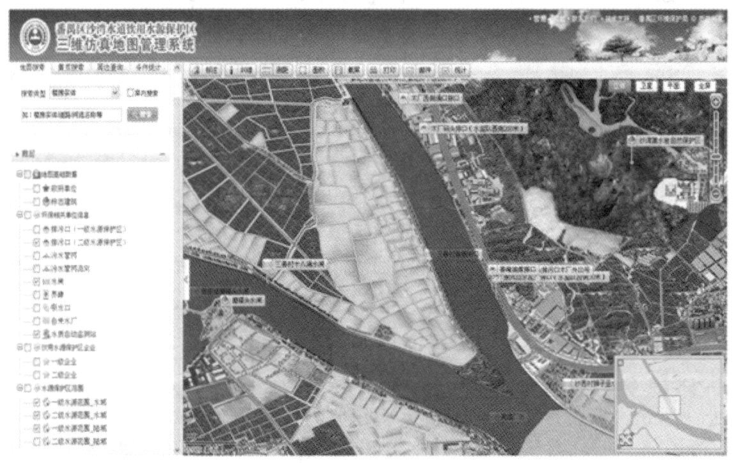


图5-8　番禺区沙湾水道饮用水资源保护区三维仿真地图管理系统

### 4. GIS的功能

空间数据的采集与组织教学视频：

http://www.iqiyi.com/w_19rtfa0vfx.html

GIS具备5项基本功能：数据输入、数据编辑、数据存储与管理、空间查询与空间分析、可视化表达与输出。

（1）数据输入

数据输入是指将地图数据、遥感数据、统计数据和文字报告等输入转换成计算机可处理的数字形式的功能。GIS对多种形式、多种来源的信息，可实现多种方式的数据输入，如图形数据输入、栅格数据输入、GPS测量数据输入、属性数据输入等。地理信息系统空间数据采集的主要设备有两种，即数字化仪和扫描仪。

（2）数据编辑

数据编辑主要包括图形编辑和属性编辑。属性编辑主要与数据库管理结合在一起完成；图形编辑主要包括拓扑关系建立、图形编辑、图形修饰、图幅拼接、图形变换、投影变换、误差校正等功能。

（3）数据的存储与管理

有效的数据组织与管理是GIS系统应用成功关键，这项工作主要包括空间与非空间数据的存储、查询检索、修改和更新。GIS的主要数据结构有矢量数据结构、栅格数据结构、矢栅一体化数据结构。数据结构在很大程度上决定了系统所能执行的功能，GIS会根据选定的数据结构确定应用系统空间与属性数据库的结构以及它们之间的连接。

（4）空间查询与分析

空间查询与分析是GIS的核心，是GIS最重要和最具有魅力的功能，也是GIS有别于其他信息系统的本质特征。GIS提供最简单的点击式查询和思维查询；地理信息系统的空间分析通过各种假设、数据分析处理，来模拟区域空间规律和发展趋势。空间分析可分为3个层次的内容：空间检索、空间拓扑叠加分析及空间模型分析。

空间检索主要指从空间位置检索空间对象及其属性，或者从属性条件检索空间对象。例如检索配送中心1千米内的主要客户分布情况，直径为1米的输油管道有多长等；空间拓扑叠加分析是指通过空间要素（点、线、面或图像）的相交、切割、合并运算，以及特征属性在空间上的连接，实现不同地理层的物流叠加，获取新的空间信息，如图5-7所示；空间模型分析包括了数字地形高程分析、网络分析、三维模型分析、多要素综合分析及面向专业应用的各种特殊模型分析等。

（5）可视化表达与输出

GIS的操作结果可通过可视化的地图、影像、多媒体方式加以直观表达，通常以人机交互方式来选择显示的对象与形式。对于图形数据，可以根据客户的需要输出全要素地图、各种专题图、统计图、图片和数据等，还可根据要素的信息密集程度，放大或缩小显示。

GIS的5项基本功能框架如图5-9所示。

## 二、GIS技术在物流管理中的应用

### 1. GIS在物流管理信息系统中的应用

物流对地理空间有较大的依赖性，采用GIS技术建立企业的物流管理信息系统可以实现企业物流的可视化、实时动态管理。GIS应用于物流管理信息系统，主要可以实现以下几个方面的功能。

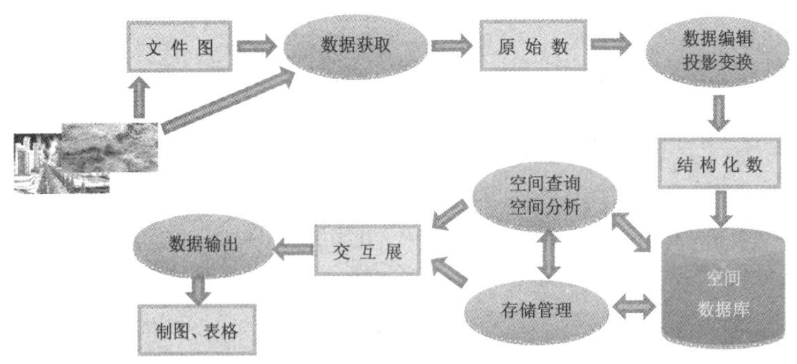


图5-9　GIS的基本功能框架图

（1）客户地址定位

地址定位就是由一个地理点的地址字符串确定其他地理位置，包括自动定位、交互定位两类。自动定位由业务系统调用，通过业务系统传来的业务点的地址字符串确定其地理位置，并传回业务系统。GIS接收业务系统提供的客户邮编等详细的字符串地址，自动确定客户的详细地理位置，并把此地址传回业务系统。这种定位方式适合非实时处理大量客户地址的情况；交互定位是指通过地理信息系统交互，在地图漫游查找，直到确定地理位置（经纬度）为止。首先由业务系统调用GIS的交互定位功能，输入客户提供的粗略地址，与GIS交互在地图上漫游查找，直到确定客户的准确地理位置。

（2）机构区域划分

用户基于综合评估模型和地理信息系统的查询、地图显示，实现对机构区域编辑。先在地图上对要编辑的区域进行临时编辑，然后提交。由综合评估模型给出编辑后的区域评估值，并可对编辑后的区域进行查询和地图的表现，判断编辑是否满意。若不满意，则运行临时编辑；若满意，则正式提交为编辑方案存档。

（3）站点选址

由用户基于分站综合评估模型和地理信息系统的查询、地图显示，实现对机构的站点选址。先在地图上标出要选择的几个分站站点候选方案，然后提交由综合评估模型给出各分站站点评估值，并可对站点选址后的分站进行查询和地图显示。选择最优的站址正式提交为站点选址方案，并存档生效。

（4）投递排序和路线编辑

通过地理信息系统的地图表现，实现对送货投递路线的合理编辑（如创建、删除、修改）和安排客户投递排序。

**2. GIS在物流中的应用**

GIS技术在物流中的应用，除了利用GIS强大的地理数据处理功能和可视化表达方式来处理物流数据，更重要的是其物流数据分析功能。GIS提供了扩展的数据结构、分析建模工具。完整的GIS分析软件还集成了车辆路线模型、网络物流模型、分配集合模型以及设施定位模型等成熟的数据分析模型辅助物流决策。

（1）车辆路线模型

车辆路线模型用于解决在一个起点、多个终点的货物运输问题中，

GIS在物流中的应用教学视频：

http://baidu.ku6.com/watch/3611134733628190894.html?page=videoMultiNeed

如何降低物流作业费用，并保证服务质量，包括决定使用多少车辆，每个车辆经过什么路线等问题。

（2）网络物流模型

用于解决寻求最有效的分配货物路径或提供路径服务的问题，如将货物从*N*个仓库运往*M*个商店，每个商店都有固定的需求量，确定由哪个仓库提货给哪个商店，所耗费的运输总代价最小。

（3）分配集合模型

分配集合模型可以根据各个要素的相似点把同一层上的所有或部分要素分成几组，可以用于解决服务范围、销售市场范围等问题。如某一公司要建立*X*个分销点，这些分销点要覆盖某一地区，并使得每个分销点的顾客数量大致相等。

（4）设施定位模型

用于确定一个或多个设施的位置。在物流系统中，仓库和运输路线共同组成了物流网络，仓库处于网络的节点上，节点决定这路线。如何根据供求的实际需求，并结合经济效益等原则，在既定区域内设立合适数量、合理位置和规模的仓库，以及各个仓库之间的物流关系等问题，运用设施定位模型很容易解决此类问题。

## 任务实训5-2

**实训内容：**

小李准备从珠海体育中心运送一批货物去广州火车南站，请利用百度地图，为其寻找最佳路线。

**实训要求：**

1. 要求走高速，最节省时间和最短路程进行比较。
2. 也可设定经过地点或路线。
3. 比较各种方案，找出最优方案，说明理由。
4. 记录过程，完成实训报告。

# 任务三

# RS 技术的应用

## 任务目标

完成此任务后，学生能掌握RS的基本概念、特点及类型；了解遥感信息的获取、传输、处理、分析和应用的过程；能利用遥感技术的探测功能，为物流作业服务，比如远距离识别物体，危险品的探测等。

**知识要点：** RS的基本概念及原理；RS的分类、组成及功能；RS在物流领域的应用。

## 相关知识

### 一、RS技术概述

#### 1. RS的概念

RS（Remote Sensing，遥感）的概念可以从广义和狭义两方面来理解。广义的遥感泛指各种非接触的、远距离的探测技术，根据物体对电磁波的反射和辐射特性，以获取物体信息的一种技术；狭义遥感指通过遥感器这类对电磁波敏感的仪器，在不与探测目标接触的情况下，获取目标物体反射、辐射或散射的电磁波信息，对其进行处理、分析，揭示目标物的特征、性质及其变化的学科和技术。

#### 2. RS的原理

地球上的物体在不断地吸收、发射（辐射）和反射电磁波，并且不同物体的电磁波特性不同。根据这个原理，遥感利用一定的技术设备和装置，来探测地表物体对电磁波的反射和地物发射的电磁波，从中提取这些物体的信息，完成远距离识别物体。

如图5-10所示，地球上树木、水体、地表、建筑物等反射的电磁波，被遥感卫星接收、提取、分析，最后完成识别任务。

#### 3. RS技术的定义及组成

RS技术就是从远距离感知目标反射或自身辐射的电磁波、可见光、红外线，对目标进行探测和识别的技术，例如航空摄影。它具有探测范围大、获取资料快、受地面条件限制少、获取信息量大的特点，主要是由遥感器（或称为传感器）、遥感平台、信息传输设备、接收装置以及图像处理设备等组成，各部分作用具体如表5-3所示。

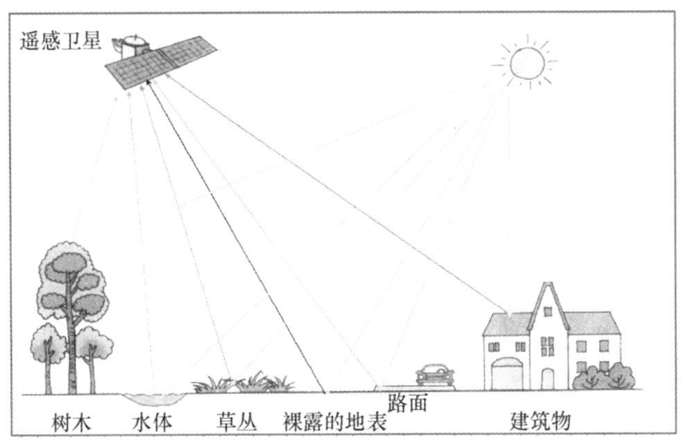


图5-10 RS的原理示意图

表 5-3 RS 技术的组成

| 组成部分 | 作用 |
| --- | --- |
| 遥感器（传感器） | 装在遥感平台上，它是遥感系统的重要设备，它可以是照相机、多光谱扫描仪、微波辐射计或合成孔径雷达等 |
| 遥感平台 | 装载传感器的工具，按高度，遥感平台大体可分为地面平台（如三脚架、房顶）、航空平台（如飞机、气球）和航天平台（如卫星）3 大类 |
| 信息传输设备 | 是飞行器和地面间传递信息的工具 |
| 接收装置 | 专门用来接收信息传输设备传递遥感信息的设备 |
| 图像处理设备 | 是对地面接收到的遥感图像信息进行处理（几何校正、滤波等）以获取反映地物性质和状态的信息的软硬件设备 |

**4. RS技术工作流程及遥感技术系统**

（1）RS技术的工作流程

RS技术的工作流程如图5-11所示。RS技术的工作流程在以遥感器（传感器）为核心的设备配合完成。

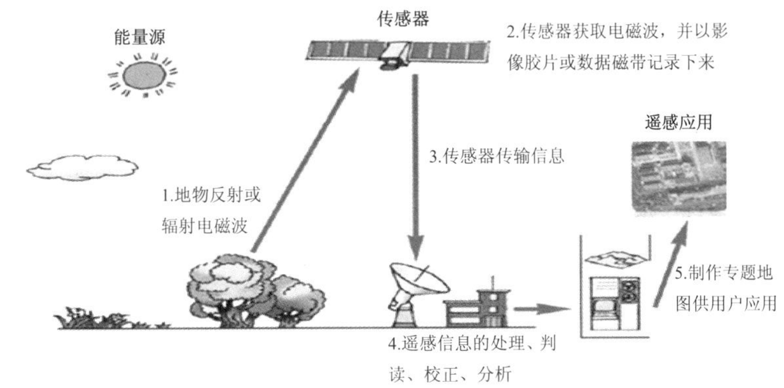


图5-11 RS技术的工作流

（2）RS技术系统

RS技术系统是一个从地面到空中，直至整个空间，进行信息收集、存储、传输处理，分析判读、应用的技术体系。RS的实施必须依赖这个系统来完成。RS技术系统主要包括遥感信息源（目标物）、信息的获取、信息的接收与记录、信息的处理和信息应用5大部分。

① 遥感信息源（目标物）。任何目标都具有发射、反射和吸收电磁波的性质，都是遥感的信息源。目标物与电磁波的相互作用，构成了目标物的电磁波特性，它是遥感探测的依据。

② 信息的获取。这项工作主要由传感器来完成。接收、记录目标物电磁波特征的仪器，称为传感器。如扫描仪、雷达、报机、摄像机、辐射计等。

③ 信息的接收、记录。传感器接收到目标地物的电磁波信息，记录在数字磁介质或胶片上。胶片是由人或回收舱送到地面回收，而数字磁介质上记录的信息则可通过卫星上的微波天线传输给地面的卫星接收站。

④ 信息的处理——硬件系统（计算机、显示设备、大容量存储设备、图像的输入输出设备）和软件系统（数据输入模块、几何校正模块、图像变换、图像融合、分类、分析、输出等模块）。

⑤ 信息的应用。遥感获取信息的目的是应用，这项工作由各专业人员根据不同的应用需要而进行。在应用过程中，需要作大量的信息处理和分析工作，如不同遥感信息的融合，遥感与非遥感信息的复合等。

**5. 遥感的分类**

根据不同的分类标准，RS可以分成不同的类型。

（1）按遥感平台分类，可分为航天遥感、航空遥感和地面遥感，具体如表5-4所示。

表 5-4　按遥感平台分类的 RS 类型

| 类型 | 说明 |
| --- | --- |
| 航天遥感 | 传感器设置于环绕地球的航天器上，如人造地球卫星、航天飞机、空间站火箭等 |
| 航空遥感 | 传感器设置于航空器上，主要是飞机、气球等 |
| 地面遥感 | 传感器设置在地面平台上，如车载、船载、手提、固定或活动的高架平台上等 |

（2）按传感器的探测波段分为：可见光遥感、红外遥感、微波遥感、紫外遥感及多谱段遥感，具体如表5-5所示。

表 5-5　按探测波段分类的 RS 类型

| 类型 | 说明 |
| --- | --- |
| 可见光遥感 | 探测波段在 0.4～0.7 微米之间；可见光遥感应用比较广泛的一种遥感方式；可见光遥感具有较高的分辨率，在晴朗的白昼使用效果较好；常用的遥感器有摄影机、扫描仪、摄像仪等 |
| 红外遥感 | 探测波段在 0.76～1000 微米之间，又分为近红外或摄影红外遥感；中、远红外遥感通常用于遥感物体的辐射，具有昼夜工作的能力；常用的红外遥感器是光学机械扫描仪 |
| 微波遥感 | 探测波段在 1～1000 毫米的电磁波（即微波）的遥感；具有昼夜工作能力，但空间分辨率低；对云层、地表植被、松散沙层和干燥冰雪具有一定的穿透能力；雷达是典型的微波遥感系统 |
| 紫外遥感 | 探测波段在 0.3～0.4 微米之间的紫外光；主要遥感方法是紫外摄影 |

续表

| 类型 | 说明 |
| --- | --- |
| 多波段遥感 | 把目标物辐射来的电磁辐射分割成若干个窄的光谱带，然后同步探测，同时得到一个目标物不同波段的多幅图像，将不同波段的遥感信息加以组合，可以获取更多的有关物体的信息，有利于信息判断和识别。常用的遥感器有多光谱摄影机、多光谱扫描仪和反束光导管摄像仪等 |

（3）按研究对象可分为：资源遥感与环境遥感，具体如表5-6所示。

表 5-6　按研究对象分类的 RS 类型

| 类型 | 说明 |
| --- | --- |
| 资源遥感 | 是以地球资源作为调查研究对象，调查自然资源状况和监测再生资源的动态变化；具有成本低、速度快、有利于克服自然界恶劣环境的限制、减少勘测投资的盲目性的优势 |
| 环境遥感 | 是利用各种遥感技术，对自然与社会环境的动态变化进行监测或评价与预报的统称，由于人口的增长与资源的开发、利用，自然与社会环境随时都在发生变化，利用遥感多时相、周期短的特点，可以迅速为环境监测、评价和预报提供可靠依据 |

（4）按照感测目标的能源可分为：主动式遥感和被动式遥感，具体如表5-7所示。

表 5-7　按感测目标的能源分类的 RS 类型

| 类型 | 说明 |
| --- | --- |
| 主动遥感 | 是指传感器带有能发射信号的辐射源，工作时向目标物发射电磁波；同时接收目标物反射或散射回来的信号，以此所进行的探测技术。如雷达就属于主动遥感技术 |
| 被动式遥感 | 是利用传感器直接接收来自物体反射自然辐射源（如太阳）的电磁辐射，或自身发出的电磁辐射而进行的探测技术。如获得可见光、近红外的传统航空摄影技术和卫星遥感技术均属于被动遥感技术 |

（5）按应用空间分为：全球遥感、区域遥感和城市遥感，具体如表5-8所示。

表 5-8　按应用空间分类的 RS 类型

| 类型 | 说明 |
| --- | --- |
| 全球遥感 | 是全面系统地研究全球性资源与环境问题的遥感的统称 |
| 区域遥感 | 是以区域资源开发和环境保护为目的的遥感信息工程，它通常按行政区域（国家、省区等），自然区域或经济区进行 |
| 地面遥感 | 是以城市环境、生态作为主要调查研究对象的遥感工程 |

更多的RS知识请看：

http://v.you.com/v_show/id_XODAzNjixODg0.html

## 二、RS技术在物流中的应用

RS技术在物流中的直接应用很少，一般情况下都是与GPS、GIS配合使用，共同为物流服务。

3S（即GPS、GIS及RS）的结合应用，取长补短，是一个自然的发展趋势，三者之间的相互作用形成了“一个大脑，两只眼睛”的框架，RS技术从数据源的角度为GIS 提供或者更新数据；而GPS向GIS提供空间定位信息；GIS从RS和GPS提供的浩如烟海的数据中提取有用信息，进行相应的空间分析、综合集成，并以可视化的形式进行结果展示，使之最终成为物流作业和物流决策的科学依据。

RS技术提供的遥感信息是地理信息系统中重要的信息源，并且在GIS 快速的发展情况下，遥感技术中新兴的遥感制图技术保证了地图制图的效果，以及地理信息表达的协调、统一。

**小知识**

空间信息技术

空间信息技术（Spatial Information Technology）也称“3S”技术，由地理信息系统（GIS）、全球定位系统（GPS）和遥感测绘技术（RS）3大技术构成，是20世纪60年代兴起的一门新兴技术，70年代中期以后在我国得到迅速发展。人们将“3S”技术集成在一个统一的平台中，发挥它们各自优势，结合计算机技术和通信技术，进行空间数据的采集、量测、分析、存储、管理、显示、传播和应用等。空间信息技术在广义上也被称为“地球空间信息科学”，在国外被称为GeoInformatics。

更多的3S空间信息技术知识请看视频：

http://open.163.com/movie/2012/10/5/K/M8GFJSMKH_M8GG9KA5K.html

## 任务实训5-3

**实训内容：**

某物流公司需建一个GIS系统管理其运输业务，并为公司的重大决策提供依据，主要实现以下功能：

以丰富的地理数据支撑，满足信息检索查询要求；将用户所关注的各类数据信息，以文字、数据报表、图片、专题图等形式输出，以满足不同分析决策工作的需要；能实现周边情况查询，发现最新地理情况更新，为模型提供最新的地理数据进行决策分析；实时更新地理数据，为车辆进行精准的导航路径计算；能及时响应突发事件，指挥监控调度跟踪车辆。

**实训要求：**

1. 要实现上述功能，公司要用到哪几项技术？
2. RS技术可以为这个GIS系统提供什么服务？
3. 请仔细考虑RS技术的作用，设计详细RS技术使用方案。

# 任务四
# 呼叫中心技术的应用

## 任务目标

完成此任务后，学生能掌握呼叫中心的基本概念、特点；了解呼叫中心技术的构成;呼叫中心的主要类型；能利用呼叫中心技术的各项功能，为物流业务服务，比如客户服务追踪调查，信息反馈等。

**知识要点：**呼叫中心的基本概念；呼叫中心技术的分类、功能、构成及特点；呼叫中心技术在物流领域的应用。

## 相关知识

### 一、呼叫中心技术概述

#### 1. 呼叫中心的概念

集时通信呼叫中心介绍：

http://www.iqiyi.com/w_19rs5gnnkp.html

呼叫中心是充分利用现代通信与计算机技术，自动灵活地处理大量各种不同的电话呼入和呼出业务和服务的运营操作场所。即在一个相对集中的场所，由一批服务人员组成的服务机构，通常利用计算机及通信技术，处理来自企业、服务对象的电话垂询，尤其具备同时处理大量来话的能力、主叫号码显示功能，可将来电自动分配给具备相应技能的人员处理，并能记录和储存所有来电信息。一个典型的以客户服务为主的呼叫中心可以兼具呼入与呼出功能，当处理服务对象的信息查询、销售、订购、咨询、投诉等业务的同时，可以进行服务对象回访、满意度调查等呼出业务。

随着各种技术的不断发展，呼叫中心从概念上已经演变成（电话、传真、Internet，移动通信等）“呼叫”+（信息）“中心”。其中的“呼叫”只是代表了一种接入的手段，其途径已经不再仅局限于传统的电话，而发展到Internet访问、移动互联等接入方式，为的是从信息“中心”中获取信息和服务。呼叫中心涉及计算机（软硬件）技术、Internet技术、计算机电话集成技术（CTI）、数据仓库（商业智能BI）技术、客户关系管理（CRM）技术、交换机通信技术、企业ERP技术和企业管理、项目管理、团队管理等诸多方面的内容，它已经成为一个统一、高效的服务工作平台，将企业内分属各职能部门集中在一个统一的对外联系的窗口，集中化地安置坐席，采用统一的标准服务模式，为用户提供系统化、智能化、人性化的服务。各种信息的不同服务方式，产生了不同类型的增值业务。

**2. 呼叫中心的分类**

常见的呼叫中心分类有以下3种。

（1）按呼叫类型可以分为呼入型、呼出型及混合型。呼入型主要用于受理电话呼入的如客户投诉、报修、订单受理等；呼出型主要包括呼出电话营销、自动外呼系统、语音通知系统等；混合型是一种综合功能型的呼叫中心，包含前面两种类型的功能。

（2）按运营模式可以分为自建型、外包型及虚拟型。自建型指企业自建，完全掌控呼叫中心的所有数据信息，一次性投资。这种模式为绝大多数大中型企业所使用，随着呼叫中心价格的下降，越来越多的小企业也使用该模式；外包型指由某公司建立一个大型的呼叫中心，再租赁给其他公司使用，包括租赁号码线路、软件、设备及租赁坐席，坐席集中固定某处；虚拟型指由某公司建立一个大型的呼叫中心，再租赁给其他公司使用，包括租赁号码线路、软件、设备，这种方式通过互联网使用，坐席保留在各个的公司自己的办公室里，这种方式比较适合小型短期的使用。

（3）按前台接入技术可以分为板卡接入型、交换机接入型及互联网电话（VoIP）综合型。板卡接入型指通过专用的计算机语音板卡，提供传统交换机的功能，构建呼叫中心系统。这些专用的计算机语音板卡，具有较强语音处理能力，可以分别提供模拟电话线和数字电话线接口。这种类型的呼叫中心价格便宜 、容易开发，但是不够稳定。较适合于建立中小型的呼叫中心系统； 交换机接入型指通过传统的交换机作为电话接入设备，将用户的呼叫接入到后台的座席人员，同时，通过CTI服务器，对交换机进行有关的控制。该类型具有性能比较可靠、容量扩充容易，但是成本较高。适合建立较大规模的系统； VoIP综合型指 通过传统的公共交换电话网络，采用VoIP建立语音连接通道。用户可以通过Internet网络，与呼叫中心的座席人员，通过VoIP技术进行交流，既降低了通话成本，也开辟了“基于Web的呼叫中心”模式。VoIP技术为呼叫中心注入了新的技术活力，并将衍生出许多新的应用。

当然还有一些其他的分类比如按行业分、按规模分、按地点分布分等，这里不再详述。

**3. 呼叫中心的特点**

与传统商业模式和电话服务相比，现代的呼叫中心有集成性、便捷性、智能化、全天候、跨地域及个性化服务等特点。具体如图5-12和图5-13所示。

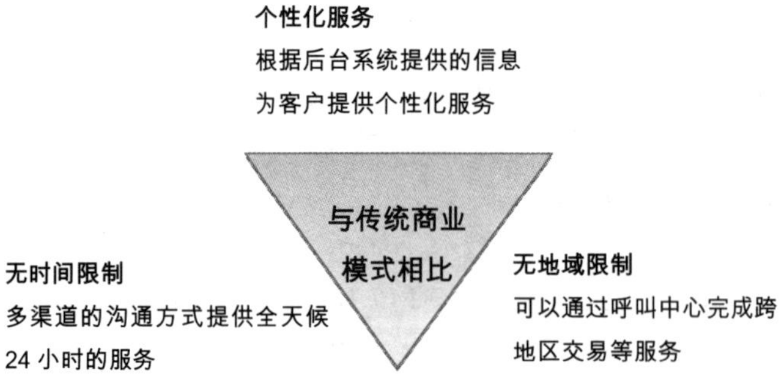

个性化服务
根据后台系统提供的信息
为客户提供个性化服务

与传统商业
模式相比

无时间限制
多渠道的沟通方式提供全天候
24 小时的服务

无地域限制
可以通过呼叫中心完成跨
地区交易等服务

图5-12 呼叫中心与传统商业模式相比的特点

图5-13 呼叫中心与传统电话服务相比的特点

**4. 呼叫中心的发展历程与方向**

（1）呼叫中心的发展历程

从20世纪30年代热线电话的兴起，到现在呼叫中心经历了4次飞跃式的发展，具体如图5-14所示。

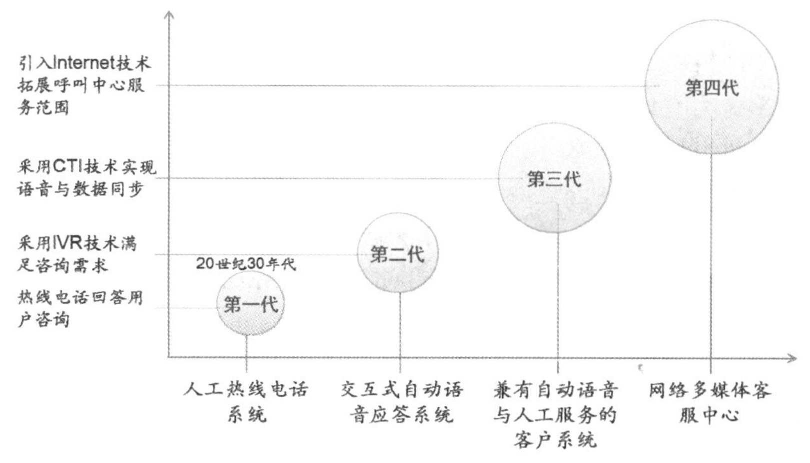


图5-14 呼叫中心的发展历程

（2）呼叫中心的未来发展方向

① 基于云计算的新型呼叫中心。云计算呼叫中心是基于云计算而搭建的呼叫中心系统，企业无需购买任何软、硬件系统，只需具备人员、场地等基本条件，就可以快速拥有属于自己的呼叫中心，软硬件平台、通信资源、日常维护与服务由服务器商提供。云计算呼叫中心具有建设周期短、投入少、风险低、部署灵活、系统容量伸缩性强、运营维护成本低等众多优点；它的最大特点是虚拟化和时间、空间弹性，随时随地部署，随时随地接入，集中管理，分布部署。无论是电话营销中心、客户服务中心，企业只需按需租用服务，便可建立一套功能全面、稳定、可靠、座席可分布全国各地，全国呼叫接入的呼叫中心系统。

中国电信云呼叫中心视频动画：

http://baidu.ku6.com/watch/1648289261294079861.html?page=videoMultiNeed

云计算呼叫中心一般可以分为公云呼叫中心、私云呼叫中心、混合云呼叫中心。公云用户无需任何设备、安装即可快速运行，起到立竿见影的效果；混合云在解决大集中、小分散上发挥作用；私云在个性化、高性能、私密性上发挥作用。

② 多媒体呼叫中心。有些公司已提供了部分多媒体功能的呼叫中心，CTI 的未来发展必然是语音数据及视频信号的集成。由于人类接收信号的70%来自视频，因此呼叫中心引入视频技术，即采取多媒体技术，将使呼叫中心在功能上有一个质的飞跃。要实现交互式视频通信，对用户端也提出了较高要求，所以它仍属于未来的呼叫中心。

③ 虚拟呼叫中心。利用智能化网络技术建立虚拟呼叫中心。利用智能化网络技术，虚拟呼叫中心可以建成系统庞大、功能齐全、座席数目过千的环球呼叫中心。这个系统可以同时被若干中小企业分享，呼叫中心所有权运营商所有。这种系统具有大型数据库或数据仓库，它可以为每一个“入网”的中小公司作决策和分析，当然中心运营商要保证各公司之间信息绝对保密和安全，以使任何一个公司不因采用共同呼叫中心而泄密。

④ 以CRM系统为基础的呼叫中心。对于集成度需求较高、业务较复杂的用户，更重视的是呼叫中心CRM系统与其业绩的紧密关系。比如保险行业，呼叫中心应该体现运营、流程、协作三个方面，这样的系统真正提升了用户管理效率和业务效益。

随着技术的发展，我们还可以给出若干新型呼叫中心，如基于ATM 技术的分布式呼叫系统、无线接入的移动呼叫中心等。但总的来说，呼叫中心将随着信息技术进步，向着智能化、个人化、多媒体化、网络化、移动化的方向发展。

## 二、呼叫中心的主要构成

呼叫中心主要包括自动呼叫分配（ACD）系统、交互式语音应答（IVR）系统、计算机电话综合应用（CTI）系统、主计算机系统、座席管理系统等。

### 1. 自动呼叫分配（Automatic Call Distribution，ACD）系统

ACD系统是呼叫中心有别于一般热线电话系统及普通交换机自动应答系统的重要标志，也是决定呼叫中心规模以及系统质量的重要部分，它是呼叫中心智能化的标志之一。ACD可以成批地处理来电，过多的来电可转入排队或留言，按客户自助选择的服务方式或按预先设定路由规则将来电转接给座席。ACD方式可以通过呼叫中心平台软件的管理界面进行灵活设置。

### 2. 交互式语音应答（Interactive Voice Response，IVR）系统

呼叫中心通过IVR可以和客户进行全程自动应答，这种菜单式的导航功能可以做得非常复杂和智能化。这也是呼叫中心区别于普通电话交换机集团电话的显著标志。例如，在拨“114”业务时，由IVR系统自动播出欢迎语和报出座席人员的编号。

### 3. 计算机电话综合应用（Computer Telephony Integration，CTI）系统

CTI技术是指计算机和通信技术的集成技术，从某种意义上来说，只要同时涉及计算机及电信技术的系统，都可以叫作CTI系统。呼叫中心CTI系统是基于CTI技术，充分利用互联网、电信通信网和计算机网的多项功能集成，并与企业连为一体的一个完整的综合信息服务系统。它利用现有的各种先进的信息技术手段，有效地为客户提供高质量、高效率、全方位的服务。呼叫中心的CTI系统能实现屏幕弹出及同步转移功能、呼叫跟踪管理、电话智能路由选择功、个性化问候语、来话和去话管理功能、在线录音等功能。而到现在的CTI技术不仅要处理传统的电话语音，而且要处理包括传真、电子邮件、短信及互联网电话（VoIP）等其他形式的信息媒体。

### 4. 主计算机系统

主计算机系统是呼叫中心的基础，它是呼叫中心的主要管理工具，内包含一个数据库系统，所

有用户数据和业务资料，都要存入这个统一的数据库系统中。主计算机系统不仅提供用户数据信息服务功能，还能为用户提供迅速、快捷的个性化服务。

一个典型物流呼叫中心解决方案：

http://www.wanye.cc/info/detail.asp?id=27215491

**5. 座席管理系统**

呼叫中心的工作人员被称为座席或业务代表，座席组成的小组被称为座席组（业务组）。一个呼叫中心小到一两个坐席，多到成百上千个坐席，而小企业和大企业的小部门也可以根据需要，非常经济地建立一个只有几个业务组的小型呼叫中心。呼叫中心座席管理系统对这些座席可以进行有效的权限管理，比如数据访问权限、功能操作权限、分级管理。另外呼叫中心座席管理还应具备呼叫中心的一些特色功能，如三方通话、监听、强插、强拆等功能。

## 三、呼叫中心对物流企业的作用

呼叫中心本身是个不断发展的技术，它利用先进的通信技术和计算机技术，使原先处于无序状态的客户服务成为一种可以量化、可控的产品化服务。从历史经验上看，呼叫中心的建设对物流企业有着以下几个方面的意义。

**1. 呼叫中心的建设有助于提高物流企业的工作效率**

在呼叫中心中，客户的基本信息和历史通信系统都将得到保存，当客户电话呼入时，计算机系统将自动的向服务人员提示客户的资料，这样服务人员可以更为有效地为客户服务，并且可以通过呼叫中心直接把服务需求提交到公司的管理系统中（如ERP、CRM、OA等），成为物流企业信息系统整体的一个有机组成部分。

**2. 呼叫中心建设有助于企业为客户提供个性化服务，提高客户忠诚度**

企业要提高客户忠诚度，仅仅让客户满意已是远远不够，现代的服务理念是感动客户，呼叫中心可以使企业改变客户服务中的被动状态，让每个客户感觉到自己所享受的服务是专业且独特的，感到企业一直关心着自己，从而更为忠实于企业品牌。

**3. 呼叫中心有助于物流企业构筑新的服务体系，发现新的市场**

物流企业在市场的竞争中犹如逆水行舟，不进则退，如何在市场竞争中屹立不倒，这需要物流企业不断创新。在呼叫中心建设之前，顾客为了获得公司的服务，往往需要自己奔波于多个部门之间，呼叫中心建成之后将成为公司对外统一的窗口，实现一站式服务。并且对客户服务不再仅是客户服务部门的事情，公司各个部门都能通过这个窗口接触客户、了解客户、服务客户，从而在公司形成一个全新的服务体系。同时呼叫中心在接触客户的同时，可以将大量的信息进行归类分析，为数据挖掘收集必要的基础数据，从中发现新的商机。

**4. 利用各种分析模型，辅助企业决策和管理**

呼叫中心可以对确定的主题进行有效的分析，得出有效的决策依据，利于物流企业进行作业和决策。其分析模型主要包括以下几种。

（1）客户拨打服务热线的行为记录分析模型

根据客户拨打客户服务热线的行为（咨询、投诉、建议等）电话信息对客户的行为进行分析，从而充分利用客户服务中心，指导其服务方向和服务策略，还可以掌握投诉的回复情况和时效。

（2）服务质量分析模型

根据系统的呼叫应答率、中继的占用率、话务平均等待时长、平均通话时长、自动语音应答系统（IVR）的应答成功数/失败数、客户满意度等，从多个角度量化和分析系统的服务质量。

（3）话务量分析及预测模型

根据已有的系统话务量、人工话务量、自动业务话务量、各子业务话务量分析预测将来某一时间（包括年、月、日、时段等级别）的话务情况，根据话务情况分析系统的负载及处理能力，通过分析可以更好的调配各种资源，达到优化配置，使管理更加有效。

（4）话务员坐席排班及考核管理模型

根据话务量、人工平均通话时长、时间段、坐席数和接通率情况等对话务员排班及坐席数进行分析预测。通过分析和预测，可以有效地安排人员，提高效率，降低企业的成本，重要的是，避免出现接通率过低带来的不良影响。

（5）业务单处理情况分析

对业务单处理状况进行统计分析，包括：提交业务单统计分析、复核业务单统计分析、派单业务单统计分析、反馈业务单统计分析等，督促责任部门保障业务单的及时响应率，同时为优化后台工作流程提供依据。

（6）电话营销分析模型

根据已生成的电话销售表对所进行的电话销售模式和销售效果进行分析和预测，从而指导电话销售策略，提高电话销售成功率。

在提供以上分析模型的基础上，还可以扩展到其他应用模型：可能流失客户分析、潜在客户分析、信用度分析、代理商业绩分析等。

总之，物流业呼叫中心的建立具体作用有：创造和提升物流企业形象，彰显企业实力；有利于物流企业的宣传与行销推广，拓展新的营销渠道；提高物流企业内部管理效率及员工满意度；24小时无昼夜服务，保证客户服务的连续性；实现无纸化办公，降低企业运营成本；合理安排人员配备，减少人力成本；提高客服人员工作效率，提升服务档次与规范性，提高服务质量；优化配送供应链各个环节，提高整体效率；确保物流信息的及时、高效、快速；增强物流企业及其供应链的市场灵敏度。

**案例 5-1**

## 深圳圆通呼叫中心

深圳圆通速递是上海圆通的加盟公司，主要负责深圳地区的快递业务，总部位于深圳宝安，在深圳地区有30多个分支网点。随着近两年快递行业的迅速发展，圆通速递凭借自身的网点优势与价格优势，在深圳快递市场形成了一定的市场占有率。紧跟顺丰速递、申通速递的步伐，到今年为止，已经达到每天平均3万票的业务量。业务量的提升势必对企业的管理与服务水平提出更高的要求，圆通客户服务热线原先存在的诸多问题也暴露出来。主要表现如下。

第一，无统一的服务号码，不利于企业品牌的建设；

第二，各分点公布的电话为直线电话，经常占线，业务流失；

第三，总部没有统一的客户资料库，无法掌控深圳客户资源，且加盟点客户资料混乱；

第四，缺乏对话务员进行管理考核的办法和工具，服务水平低下；

第五，电话系统没有与自身业务流程相结合，工作效率低；

第六，各环节信息化程度低，信息沟通不畅，造成库存大，运力浪费；

第七，分公司遍布全国，业务难以统一调度、统一管理；

第八，先进的信息技术在客户关系管理上应用范围有限。

深圳圆通遇到的问题，也是大多数发展中的物流公司存在的问题，为了解决这些问题，深圳圆通建立了一套呼叫中心系统，呼叫中心解决深圳圆通以下问题。

第一，呼叫中心系统可以统一企业接入号，进一步树立深圳圆通企业形象。

第二，为圆通建立完善的客户资料库，使公司总部将客户资源掌握在自己手中。

第三，将来电号码与客户资料相关联，结合自身的业务系统，可以将话务员下单效率提高。

第四，呼叫中心自带的电话录音与统计报表等功能，可以使话务员的考核与管理实现有据可依，提高企业服务水平。

通过企业呼叫中心，企业与客户能在任何时间与任何地点，采用多种方法进行联络。客户可以得到更加准确、及时的物流信息，能够更加迅速地得到物流配送等服务；深圳圆通的品牌、服务形象与服务质量将得到提升，深圳圆通的物流业务的各个环节将得到优化，业务流程实现了规范化，服务水平、工作效率都得到了提升。因此，呼叫中心系统将从总体上提升深圳圆通的整体竞争力。从成本，到效益，再到增值，呼叫中心系统不仅仅是物流企业和客户的桥梁和纽带，而是为物流企业带来更多更大的收益。

上海圆通总部在考察了深圳圆通客服呼叫中心工作现场后，对该企业内部创新表示赞赏，深圳圆通呼叫中心的建设模式在圆通体系内得到了推广。

## 任务实训5-4

**实训内容：**

1. 仔细阅读案例5-1。
2. 分析深圳圆通为什么要建立呼叫中心。

**实训要求：**

1. 完成实训内容。
2. 再根据案例出现的问题以及现实快递情况，请你谈谈呼叫中心对快递业发展的意义。
3. 将上述内容有条理的整理好，完成实训报告。

# 课后练习

**一、简答题**

1. 简述GPS的发展历史及其作用。
2. 简述GIS的类型及各自的特点。
3. RS技术的原理是什么？它的工作流程有哪几个关键步骤？
4. 简述呼叫中心的特点有哪些。

**二、判断题（正确填A，错误填B）**

1. GPS的功能就是定位与导航。(　　)
2. GIS的强大功能主要是模型分析功能。(　　)
3. RS技术的作用只能在白天发挥作用，到了晚上就不行了。(　　)
4. 呼叫中心除了作为客户维护和管理的主要工具，也可称为企业决策的好帮手。(　　)
5. 3S技术的配合使用，能发挥出更强大的作用。(　　)

**三、单选题**

1. 下列关于呼叫中心座席管理说法不对的是（　　）。
   A. 呼叫中心的工作人员被称为座席或业务代表
   B. 一个呼叫中心的座席可大可小，小的可以有一两个座席，大的可以有成百上千个座席
   C. 呼叫中心座席管理系统对这些座席可以进行有效的权限管理
   D. 三方通话不是叫中心座席管理系统的功能
2. 云计算呼叫中心一般可以分为公云呼叫中心、私云呼叫中心及（　　）。
   A. 大云呼叫中心　B. 混合云呼叫中心　C. 无云呼叫中心　D. 技术云呼叫中心
3. 3S（即GPS、GIS及RS）的结合应用，正确的说法是（　　）。
   A. GPS与RS就像两只眼睛，而GIS相当于大脑
   B. GPS负责提供数据
   C. RS负责定位
   D. RS从GIS和GPS提供的浩如烟海的数据中提取有用信息，进行分析辅助企业决策
4. GIS用于解决在一个起点、多个终点的货物运输问题的模型是（　　）。
   A. 车辆路线模型　B. 网络物流模型　C. 分配集合模型　D. 设施定位模型
5. 下列哪个卫星导航系统是中国研发的（　　）。
   A. GPS　B. COMPASS　C. GLONASS　D. GNSS

**四、多选题**

1. GPS的组成主要包括（　　）。
   A. 分布在6个轨道平面上的24颗高轨道（距地面约20000千米）工作卫星
   B. 地面控制部分

C. 4颗就可以定位的卫星

D. GPS信号接收机

E. 分布在4个轨道平面上的28颗高轨道（距地面约20000千米）工作卫星

2. GPS在汽车导航和交通管理中的应用主要有（　　）。

A. 车辆跟踪　　B. 提供出行路线规划和导航

C. 进行信息查询　　D. 随时与车辆通话，进行实时管理

E. 紧急援助.

3. 对于GIS的各组成部分，正确的有（　　）。

A. 硬件和软件为地理信息系统建设提供环境

B. 数据是GIS应用系统最重要的基础组成部分

C. GIS的方法主要是指空间信息的综合分析方法

D. GIS的人员是系统建设中的关键和能动性因素

4. 遥感技术系统主要包括（　　）。

A. 信息的接收与记录　　B. 信息的处理和信息应用

C. 信息的获取　　D. 遥感信息源（目标物）

5. 呼叫中心主要包括（　　）。

A. 自动呼叫分配（ACD）系统　　B. 计算机电话综合应用（CTI）系统

C. 主计算机系统　　D. 交互式语音应答（IVR）系统

E. 后勤支援系统　　F. 座席管理系统

**五、名词解释**

GPS　　GIS　　RS　　空间信息技术　　呼叫中心

## 项目综合实训五

**一、实训目的**

熟悉GPS、GIS、RS及呼叫中心技术的特点，学生根据实际的物流企业的情况，应用这几项跟踪技术解决企业实际的困难。

**二、实训方式**

实训场所安排在计算机机房，需上网。

**三、实训内容及步骤**

1. 任务

（1）仔细阅读以下资料，了解企业情况及需求。

某物流企业在全国经历了十几年的发展已经初具规模，但是随着业务的扩大，公司出现重大问题，具体体现如下。

第一，货物丢失问题。公司经常发生货物丢失、调换事件，特别是对于一些价值较高的货物，使公司不仅赔了不少钱，而且公司的声誉和形象受到了很大的损害。即使有时候，公司经过调查把一些货物追回来了，却也让公司花费了大量的人力和时间，严重影响公司的正

常运营。

第二，车辆管理问题。公司的车辆管理较为混乱。经常出现无车可用，而空车返程率却又很高的现象；司机经常利用公司车辆拉私活，公司却没证据；出现意外事故，公司不能及时调用其他车辆进行补救，例如途中汽车抛锚造成延误交货时间的事件常有发生；每次车辆送货的路径大多靠司机的经验，车辆经常遇到堵车情况，得不到及时处理，造成货物移交延误，流失客户。

第三，客户管理问题。应为公司客户较为分散，资料难以收集、掌握、统计；客户服务没有标准与管理粗糙，导致客户资源浪费；没有统一的服务口径，服务响应速度慢、成本高、效率低；少数精干的业务员掌握着公司大多数客户的动态资料，客户容易流失。

第四，业务管理问题。分公司遍布全国，业务难以统一调度、统一管理；各环节信息化程度低，信息沟通不畅，造成库存大，运力浪费。

另外，公司每次业务拓展，都要花费大量的金钱请专业的咨询公司为公司做决策，例如仓库、配送中心的选址等，这给公司财务上造成了不少压力。

（2）请针对每一问题，运用所学的物流动态追踪技术，说说解决办法。

（3）为该公司设计一个方案，具体解决上述问题。

2. 实训指导

分小组进行实训，建议4位同学一组。

（1）每组选出组长，自行分配组员任务。

（2）查询所需的参考资料，分析每项动态追踪技术的优势，结合上述问题，设计可行性方案。

**四、实训结果**

每小组提交一份实训报告和PPT，要求详细记录解决问题方案，并派1人向全班汇报。

# 项目六
# 物流企业电子商务的应用

## 项目目标

### 知识目标

掌握电子商务、电子商务物流、电子物流的基本概念；

理解电子商务物流的模式的种类及特点；

掌握电子商务的物流过程；

了解常见电子商务与现代物流的关系。

### 能力目标

能根据提供案例分析电子物流的特点；

能分析电子商务物流的模式优劣，并分析其流程。

## 案例导入

### 首个电子商务物流标准出台

2015年11月19日，商务部流通发展司牵头，中国电子商务协会、中国电子商务物流企业联盟组织承接，顺丰速运集团主笔的《电子商务物流服务规范》SB/T11132—2015（以下简称为《规范》）正式出台，这是我国电子商务物流领域的首个行业标准，今年9月1日起全国正式实施。该标准首次明确了电子商务物流这个新概念，标志着电子商务物流纳入整个物流体系里面的一个细分领域，成为当今物流行业发展的一个热点。《规范》的出台有利于在互联网时代对电子商务物流产业的区分，更好地去服务于大规模电商物流的需求。具体原因如下：

《电子商务物流服务规范》的解读相关文章：

http://www.yidianzixun.com/n/0D10iUkl?s=9&appid=xiaomi&ver=3.6.0&utk=295gyc04

第一，电子商务物流正式成为物流业的细分领域，新业态需要新标准引导。

第二，电商物流和传统的物流存在很多不同，《规范》的形成有利于理清电商或者商家、物流企业，大家之间的职责、权利义务关系，构建电子商务物流健康生态系统。

第三，电子商务物流服务市场十分不规范，标准的确立可以规范电子商务物流服务市场，促进电子商务物流健康发展。

#### 思考

1．电子商务物流为什么要单独从物流业划分出来？

2．电子商务物流与传统物流有什么不同的地方？

# 任务一
# 电子商务认知

## 任务目标

完成此任务后，学生能理解电子商务发展阶段、分类及功能；能分析比较传统商务与电子商务的异同。

**知识要点：**电子商务的基本概念；电子商务的功能；电子商务的常见类型；物流于电子商务的相互关系。

## 相关知识

### 一、电子商务概述

电子商务起源于20世纪70年代，是伴随电子数据交换这一技术而产生的商务新概念。近几年，随着经济全球化和信息网络化的飞速发展，电子商务达到了更高的层次，改变了人们的生活，对给整个社会带来的影响，不亚于蒸汽机的发明。电子商务发展的主要分为5个阶段，具体如图6-1所示。

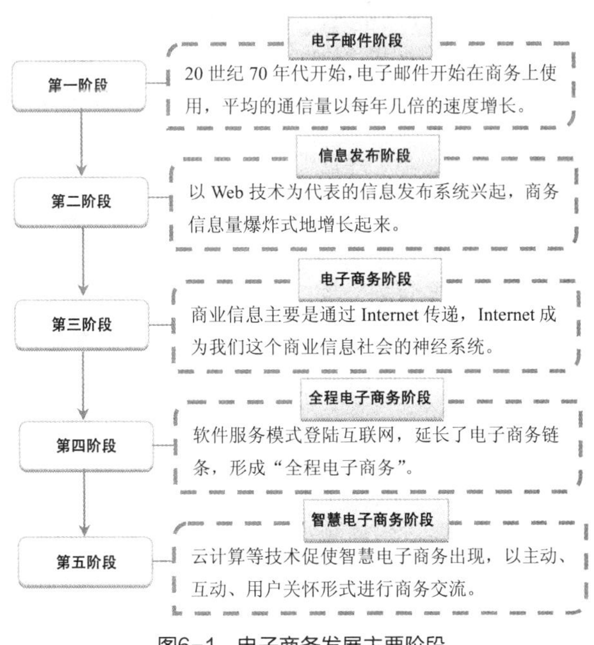


图6-1　电子商务发展主要阶段

从电子商务发展的5个阶段来看，互联网技术的发展与革新，成为了电子商务的发展的主要动力。

**1. 电子商务的定义**

电子商务是利用微电脑技术和网络通信技术进行的商务活动，通常是指在因特网开放的网络环境下，全球各地广泛的商业活动买卖双方进行各种商贸活动，实现消费者的网上购物、商户之间的网上交易和在线电子支付以及各种相关的综合服务活动的一种新型的商业运营模式。它以信息网络技术为手段，以商品交换为中心在互联网（Internet）、企业内部网（Intranet）和增值网（Value Added Network，VAN）上，以电子交易方式进行交易活动和相关服务的活动，是传统商业活动各环节的电子化、网络化、信息化的结果。

各国政府、学者、企业界人士根据自己所处的地位和对电子商务参与的角度和程度的不同，给出了许多不同的定义。但是，总体来说它的关键在于依靠着电子设备和网络技术进行的商业活动，而且它已不仅仅包括其购物的主要内涵，还包括了物流配送等附带服务。电子商务包括电子货币交换、供应链管理、电子交易市场、网络营销、在线事务处理、电子数据交换（EDI）、存货管理和自动数据收集系统。在此过程中，利用到的信息技术包括互联网、外联网、电子邮件、数据库、电子目录和移动通信等技术。

可以从广义和狭义上理解电子商务，广义的电子商务定义为，使用各种电子工具从事商务活动；狭义电子商务定义为，主要利用Internet从事商务或活动。所以无论是广义的还是狭义的电子商务的概念都涵盖了两个方面：一是离不开互联网这个平台，没有了网络，就称不上为电子商务；二是通过互联网完成的是一种商务活动。

**2. 电子商务的分类**

电子商务的分类方法很多，可以按参与的交易所涉及的商品内容、交易对象和进行交易的企业所使用的网络类型等进行分类。具体如表6-1所示。

表 6-1 电子商务主要分类情况

| 分类依据 | 类别 | 说明° |
|---|---|---|
| 商品内容 | 间接电子商务 | 有形货物的电子订货和付款，仍然需要利用传统渠道如邮政服务和物流送货 |
| | 直接电子商务 | 无形货物和服务，如某些计算机软件、娱乐产品的联机订购、付款和交付，或者是全球规模的信息服务 |
| 使用网络的类型 | 增值网络的电子商务商务 | 利用增值网络的服务进行电子商务，例如利用电子数据交换（即 EDI）进行的电子商务活动 |
| | 基于 Intranet 的电子商务 | 在一个大型企业内部或者一个行业内部建立的网络进行的电子商务活动 |
| | 基于互联网的电子 | 利用 Internet 联通全球网络开展的电子商务活动，这是目前最主要的电子商务活动形式 |
| 交易对象 | 企业对企业的电子商务（B2B） | 企业与企业之间通过互联网进行产品、服务及信息的交换 |
| 交易对象 | 企业对消费者的电子商务（B2C） | 像天猫商城、京东商城、一号店、亚马逊、苏宁易购、国美在线等都是这种类型 |
| | 企业对政府的电子商务（B2G） | 企业与政府管理部门之间的电子商务，如政府采购，海关报税的平台，国税局和地税局报税的平台等 |
| | 消费者对消费者的电子商务（C2C） | 通过为买卖双方提供一个在线交易平台，使卖方可以主动提供商品上网拍卖，而买方可以自行选择商品进行竞价 |
| | 线上和线下相结合（O2O） | 是新兴起的一种电子商务模式，即将线下商务的机会与互联网结合在了一起，让互联网成为线下交易的前台 |

### 3. 电子商务的功能

电子商务具有广告宣传、咨询洽谈、网上定购、网上支付、电子账户、服务传递、意见征询、交易管理等各项功能。

电子商务的强大功能正改变我们的生活：

http://baidu.ku6.com/watch/01135216991880875799.html?&recFrom=site&list=4&&page=videoMultiNeed

广告宣传：企业可以在Internet上发布各类商业信息，宣传商品和企业；客户可借助网上的检索工具迅速地找到所需商品信息。这类广告成本低廉，信息量丰富。

咨询洽谈：电子商务可借助非实时的电子邮件，新闻组和实时的讨论组来洽谈交易事务，还可用网上的白板会议来交流即时的图形信息。

网上订购：网上的订购通常都是在产品介绍的页面上提供十分友好的订购提示信息和订购交互格式框。当客户填完订购单后，通常系统会回复确认信息单来保证订购信息的收悉。订购信息也可采用加密的方式使客户和商家的信息不会泄露。

网上支付：电子商务可以通过信息传输安全性手段实现网上支付结算，例如信用卡、余额宝等具体方式。

电子账户：账户管理是电子商务基本的组成部分，电子商务采用数字凭证、数字签名、加密等技术手段保证电子账户操作的安全性。

服务传递：可以根据客户购买的商品形式选择合适的配送服务。例如，线下配送实体商品，线上配送软件等无形商品。

意见征询：电子商务能通过用户界面及时获取客户的反馈意见，这不仅能提高企业售后服务的水平、改进产品，而且有利于发现新商业机会。

交易管理：电子商务的交易的管理涉及到人、财、物多个方面，囊括了商务活动全过程。因此电子商务必须具备企业和企业、企业和客户及企业内部等各方面的协调和管理功能。

## 二、电子商务与物流的关系

物流在未来的发展与电子商务的影响是密不可分的，物流能力的滞后对电子商务发展的制约明显，而电子商务在物流上的应用恰恰是解决物流能力滞后问题的途径；反过来，电子商务需要提高效率，必须要高效的物流系统作支撑。所以，完善的物流服务使得电子商务企业蓬勃发展，同时，电子商务的发展又提升了物流水平，促进了物流业和物流技术的发展。具体关系如下。

### 1. 物流是电子商务不可或缺的部分

通常电子商务可以用下面的等式来表示：

电子商务＝网上信息传递＋网上交易＋网上支付＋物流配送

一个完整的电子商务活动，要涉及信息流、商流、资金流和物流等4个流动过程。在一定意义上说，物流是电子商务的重要组成部分，是信息流和资金流的基础和载体。

### 2. 物流是电子商务优势正常发挥的基础

在电子商务下，商品生产和交换的全过程，都需要物流活动的支持，没有一个高效的、合理的、畅通的现代化物流系统，电子商务所具有的优势就难以发挥。

**3. 电子商务的快速发展离不开物流的支持**

随着电子商务的不断扩大发展，对物流的需求越来越高，而作为实体流动的物流活动发展相对滞后，所以在某种程度上来说，物流是电子商务发展的瓶颈。只有物流业不断发展壮大，实现现代化、智能化，才能支撑电子商务的快速发展。

**4. 电子商务为物流创造了一个虚拟性空间，缩短了物流时间、简化了物流流程**

在电子商务状态下，人们在进行物流活动时，物流的各项职能及功能可以通过虚拟化的方式表现出来，在这种虚拟化的过程当中，人们通过各种的组合方式，寻求物流的合理化，使商品实体在实际的运动过程中，达到效率最高、费用最省、距离最短、时间最少的目的。

**5. 电子商务将改变物流企业对物流的组织和管理**

在传统条件下，物流往往使从某一个企业进行组织和管理的，而电子商务则要求物流以社会的角度来实行系统的组织和管理，以打破传统物流分散的状态。这就要求企业在组织物流的过程中，不仅考虑本企业的物流组织和管理，而且更重要的是要考虑全社会的整体系统。

**6. 电子商务将改变物流企业的竞争状态**

在电子商务时代，物流企业之间依靠本企业提供优质服务、降低物流费用等方面来进行的竞争内容依然存在，但是有效性却大大降低了。原因在于电子商务需要一个全球性的物流系统来保证商品实体的合理流动，对于一个企业来说，即使其规模再大，也是难以达到这一要求的。这就要求物流企业应相互联合起来，在竞争中形成一种协同合作的状态，以实现物流高效化、合理化和系统化。

**7. 电子商务促进物流基础设施的改善**

电子商务高效率和全球性的特点，对物流的要求也必然高。而物流要达到这一目标，良好的交通运输网络、通信网络等基础设施必须不断地得到提高。

**8. 电子商务促进物流技术的进步**

物流技术水平的高低是实现物流效率高低的一个重要因素，要建立一个适合电子商务运作的高效率的物流系统，提高物流的技术水平是其保证。

## 任务实训6-1

**实训内容：**

1. 登录中国电子商务协会（CECA）、中国互联网信息中心（CNNIC）等网站，查询、收集、整理国内外电子商务发展现状信息，撰写调查报告。

2. 登录京东、淘宝或者天猫等电子商务商城，完成一件生活必备品的订购，观察从你下单到收货过程中，物流是怎样支持电子商务的，并具体分析电子商务物流跟传统的物流有什么区别。

**实训要求：**

1. 完成第1个实训内容要求的调查报告，格式要求规范。

2. 记录第2个实训任务的全过程，并分析物流对电子商务的支持作用及电商对物流的影响，完成实训报告。

# 任务二
# 电子商务在物流企业中的应用

## 任务目标

完成此任务后，学生能掌握电子商务物流模式的种类，特点和适用范围；能分析比较传统商务与电子商务的异同。

**知识要点：** 电子商务的基本概念；电子商务的功能；电子商务的常见类型；物流于电子商务的相互关系。

## 相关知识

### 一、电子商务物流模式

随着电子商务的进一步推广与应用，物流对电子商务活动的影响被越来越多的人所注意。电子商务这种新经济模式要求新物流模式。企业选择物流模式要从企业的竞争战术角度来考虑，最重要的决策因素有两个：一个看是否能够提高企业运营效率；二是看是否能够降低企业运营成本。对于电子商务企业来说，选择合适的物流模式是其成功的重要保证之一。当下，主要的电子商务物流模式有以下几种。

#### 1. 企业自营物流模式

企业自营物流是指企业自身经营物流业务，组建全资或控股的子公司完成企业物流配送业务。

对于已开展普通商务的公司，可以建立基于Internet的电子销售商务系统，同时可以利用原有的物资资源承担电子商务的物流业务。这方面，对于拥有完善流通渠道包括物流渠道的制造商或经销商，为它们的电子商务业务开展自营物流模式具有非常大的优势。一般来说，企业采用自营物流模式的主要原因有：

第一，企业对物流的控制能力加强，不会受制于人。

第二，加强了企业与客户的关系，减少客户流失的风险。

第三，第三方物流不能满足本企业的需求，服务功能达不到企业的要求。

这种模式比较适合大型企业，建立的配送中心是客户多并且相对集中的城市。建立自营仓库会减少长距离的运输费用，从而减低物流成本。同时，增加了商城与客户的接触，有利于了解客户的需求，提高顾客的满意度。

**案例 6-1**

## 京东商城的自营物流

京东总裁刘强东认为，京东有两大重要成本，即仓储成本与配送成本。降低配送成本，是电子商务自建仓储中心的原因之一。拿大家电为例，去年京东核算数字发现，从北京发到西安的大家电，平均成本是每件400多元。但如果在西安租一个库房，每件的配送成本只有48元，能省下90%。而且家电的利润率本身不高，有时配送费甚至高过产品本身的利润率。所以京东商城考虑到运营成本的问题，开始了自营物流模式。例如在上海嘉定投资占地约133333平方米的京东商城“华东物流仓储中心”，耗资上千万引进自动传送带、配备手持PDA及小型叉车。

除了成本的考虑，提高供应链的响应速度亦是京东自建物流的出发点。由于订单增长太快，物流中心的处理能力根本跟不上，越来越多的消费者体验不佳，巨大的订单量成为京东“甜蜜的负担”。基于这项考虑，京东对物流仓储的投资周期越来越长，投资的金额越来越大，只有前瞻性的规划才能满足未来3年的发展速度。

2009年至今，京东商城陆续在天津、苏州、杭州、南京、深圳、宁波、无锡、济南、武汉、厦门等40余座重点城市建立了城市配送站，为用户提供物流配送、货到付款、移动POS刷卡、上门取换件等服务。2010年4月初，京东商城在北京等城市率先推出“211限时达”配送服务，在全国实现“售后100分”服务承诺，随后手机版京东商城也正式面世，京东商城的服务系统正在逐步实现跨越性的升级。此外，北京、上海、广州、成都四地物流中心也已扩容超过12万平方米，仓储吞吐量全面提升。

**思考：**请分析京东商城自营物流的优势和劣势。

**2. 第三方物流模式**

第三方物流（也称合同物流）是指由物流劳务的供方、需方之外的第三方去完成物流服务的物流运作方式。第三方就是指提供物流交易双方的部分或全部物流功能的外部服务提供者。在某种意义上可以说，它提供的物流更兼的专业化。

电子商务物流采用第三方物流模式，需要物流提供者在特定的时间内按照特定的价格向使用者提供的个性化的系列化的物流服务，这种物流服务一般都是建立在现代电子信息基础上的，是经济发展和社会分工的产物，是工商企业和电子商务企业网站进行货物配送的首选模式。它的优势如下。

第一，利于电子商务企业集中精力发展主业。电子商务企业的关键业务不会是物流业务，并且物流业务也不是他们的专长，通过第三方物流，企业可以将有限的人力，财力集中于核心业务，做好网站的维护与更新，商品的监督与更换。

第二，可以减少仓库建设费用、减少库存量、降低库存成本。电商企业如果自建物流，需要投入大量的资金购买物流设备，建设仓库和信息网络等专业物流设备。这将给企业背负上沉重的负担。

第三，在延伸服务上的优势。例如，关于需求预测功能，第三方物流服务商可以根据物流中心商品进货、出货信息来预测消费者的需求，从而给电子商务企业提供未来供货依据。

第四，客户服务的优势。第三方物流可以利用强有力的信息网络，加大物流订单的处理能力，缩短对客户需求的响应时间，进行直接到户的点对点的配送，实施商品的快速交付，提高客户的满意度。

这种模式比较适合中、小型企业。因为它不需要企业对物流有太大的财力、人力的投入，并且第三方物流还可以带给中小型企业更多的增值服务。随着第三方物流的发展和完善，这种模式将有更加广阔的发展前景。

**案例6-2**

### 淘宝商城的物流模式

淘宝商城的物流是由商户自己选择第三方物流进行配送，如顺丰、申通、圆通、韵达等。淘宝网与快递公司合作，采取了“推荐物流”“网货物流推荐指数”等策略供顾客选择第三方物流公司，商家可以在淘宝平台上通过比较各个推荐快递公司的运费，选择价格最低的快递公司，也可以综合考虑快递公司的服务质量，参考网货物流推荐指数再做选择。商家可以选择淘宝商城推荐的快递公司的报价，也可以视自己的快递业务量与快递公司协商取得更加低廉的价格。

淘宝相关负责人表示，淘宝在挑选合作物流公司上，主要看对方能否提供最具竞争力的价格、覆盖的服务区域以及服务质量。物流公司要进入淘宝商城的推荐物流企业行列，必须是网络成熟、排名前10的企业，而且服务范围尽量是全国范围内的。在进入淘宝的“推荐物流”行业后，物流公司必须与淘宝签订相关协议，约定服务价格、内容和方式，以及非常优惠的赔付条款，并规定由淘宝监控和督促物流公司对于投诉和索赔的处理。

目前，淘宝的推荐物流企业包括中国邮政、圆通速递、宅急送、申通快递、风火天地（上海同城）、E邮宝、韵达和天天快递等。由于与淘宝商城合作的物流企业素质的不均衡，淘宝还决定引入“物流保险”，以保障商品在配送领域的安全。

**思考：**淘宝商城对于与它合作的第三方物流公司有严格的选择制度和安全保障制度，请从这些方面分析电子商务企业采用第三方物流模式的劣势。

**3. 物流一体化模式**

所谓物流一体化就是以物流系统为核心，由生产企业、物流企业、销售企业、消费者构成的供应链的整体化和系统化。它是物流业发展的高级和成熟的阶段，物流业高度发达，物流系统完善，物流业成为社会生产链条的领导者和协调者，能够为社会提供全方位的服务。

物流一体化的实质是一个物流管理的问题，即专业化物流管理人员和技术人员，充分利用专业化物流设备、设施，发挥专业化物流运作的管理经验，以求取得整体最优的效果，它必须以第三方物流充分发育和完善为基础。物流一体化具有如下优点。

第一，按照订单订购量采购，改变了传统的按库存生产模式，消除了对需求预测的盲目性和误差，从而达到消除库存的目的。

第二，降低了采购成本，提高了产品质量。

第三，保证了商流、物流、资金流的顺畅。物流一体化企业可以建立信息交流平台，与网上的合作者，保证商流、物流、资金流的顺畅。

第四，提高货物的分拨效率。以海尔公司为例，中心城市6～8小时配送到位，区域配送24小时到位。

第五，加快了公司流动资金周转。通过物流改造和电子商务技术的应用，可以实现网上支付款，加快资金流动，提高效率，节约成本。

第六，可以整合内部资源，优化外部资源，建立了强大的全球供应链网络，有力地保障产品的质量和交货期。

物流一体化的模式，只适合于大型企业，对于中、小型企业来说是不合适的，它需要强大的资金、人力的投入，以及现代技术的支持。这种模式前期的资金投入太大，回报周期时间较长。所以这种模式应用的企业相对来说较少。

**案例6-3**

## 海尔的物流模式

海尔物流成立于1999年，依托海尔集团的先进管理理念以及海尔集团的强大资源构建海尔物流供应链的“一流三网”同步模式，这是一个物流纵向一体化成功的典型案例，“一流”是以订单信息流为中心，“三网”分别是全球供应链资源网络、全球配送资源网络和计算机信息网络。“三网”同步流动，为订单信息流的增值提供支持。这种模式成为海尔的核心竞争力，为全球客户提供最有竞争力的综合物流集成服务，成为全球最具有竞争力的物流企业。

根据企业发展战略的需要，海尔改变了传统的按库存生产的模式，转而采用按订单生产的管理模式，消除了对需求预测的盲目性和误差。为了保证按订单生产模式的成功，海尔集团实施了现代物流同步的模式，全球供应链网络得到了全面优化整合，国际化供应商的比例大幅度上升，保证了产品质量和JIT交货。在物流技术和计算机信息管理的支持下，海尔物流通过3个JIT（Just In Time），即JIT采购、JIT配送和JIT分拨物流来实现同步流程，具体如图6-2所示。同时，海尔在全国招聘大量的专业物流人才，自建先进立库，租赁大量仓库来满足物流一体化模式的运行要求。

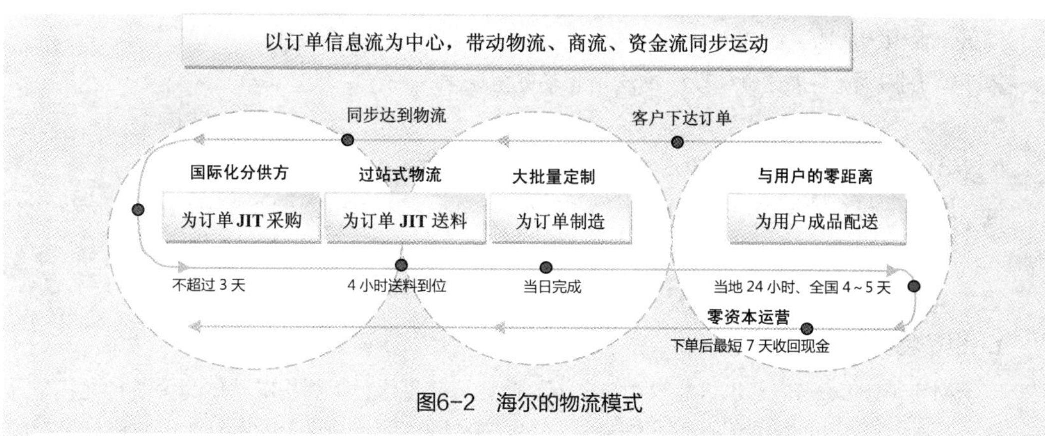


图6-2　海尔的物流模式

**思考：**海尔为什么不能对大量的租赁仓库进行投资，改造货架、托盘、叉车及其他设施设备？从行业角度考虑，海尔的一体化物流会面临什么样的问题？

**4. 电子商务虚拟物流配送模式**

虚拟物流概念最初是由美国学者Stuart等人于1996年在阿肯色州大学物流协会报告中提出的，当时Stuart认为利用日益完善的通信网络技术及手段，将分布于全球的企业仓库虚拟整合为一个大型物流支持系统，以完成快速、精确、稳定的物资保障任务，满足物流市场的多频率、小批量订货需求。GB/T 18354—2001物流术语将虚拟物流定义为：以计算机网络技术进行物流运作与管理，实现企业间物流资源共享和优化配置的物流模式。

电子商务下的虚拟物流模式就是“电子商务企业+虚拟物流企业”。虚拟物流企业服务于电子商务企业。这种模式需要以共享信息平台为基础，挑选合适的合作伙伴，建立伙伴相互之间信任机制、发挥各企业的核心能力，才能组建虚拟物流企业实现这种模式。这种模式具体的运作过程如图6-3所示。

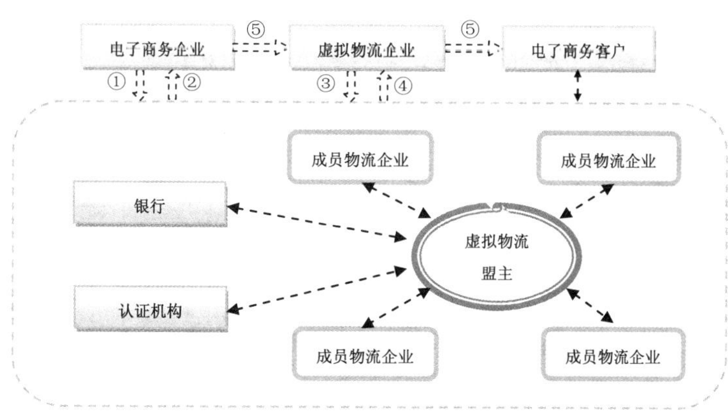


图6-3　电子商务下虚拟物流模式的运作过程

从图中可以看出，电子商务下虚拟物流模式的运作过程主要有以下5个步骤。

第一，电子商务企业通过Internet登录虚拟物流信息平台，查询物流联盟企业的信息。

第二，虚拟物流盟主根据电子商务企业在Internet上发布的物流信息，查询最适合的物流企业。

第三，虚拟物流盟主通过Internet向电子商务企业反馈接受委托的信息。

第四，虚拟物流盟主负责与授权物流企业签订协议。

第五，物流企业接受授权的配送业务，将商品送达客户手中，并完成物流费用结算。在商品送达客户手中后，虚拟物流企业解散，在重新接受任务时重新组织。

电子商务物流模式除了上述几种主要模式以外，还有的企业采用物流联盟模式和第四方物流配送模式，这里不再详述。

## 二、电子商务下的电子物流

### 1. 电子物流的概念

电子物流（E-Logistics）也可称为物流电子化或物流信息化，指利用电子化的手段，尤其是互联网技术来完成物流全过程的协调、控制和管理，实现从网络前端到最终客户端的所有中间过程服务，其最显著的特点是各种软件与物流服务的融合应用。它的目的是通过物流组织、交易、服务、管理方式的电子化，使物流商务活动能够方便、快捷地进行，实现实体物流快速、安全、可靠、低费用。

随着网络技术和电子技术的发展，电子技术作为一种中介工具被引入了生产、交换和消费中。人类进入了电子商务时代后，人们做贸易的顺序并没有改变，还是要有交易前、交易中和交易后几个阶段，但进行交流和联系的工具变了，从纸面单证变为现在的电子单证，促使了信息流电子化。电子工具和网络通信技术的应用，使得交易各方的时空距离几乎为零，有利地促进了信息流、商流、资金流、物流这“四流”的有机结合，对于某些可以通过网络传输的商品和服务，甚至可以做到“四流”的同步处理。电子商务时代，电子物流有了更大的发展空间。

**案例6-4**

### 菜鸟电子面单系统

2015年4月16日，菜鸟网络携手“三通一达”及顺丰等14家主流快递公司，大力度推广电子面单，有效帮助商家提高了发货效率。

根据菜鸟网络对物流订单发货时效监测分析，使用电子面单方式的商家，在发货速度上较过去能提升30%以上。以天猫旗舰店“三只松鼠”为例，信息化的电子面单配合电子拣货系统，使该店的发货效率至少提高了30%～40%。在同等发货量的情况下，使用电子面单方式可以使操作人员减少30%，同时，打印速度提升4～6倍。在去年“11·11”期间，当天该店共产生130多万的包裹，如果按照传统的面单方式派送，至少需要七八天才能发出去，而采用电子面单方式，只用了5天把所有的货都发完了。而且使用传统的面单方式，在贴单的时候，很容易出错，需要增加人工核查的环节。而电子面单是一种后置的打单方式，在称重的时候面单打出来不会贴错，提高了时效，降低了人工成本。

电子面单介绍：

http://my.tv.sohu.com/us/273644959/82145131.shtml

菜鸟电子面单平台是基于平台化的物联网智能数据服务，商家不再需要在一一跟各个合作伙伴进行系统对接，就能一次性实现与14家全国主流的快递公司的电子面单统一对接，这使得发货环节的效率大大提高，使全国整体物流速度得到提升，当日达将不再局限于中心城市。

菜鸟电子面单系统连接商家、商品、物流三方数据，对于控制卖家刷单、杜绝快递协助炒信也将起到重要作用。未来，电子面单还可以通过二维码来隐藏收件人信息，保护消费者隐私，提升快递行业信息安全。

**思考**：电子面单系统如何减少天猫电商物流的作业环节，提升配送效率？

**2. 电子物流的特点**

电子物流主要有信息化、自动化、网络化和智能化的特点，具体如表6-2所示。

表 6-2　电子物流的特点

| 特点 | 说明 |
| --- | --- |
| 信息化 | 物流信息化表现为物流信息的商品化，信息收集的自动化，处理的电子化和计算机化，传递的标准化和实时化，存储的数字化等。信息化是一切的基础，没有物流的信息化，任何先进的技术设备都不可能应用于物流领域 |
| 自动化 | 物流自动化的基础是信息化，核心是机电一体化，主要表现在物流活动的程序化批处理 |
| 网络化 | 物流网络化是物流配送系统的计算机信息网络，包括物流配送中心与供应商、制造商及下游顾客之间的联系通过计算机网络通信 |
| 智能化 | 物流智能化是物流自动化、信息化的一种高层次应用，物流作业过程大量的运筹和决策，如库存水平的确定、运输（搬运）路径的选择、自动导向车的运行轨迹和作业控制、自动分拣机的运行、物流配送中心经营管理的决策支持等问题都需要借助于大量的智能支持才能解决 |

## 三、电子商务与现代物流协同发展

电子商务把地球变小了，所有的商品买卖都可以虚拟成一个大的商场，在任何地点、任何时间都可以买到世界上任何一种商品。但电子商务作为一种快捷的交易方式，只有将虚拟活动与实体形式有效结合，才可能具有整体优势。而现代物流在提高电子商务的效率，协调电子商务的目标，扩大电子商务的市场范围以及电子商务的供应链集成方面功不可没。电子商务的发展离不开现代物流的支持，现代物流必须与电子商务共同发展，企业才能在激烈的市场竞争中立于不败之地，两者相互依赖、互相促进。总之，二者的协调发展是电子商务经济和物流产业发展的需要和必然结果。

**1. 基于信息化商务平台的共同要求**

电子商务模式下，现代物流的运作是以信息为中心的，信息不仅决定了现代物流的运动方向，而且也决定着现代物流的运作方式。在实际运作过程中，通过网络上的信息传递，可以有效地实现对物流的实施控制，实现物流的合理化。电子商务高效率和全球性的特点，要求现代物流也必须达到这一水平。

**2. 电子商务对需求的多样性与分散性，为现代物流拓展了广阔的业务范围**

电子商务要求现代物流提供更完善、更周到的服务，要求协助电子商务公司完成售后服务，提供更多的增值服务内容，这使得现代物流的发展有了内在的动力与外在的需求，二者共同促进，共同发展。

**3. 电子商务为现代物流功能集成化、服务系列化提供了运作空间，提高运行效率**

在电子商务模式下，现代物流企业可充分利用Internet巨大优势建立信息系统和网络平台，开展商品物流跟踪、客户响应模式，信息处理和传递系统，提供更加完善的配送和售后服务。电子商务与现代物流是合作关系，线上线下尽早合作可实现双赢。

**4. 现代物流既是电子商务实的组成部分，又是实现电子商务的保障**

现代物流是电子商务运作过程的重要组成部分，是信息流、商流和资金流最终实现的根本保证，保障了电子商务的顺利实施。

**5. 现代物流实现了电子商务实现“以顾客为中心”的理念，增强电商企业的竞争力**

如果缺少了现代化的物流技术，那么电子商务给消费者带来的购物便捷等于零，消费者必然会转向他们认为更为安全的传统购物方式。现代物流的功能应该是把准确数量的准确产品在准确时间内，以最低的费用送到客户手中，它直接影响到从事电子商务的企业在价格、交货期、服务、质量等各方面的竞争力。

**6. 电子商务是现代物流和信息技术发展的产物**

由于信息流和资金流处理过程过于繁琐导致对现代化物流过程经常出现延迟问题。电子商务的提出最终是为了解决这个障碍，进一步提高现代化的物流速度。

**7. 现代物流的发展是电子商务的利润源泉**

以现代电子网络为平台的信息流，极大地加快了现代物流信息的传递速度，为客户赢得最宝贵的时间，使货物运输环节、方式科学化。以快节奏的商流和先进的信息为基础的现代物流，能够有效地减少流动资金的占压，加速资金周转，充分发挥资本的增值作用，现代物流已经成为了新的经济利润增长点，是电子商务的利润源泉之一。

上述原因成为电子商务和现代物流的协调发展的直接因素。同时，电子商务作为商业领域内的一次革命，现代物流作为物流领域内的一次革命，国家与企业必须共同参与，共建电子信息化环境才能保证二者顺利的协调发展。政府要在高速公路和铁路、航空、信息网络等基础设施方面投入大量资金，以保证交通流和信息流的通畅，形成一个覆盖全社会的交通网络和信息网络，为发展电子商务和现代物流提供良好的社会环境；同时，企业要通过信息网络进行商贸活动，为客户提供快捷的服务，吸引更多的制造企业和商业企业上网，提高企业的竞争力和盈利水平，从而促进电子商务和现代物流的协调发展。

## 任务实训6-2

**实训内容：**

1. 分析电子商务物流几种模式的优点和缺点。

2. 如果你自己开淘宝店，会选择何种模式，说出理由。若是汽车制造商进行电子商务销售，又应该选择何种模式，谈谈你的看法。

**实训要求：**

1. 完成表6-3。

表6-3 主要电子商务物流模式分析

| 电子商务物流模式 | 优点 | 缺点 | 适用企业 |
| --- | --- | --- | --- |
| | | | |
| | | | |
| | | | |
| | | | |

2. 详细分析上述两个题，要求理由充分。

# 课后练习

**一、简答题**

1. 简述什么是电子商务。
2. 常见的电子商务功能有哪些？
3. 如何理解电子商务与现代物流的关系？
4. 常见的电子商物流模式有哪些？特点是什么？

**二、判断题（正确填A，错误填B）**

1. 电子商务起源于21世纪，是伴随电子数据交换这一技术而产生的商务新概念。(　　)
2. 有形货物的电子订货和付款，仍然需要利用传统渠道如邮政服务和物流送货。(　　)
3. C2C是新兴起的一种电子商务模式，即将线下商务的机会与互联网结合在了一起，让互联网成为线下交易的前台。(　　)
4. 物流能力一般滞后电子商务的发展，对电子商务发展的制约明显。(　　)
5. 现代物流的不可能成为电子商务的利润源泉。(　　)

**三、单选题**

1．下列关于电子商务不对的是（　　）。

A. 电子商务的关键在于依靠着电子设备和网络技术进行的商业活动

B. 电子商务包括电子货币交换、供应链管理等活动

C. 任何电子商务活动都离不开传统物流的支持

D. 电子商务离不开互联网这个平台

2. 依照使用网络的类型，电子商务可以分为（　　）等类型。

A. B2C、B2B、O2O

B. 基于INTRANER、INTERNET和VAN的电子商务

C. P2P、C2C

D. 有形和无形

3. 通常电子商务可以用下面的等式来表示：(　　)

A. 电子商务＝网上信息传递＋网上交易＋网上支付＋物流配送

B. 电子商务＝网上信息传递＋网上交易＋物流配送

C. 电子商务＝网上交易＋网上支付＋物流配送

D. 电子商务＝网上信息传递＋网上交易＋网上支付

4. 企业采用自营物流模式的主要原因有（　　）。

A. 企业对物流的控制能力加强，不会受制于人

B. 加强了企业与客户的关系，减少客户流失的风险

C. 第三方物流不能满足本企业的需求，服务功能达不到企业的要求

D. 企业实力有限，请不起别人

5. 下列对于电子物流理解不正确的是（　　）。

A. 电子物流也可称为物流电子化或物流信息化

B. 电子物流需要互联网技术来完成物流全过程的协调、控制和管理

C. 电子物流唯一的目的是实现实体物流快速、安全、可靠、低费用

D. 电子物流的特点是各种软件与物流服务的融合应用

**四、多选题**

1. 促进电子商务与现代物流协调发展的主要因素有（　　）。

A. 电子商务为现代物流功能集成化、服务系列化提供了运作空间，提高运行效率

B. 现代物流是实现电子商务的保障，是电子商务运作过程的重要组成部分

C. 现代物流是电子商务实现“以顾客为中心”理念的最终保证

D. 现代物流是增强企业竞争力的一个有效途径

E. 电子商务是现代物流和信息技术发展的产物

2. 电子物流主要特点有（　　）。

A. 信息化　　B. 自动化　　C. 网络化　　D. 智能化

3. 第三方物流模式的优势有（　　）。

A. 利于电子商务企业集中精力发展主业

B. 可以减少仓库建设费用、减少库存量、降低库存成本

C. 延伸服务上的优势，如关于需求预测功能

D. 客户服务的优势

E. 对物流控制上具有优势

4. 电子商务物流模式有（　　）。

A. 企业自营物流模式　　B. 第三方物流模式

C. 物流一体化模式　　D. 电子商务虚拟物流配送模式

E. 物流联盟模式　　F. 第四方物流配送模式

5. 电子商务的功能有（　　）。

A. 广告宣传　　B. 咨询洽谈　　C. 网上订购　　D. 网上支付

E. 电子账户　　F. 意见征询

**五、名词解释**

电子商务　　虚拟物流　　物流一体化　　电子面单

## 项目综合实训六

**一、实训目的**

认识电子商务物流模式，能对实际的电子商务企业的物流模式进行分析。

**二、实训方式**

实训场所安排在计算机机房，需上网。

**三、实训内容及步骤**

1. 任务

（1）登录凡客诚品，了解它的物流作业流程是怎样的，探究凡客诚品的电子商务物流模式。

（2）登录京东商城，了解它的物流作业流程及物流配送网络构建现状是怎样的，分析京东商城的电子商务物流模式。

（3）登录淘宝商城，分析电子商务商家是如何进行商品配送的。

比较这些电子商务企业的电子商务物流模式，分析各自的优劣。

2. 实训指导

分小组进行实训，建议4位同学一组。

（1）每组选出组长，自行分配组员任务。

（2）按要求完成任务，记录实训步骤。

（3）提示：在登录凡客诚品时，点击“新手指南”“配送业务范围及时间”及“售后服务”等栏目，从国内外配送、订单处理、商品的送验货等方面，分析其物流配送过程；登录京东商城，点击“购物指南”“配送方式”“售后服务”等栏目，分析其物流配送模式；登录淘宝商城，点击美的电器官方旗舰店，查阅相关栏目，分析物流配送模式。

（4）比较总结，得出结论。

**四、实训结果**

每小组提交一份实训报告和汇报PPT，选派1人向全班汇报。

# 项目七
# 物流信息系统

7

## 项目目标

### 知识目标

掌握信息系统、物流信息系统的基本概念、特点及作用；

理解物流信息系统的开发方法、特点及其适用范围；

掌握典型的物流信息系统的主要功能及其流程。

### 能力目标

能根据提供案例分析物流信息系统的管理内容、功能及操作流程；

能根据企业具体状况，选择合适的物流软硬件供应商，开发物流信息系统。

## 案例导入

# 青岛啤酒公司的物流信息系统

青岛啤酒公司（以下简称青啤）在1997年年底完成扩张后，营销战略转变为以提升核心竞争力为主的“做强做大”。其中提升啤酒下线后送达终端市场的速度（即所谓的“新鲜度管理”策略），是青岛啤酒打造企业核心竞争力的关键要素。

青啤是从1998年起开始推行“新鲜度管理”策略，但是效果不好。按照旧有的业务流程，成品出厂后，先进周转库，再发至港、站，再到分公司仓库，最后才转运给消费者。啤酒在途时间过长，导致口味已发生了极大的变化。而且，这种物流配送方式增加了运费，加大了库存，占用了大量流动资金，提高了管理成本。对各区域销售分公司而言，在开拓市场的同时还要管理运输和仓库，造成了顾此失彼。其中最主要原因就是公司决策层不能及时、准确地获得销售、库存信息，信息不畅成为“新鲜度管理”推行的最大障碍。

2000年，青啤组建了物流信息系统，建立起销售公司与各销售分公司的物流、资金流、信息流合理、顺畅的信息通道。这个系统对企业的发货方式、仓储管理、运输环节进行了全面改造，实现销售体系内部开放化、扁平化的物流管理体系，为推行“新鲜度管理”策略铺平了道路。

青啤物流信息系统由财务、库存、销售、采购及储运等模块构成，保证了各部门之间信息的通畅。这不仅加快产品周转，降低库存，而且加快资金周转。具体体现如下。

第一，青啤借助物流信息系统平台，将所有的啤酒厂、数以百计的销售公司、数以万计的销售点集成在一起，实现了信息共享。

第二，青啤可以对每一点，每一笔业务的运行过程，实施全方位监控，便于及时纠正、预防工作中的错误。

第三，物流信息系统的使用推进了青啤传统业态的管理体制和运作方式的改进。

第四，物流信息系统的使用促使了经营决策方式的变革，实现资源的优化配置。

第五，资金全过程审计，提高整个集团资金的监管力度，加快资金的周转。

案例原文：

http://www.vixue.com/html/GLMBA/wl/12554.html

### 思考

1．物流信息系统对青啤的销售有什么影响？

2．青啤为什么要把信息系统建设作为战略实施的首要任务？

# 任务一
# 物流信息系统认知

## 任务目标

完成此任务后，学生能掌握物流信息系统及其开发方法的基本概念、特点及作用；能分析物流信息系统的管理内容及功能。

**知识要点：**信息系统、物流信息系统的基本概念；物流信息系统的功能；物流信息系统及其开发方法的特点及作用。

## 相关知识

### 一、物流信息系统概述

#### 1. 信息系统的发展

物流信息系统是从信息系统发展而来的，信息系统具有数据采集、管理、分析和表达的功能，它能为单一的或有组织的决策提供有用的信息。信息系统的发展主要经历了3个阶段，如图7-1所示。

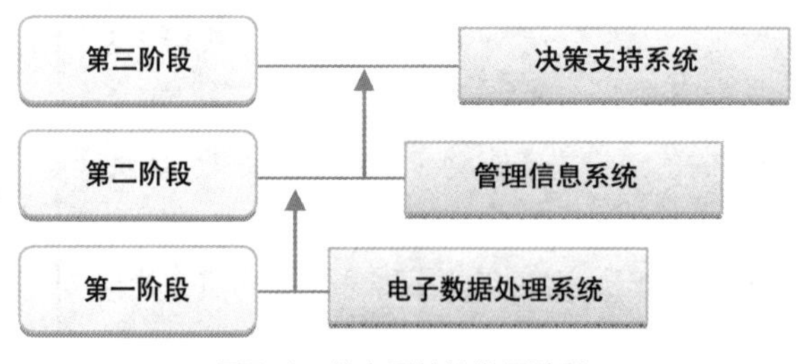


图7-1 信息系统的发展阶段

第一阶段是电子数据处理阶段（Electronic Data Processing System，EDPS）。这阶段的特点是数据处理计算机化，主要目的是提高数据处理效率。这一阶段又经历了单项数据处理阶段及综合数据处理阶段，单项数据处理阶段是电子数据处理的初级阶段，主要用计算机部分代替手工劳动，进行简单的单项数据处理，例如工资计算等；综合数据处理阶段可以对多个过程的有关业务数据进行综合处理，并得出相关的信息报告。

第二阶段是管理信息系统阶段（Management Information System，MIS）。有一个中心数据库是这个阶段的重要标志，这阶段的最大特点是把数据高度集中，进行快速处理，统一使用。除此之外，管理信息系统还可以通过定量化的科学管理方法来支持企业决策。

第三阶段是决策支持系统阶段（Decision Support System，DSS）。这阶段主要是在人和计算机交互的过程中帮助决策者探索可能的方案，为决策者提供决策所需的信息。它是以MIS管理的信息为基础的，是MIS功能的延伸，因此，也常把DSS认为是MIS发展的新阶段，是把数据库处理与经济管理数学模型的优化计算结合起来，具有管理、辅助决策和预测功能的MIS。

EDPS、MIS、和DSS各自代表了信息系统发展过程中的某一阶段，但至今它们仍各自不断地发展着，相互交叉。近年来，信息系统依托互联网正从企业内部向外部发展，随之出现了电子商务、电子政务、供应链管理信息系统、虚拟企业、网上交易谈判支持系统等许多新的概念。

**2. 信息系统的概念**

信息系统（Information system）就是由计算机软硬件、网络和通信设备、信息资源、信息用户和规章制度组成的，以处理信息流为目的的人机一体化系统。一个信息系统的基本要素主要有：计算机硬件、软件、数据和用户。人们常常利用计算机收集数据，并用计算机软件处理数据，得到相应的信息，进行管理和决策。

**3. 物流信息系统**

物流信息系统是指由人员、设备和程序组成的、为物流管理者执行计划、实施、控制等职能提供信息的交互系统，它与物流作业系统一样都是物流系统的子系统。物流系统包括运输系统、储存保管系统、装卸搬运系统、流通加工系统、物流信息系统等，其中物流信息系统是高层次的活动，涉及物流运作的体制，物流作业的标准化、电子化及自动化等方面的问题。物流信息系统在物流活动中的应用减少了物流活动中的人工、重复劳动及错误发生率，提升了效率，加快了信息流转速度，使物流管理发生了巨大变化。

**4. 物流信息系统的主要功能**

物流信息系统是物流系统的神经中枢，它作为整个物流系统的指挥和控制系统，必须具备一些常用的基本功能，具体如表7-1所示。

表 7-1　物流信息系统的基本功能

| 功能 | 说明 |
|---|---|
| 数据收集 | 将数据通过收集子系统从系统内部或者外部收集到预处理系统中，并整理成为系统要求的格式和形式，然后再通过输入子系统输入到物流信息系统中。这一过程是其他功能发挥作用的前提和基础，因此，收集的数据要完善、准确 |
| 信息存储 | 物流信息系统的存储功能就是要保证已得到的物流信息能够不丢失、不走样、不外泄、整理得当、随时可用 |
| 信息传输 | 物流信息在物流系统中，一定要准确、及时地传输到各个职能环节，否则信息就会失去其使用价值了。物流信息系统要考虑信息种类、数量、频率、可靠性要求等因素，准确地传输信息 |
| 信息处理 | 物流信息系统的最根本目的就是要将输入的数据加工处理成物流系统所需要的物流信息，只有得到了具有实际使用价值的物流信息，物流信息系统的功能才得到了发挥 |
| 信息输出 | 信息的输出是物流信息系统的最后一项功能，实现了这个功能后，物流信息系统的任务才算完成。信息的输出必须采用便于人或计算机理解的形式，在输出形式上力求易读易懂，直观醒目 |

这5项功能是物流信息系统的基本功能，缺一不可。而且，只有这5个功能相互配合，不出错，最后得到的物流信息才具有实际使用价值。

**5. 物流信息系统的特征**

物流信息系统是企业经营管理系统的一部分，它与企业其他的管理信息系统在基本面上没有太大的区别。但是，物流活动本身在时空上的特性决定了物流信息系统具备自己独有的特征。具体如下。

第一，跨地域联接。在物流活动中，由于订货方和接受订货方一般不再同一场所，如处理订货信息的营业部门和承担货物出库的仓库一般在地理上是分离的，发货人和收货人不在同一个区域等，这种在场所上相分离的企业或人之间的信息传送，需要借助于数据通信手段来完成。物流信息系统利用现代电子数据交换技术可以实现异地间数据的实时、无缝的传递。

第二，跨企业联接。物流信息系统不仅涉及企业内部的生产、销售、运输、仓储等部门，而且与供应商、业务委托企业、送货对象、销售客户等对象，以及在物流活动上发生业务关系的仓储企业、运输企业和货代企业等众多的独立企业之间有着密切关系，物流信息系统可以将这些企业内外的信息通道联通，实现信息资源的共享。

第三，信息的实时传送和处理。物流信息系统一方面快速地搜集大量形式各异的数据，将它们进行查询、分类、计算、储存，使之有序化、系统化、规范化，成为能综合反映某一特征的真实、可靠、适用的信息；另一方面，物流现场作业需要从物流信息系统获取信息，用以指导作业活动，即只有实时的信息传递，使信息系统和作业系统紧密结合，才能有效地提高物流作业的效率，满足现代物流的需求。

## 二、物流信息系统开发方法简介

物流信息系统的开发是指建立一个物流信息系统的过程，其中心是开发出物流系统的应用软件。物流信息系统是一个规模大、复杂程度高的人机系统，它的开发是一项复杂的系统工程，它需要花费大量的人力、物力和财力，需要各种硬、软件环境的支持，需要开发队伍中每个成员及用户的通力合作。而且在物流信息系统开发过程中，开发人员必须遵循一定的原则，采用科学的方法，才能保证开发的顺利进行。

**1. 物流信息系统开发的原则**

物流信息系统的开发应遵循完整性、可靠性、经济性、可扩充性、开放性、操作简便性和实用性等原则，具体如表7-2所示。

表 7-2 物流信息系统开发的原则

| 原则 | 说明 |
| --- | --- |
| 完整性 | 物流管理信息中必须包括物流活动的各个环节，应是功能完整、信息完整、数据完整的综合体 |
| 可靠性 | 物流信息系统的稳定运行时物流活动有序高效运作的基础。一个成功的物流信息系统必须具备监控、预警、恢复、保密、检错及纠错、抗病毒等能力，保证系统安全可靠的运行 |
| 经济实用性 | 经济性是指满足物流系统需求的前提下，尽可能减少系统开销。开发物流信息系统时不能以大而全和高精尖作为目标，在硬件投入上要适用，功能使用上要简单、方便 |

续表

| 原则 | 说明 |
|---|---|
| 可扩充性 | 物流信息系统应可以随企业的物流业务的发展，增加模块和功能 |
| 开放性 | 物流信息系统的开发要考虑兼容不同的软硬件支持平台，保证系统能在不同软硬件的运行平台上运行，适应今后技术的发展 |
| 操作简便性 | 物理信息系统的人机界面简单直观、易于操作、维护和管理 |

### 2. 物流信息系统开发方式

获得物流信息系统的方式就是物流信息系统的开发方式，主要有如下几种。

（1）独立开发：是指由本单位的工作人员独立进行管理信息系统的开发。

（2）委托开发：是指由单位提出开发要求、新系统的功能、目标、开发时间等，委托有开发能力的单位进行信息系统的开发工作。

（3）合作开发：合作开发是指由本单位提出开发要求，与合作单位一起完成信息系统的开发工作，开发成果由双方共享。这实际上是一种半委托的开发方式。

（4）购买现成软件/部分定制/二次开发：购买现成软件是指从销售商手中直接购买已开发成功且功能强大的专项业务物流信息系统软件；部分定制指定制物流信息系统部分功能或模块；二次开发指在原有系统的基础上，再根据现在企业当前情况，删除、修改与增加原有系统的功能和模块。

这4种开发方式优缺点比较如表7-3所示。

表 7-3　4 种物流信息系统开发方式优缺点比较表

| 方式<br>比较点 | 购买成熟软件/部分定制/二次开发 | 委托开发 | 合作开发 | 独立开发 |
|---|---|---|---|---|
| 见效时间 | 快 | 较慢 | 较慢 | 较慢 |
| 费用 | 较低 | 高 | 较高 | 较低 |
| 企业自身开发能力 | 需要一点 | 需要一点 | 需要 | 非常需要 |
| 可维护性 | 不好 | 不太好 | 好 | 很好 |
| 风险 | 较低 | 大 | 大 | 大 |

### 3. 物流信息系统的开发方法

物流信息系统的开发是一项非常复杂的系统工程，采用好的方法进行开发，可以用较短的时间，较少的人力物力，开发出实用的信息系统。

（1）结构化系统开发方法

结构化系统开发方法（Structured System Development Methodology）是目前应用得最普遍的一种开发方法。其基本思想为：用系统的思想和系统工程的方法，按照用户至上的原则，进行结构化，模块化，自顶向下对系统进行分析与设计，具体如下。

① 先将整个信息系统开发过程划分为若干个相对独立的阶段（系统规划、系统分析、系统设计、系统实施、系统运行与维护等）。

② 在前三个阶段坚持自顶向下地对系统进行结构化划分：在系统调查和理顺管理业务时，从最顶层的管理业务入手，逐步深入至最基层；在系统分析，提出目标系统方案和系统设计时，从宏观整体考虑入手，先考虑系统整体的优化，然后再考虑局部的优化问题。

③ 在系统实施阶段，则坚持自底向上地逐步实施，即组织人员从最基层的模块做起（编程），然后按照系统设计的结构，将模块一个个拼接到一起进行调试，自底向上、逐步地构成整个系统。

结构化系统开发方法将整个开发过程划分为系统规划、系统分析、系统设计、系统实施、系统运行与维护等首尾相连的5个阶段，形成一个生命周期，如图7-2所示。

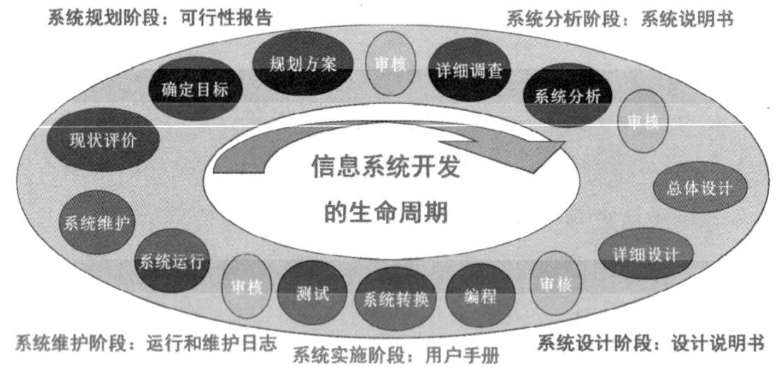


图7-2 结构化系统开发方法的生命周期

系统规划：根据用户的系统开发请求，进行初步调查，明确问题，确定系统目标和总体结构，确定每个阶段的实施进度，然后进行可行性研究，形成可行性报告；

系统分析：分析业务流程，分析数据与数据流程，分析功能与数据之间的关系，最后提出分析处理方式和新系统逻辑方案，形成系统说明书；

系统设计：进行总体结构设计、代码设计、数据库（文件）设计、输入/输出设计、模块结构与功能设计，根据总体设计，配置与安装部分设备，进行试验，最终给出设计方案和设计说明书；

系统实施：同时进行编程（由程序员执行）和人员培训（主要是系统分析设计人员培训业务人员和操作员），以及数据准备（由业务人员完成数据收集、录入），然后投入试运行，在此过程中要形成用户手册；

系统运行与维护：进行系统的日常运行管理、评价、监控、修改、维护、局部调整，形成运行和维护日志。若再出现不可调和的大问题时，进一步提出开发新系统的请求，旧的系统生命周期结束，新系统诞生，完成系统的一个生命周期。

更多的软件生命周期知识：

http://open.163.com/movie/2015/10/H/B/MB4QELCID_MB6G0DTHB.html

结构化系统开发方法的每一阶段又包含若干步骤，这些步骤在各阶段可以不分先后，但仍有因果关系，总体上不能打乱。

结构化系统开发方法强调了开发过程的整体性和全局性，但是开发周期长，而且不能很好地把握用户的需求变化，因此一般用于大型系统、复杂系统的开发。这种方法的优缺点具体如表7-4所示。

表 7-4　结构化系统开发方法的优缺点

| 优点 | 缺点 |
| --- | --- |
| 1. 严格区分开发阶段，系统的针对性强<br>2. 自顶向下开发，整体性与全局性好<br>3. 系统开发过程系统化、工程化，文档资料标准化 | 1. 开发周期长、开发过程繁琐、复杂<br>2. 开发工具落后、与用户交流不直观<br>3. 要求在开发之初，就需全面认识系统的信息需求，充分预料各种可能发生的变化，这不现实<br>4. 系统的升级较困难 |

（2）原型法

所谓原型是一个可以实际运行、反复修改，可以不断完善的系统。在物流信息系统开发中原型一般指系统的早期版本，它具有最终系统的基本特征和功能，但需要进一步完善。原型法的基本思想：先投入少量的人力、物力，根据用户的基本需求开发出系统的原型，交给用户试用，再根据用户的意见修改原型，如此反复，直至用户满意后再确立最终系统的方法。原型法必须做到原型建立快，原型修改快，否则就会失去这种方法的存在意义，所以它又叫快速原型法。原型法的具体开发过程如图7-3所示。

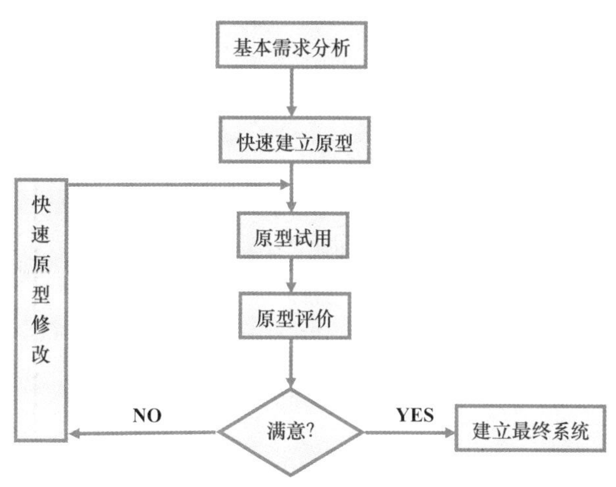


图7-3　原型法的开发过程

基本需求分析：确定基本的信息单位，明确系统的基本用户界面形式，确定所需的数据来源，决定该系统的功能范围，哪些工作应由系统完成，哪些工作由人员负担，估计用户的期望，估算出开发该原型系统的费用。

开发初步的原型系统：在确定基本需求后，系统开发人员应争取尽快建立一个有一定深度和广度的初始系统，作为原型系统的开始，这项工作一般在3～6周内完成。这个初始原型非常重要，过于简单或过于复杂，都将影响后续开发。

评价原型系统：请用户使用原型系统，提出所有不满意之处，找出系统与设想之间的差别，从而进一步修改。

修改原型系统：根据用户反馈意见，对原型系统进行反复修改。

判定原型完成：判断用户的各项应用需求是否已经被满足，如果用户和开发人员都满意，就可继续加以完善，并形成最终的物流信息系统；如果双方不满意，则需再修改原型，直至双方满意。

生成文档并交付使用：系统经过反复修改和用户验证，最终被用户接受后，需要进行文档整理，然后将系统交付用户使用。文档主要包括用户的需求说明和原型本身的说明等。

原型法遵循了人们认识事物的客观规律，易于掌握和接受；用户与开发者思想易于沟通，摆脱了传统方法对基础工作完整、准确的要求，能充分利用最新的软件工具开发，效率较高，比较适用于小型系统的开发。该方法的具体优缺点如表7-5所示。

表 7-5　原型法的优缺点

| 优点 | 缺点 |
| --- | --- |
| 1. 开发效率高<br>2. 可采用先进的开发工具，与用户交流直观<br>3. 符合人们认识事物的规律<br>4. 能及早暴露系统实施后潜在的一些问题<br>5. 能调动用户参与的积极性 | 1. 不适合大型系统的开发<br>2. 不适合大量运算及逻辑性强的模块，不适合批处理系统<br>3. 对原企业基础管理工作要求较高；否则容易走上机械模拟原手工系统的轨道<br>4. 没有充分的系统需求分析，很难构造出开发双方都满意的原型 |

（3）面向对象开发方法

面向对象的开发方法详细介绍：

http://open.163.com/special/cuvocw/mianxiangduixiangbiancheng.html

面向对象开发方法的总体思想是：客观世界是由各种各样的对象组成的，每种对象都有各自的内部状态和运动规律，不同对象之间的相互作用和联系就构成了各种不同的系统。在开发时，首先认识应用领域的各种对象以及它们相互之间的关系，把具有相同或者类似特性对象中的共性和相对稳定的特性抽象出来，定义为类；然后，在类的基础上定义个性化的具体对象，这些对象具有自身的属性和与之相关的事件和方法；各对象通过这些事件和方法相互联系、相互作用，最终构成应用系统。

① 面向对象的开发方法涉及的重要概念。

对象：是客观事物的抽象结果。任何复杂的事物都可以通过对象的某种组合结构构成。

属性：属性反映了对象的信息特征，如特点、值、状态等。

方法：用来定义改变属性状态的各种操作。

消息：其传递实现了对象之间的联系，而传递的方式是通过消息模式和方法所定义的操作过程来完成的。

类：是所有相似对象的状态变量和行为构成的模板，类具有明显的层次性，一个类（通常称为父类）可以派生出多个子类，父类有的数据可被多次重用，子类也可以扩展自身的属性方法。例如自行车是个类，凤凰牌自行车则是个子类。

继承：是指一个类（子类）因承袭而具有另一个类（父类）的能力和特征的机制或关系，继承的内容包括方法和属性。父类具有通用性，子类具有特殊性，支持重复使用。

封装：一是指把对象的全部属性和全部服务结合在一起，形成一个不可分割的独立单位。二是指信息隐藏，将一个对象的外部特征和内部执行细节分割开来，并将内部执行细节部分隐藏起来。

② 面向对象开发方法的开发过程

面向对象开发方法先分析具体环境，识别客观世界中的对象以及行为，分别独立设计出各个对象的实体；分析对象之间的联系和相互所传递的信息，由此构成信息系统的模型；由信息系统模型转换成软件系统的模型，对各个对象进行归并和整理，并确定它们之间的联系；最后由软件系统模型转换成目标系统。具体分为如下4个步骤。

第一，系统调查和需求分析：对系统将要面临的具体管理问题以及用户对系统开发的需求进行调查研究，即先弄清要干什么的问题。

第二，面向对象的分析（OOA）：在繁杂的问题域中抽象地识别出对象以及其行为、结构、属性、方法等。

第三，面向对象的设计（OOD）：对分析的结果进行进一步的抽象、归类、整理，并最终以规范的形式设计对象在数据库的具体结构，形成范式，并初步确定信息系统的整体结构。

第四，面向对象的程序（OOP）：用面向对象的程序设计语言将上一步整理的范式直接映射（即直接用程序设计语言来取代）为应用软件。

面向对象开发方法采用了面向对象思想，使得系统的描述及信息模型的表示与客观实体相对应，符合人类的思维习惯，有利于系统开发过程中用户与开发人员的交流和沟通，它常与结构化方法相结合共同开发大型信息系统。面向对象开发方法的具体优缺如表7-6所示。

表 7-6 面向对象开发方法的优缺点

| 优点 | 缺点 |
|---|---|
| 1. 是一种全新的系统分析设计方法（对象、类、结构属性、方法）<br>2. 适用于各类信息系统的开发<br>3. 实现了对客观世界描述到软件结构的直接转换，大大减少后续软件开发量<br>4. 开发工作的重用性、继承性高，降低重复工作量<br>5. 缩短了开发周期 | 1. 需要一定的软件支持环境<br>2. 不太适宜大型的 MIS 开发，若缺乏整体系统设计划分，易造成系统结构不合理、各部分关系失调等问题<br>3. 只能在现有业务基础上进行分类整理，不能从科学管理角度进行理顺和优化<br>4. 初学者不易接受、难学 |

（4）计算机辅助软件工程方法（Computer Aided Software Engineering，CASE）

CASE是集图形处理技术、程序生产技术、关系数据库技术和各类开发工具于一身的方法，目标是为系统开发人员提供一组优化的、集成的，且能大量节省人力的系统开发工具，它着眼于系统分析和设计，以及程序实现和维护等各个环节的自动化。严格地讲，CASE 只是一种开发环境而不是一种开发方法，具体开发时，它必须与其他方法（如结构化系统开发方法、面向对象方法或原型化开发方法）相结合使用。CASE方法的主要特点如表7-7所示。

表 7-7　计算机辅助软件工程方法特点

| 特点 |
| --- |
| 1. 显著提高了系统分析、设计人员的工作效率 |
| 2. 采用交互式图形技术支持结构化系统分析和设计，使用户容易理解 |
| 3. 开发者重点放在系统分析和设计上，从而提高开发质量 |
| 4. CASE 的信息库、软件库、数据字典的可重用技术，使得系统的定义与描述可以快速产生，并实现了系统分析和设计一致性与完整性自动检测，大大地提高了软件的质量 |

从上述开发方法来看，结构化系统开发方法强调从系统出发，自顶向下、逐步求精地开发系统，是真正能够较全面地支持整个信息系统开发过程的方法，是经典的开发方法。其他信息系统的开发方法可以作为结构化系统开发方法在局部开发环节上的补充，暂时都还不能替代结构化开发方法在系统开发过程中的主导地位。

## 任务实训7-1

**实训内容：**

某传统小型仓储企业，还处在较为落后的管理阶段，信息化设备不多，大部分的单据要靠手工录入电脑。公司最近实行现代化改造，第一个任务就是建立企业的仓储管理信息系统，为了不耽误日常工作，公司要求尽快解决这个问题。请给这个企业选择合适软件开发公司及合适的开发方法（候选公司：IBM，欣欣中小型计算机软件公司）。

**实训要求：**

1. 完成开发公司及开发方法的选择，并说出理由。
2. 请考虑，如果你是这个信息系统开发团队的成员之一，你的主要工作职责是什么。
3. 根据上述要求，完成实训报告。

# 任务二
# 几种典型的物流管理信息系统认知

## 任务目标

完成此任务后，学生能掌握几种典型的物流管理信息系统的特点和用途；能采用决策支持系统、自动仓储系统、智能运输系统等的功能优化物流的相关作业和流程。

**知识要点：** 决策支持系统的基本概念及特点；自动仓储系统及智能运输系统的功能；决策支持系统、自动仓储系统及智能运输系统的应用领域。

## 相关知识

### 一、物流决策支持系统

现阶段，以计算机技术为基础的物流决策支持系统已被广泛应用于物流的各个领域，为物流企业决策者提供必要的数据、信息以及分析方法，辅助企业做出正确的决策，这不仅使得企业物流决策的结果更加科学，而且易于企业利用先进的管理科学技术和信息技术进行管理制度改革，提高物流管理效率。

#### 1. 物流决策支持系统的定义

物流决策支持系统是一种计算机辅助决策支持系统，是指以支持半结构或非结构化的物流系统决策过程为特征的计算机辅助决策信息系统。简单地说，物流决策支持系统就是能参与、支持人的决策过程的一类信息系统。物流决策支持系统主要为决策者提供分析问题、构建模型、模拟决策过程和评价决策效果的环境，调用各种信息资源和分析工具，帮助决策者提高决策水平和质量。

半结构化决策知识：
http://baike.baidu.com/link?url=_rAc8aW0ji78650rJqt3hK9Emrday-WzpLTS6TFKL22hiy5n_Eq72eal2Mnd_qwNMYBNq0iSeDYQPrrXEsikuK

非结构化决策知识：
http://baike.baidu.com/link?url=J_XT1UV2WROeOhx__3Ya4uSjkoDBklbhlRx3ecpRyHje_SWqqBc7CF1laf4F47toL

#### 2. 物流决策支持系统的基本结构

物流决策支持系统一般由数据库管理子系统、模型管理子系统、方法管理子系统、知识管理子系统和人机交互子系统组成，如图7-4所示。

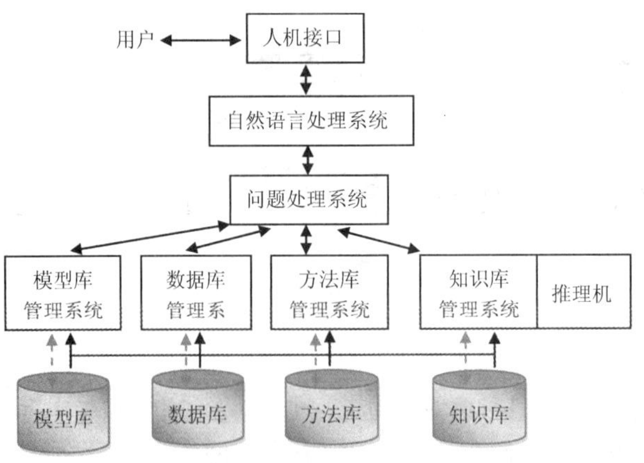


图7-4　物流决策支持系统的基本结构

用户通过人机交互和自然语言处理系统把问题的描述和要求输入决策支持系统；自然语言处理系统对此进行识别和解释；问题处理系统通过知识库系统和数据库系统收集与该问题有关的各种数据、信息和知识，利用推理机对该问题进行识别、判定问题的性质和求解过程；通过模型库系统集成构造解题所需的规则模型或数学模型，对该模型进行分析鉴定；在方法库中对模型进行识别，采用合适的算法，进行模型求解，并对所得结果进行分析评价。最后通过语言处理系统对结果进行解释，输出具有实际含义、用户可以理解的形式。

**案例 7-1**

## 基于GIS的服务网络选址决策支持系统

此系统由上海交通大学开发，以某客车生产企业为背景，用于配件供应网络的选址决策支持。系统集成了服务网络选址中常用的集合覆盖模型、最大覆盖模型及P中值模型数学模型及求解算法，具有可选模型多、参数驱动、可视化的特点，在极短的时间内可以得出许多可行方案，进而比较选优。

该客车生产企业在全国193个城市建有的312家特约维修站（服务站），每个维修站每年都需消耗大量的汽车配件。通常情况下，非紧急配件均从总部经配件中心库流转到有需求的服务站，在经过服务站提供给顾客，因此配送中心配件仓库的数量和布局将直接影响服务的质量。本系统通过设定选址策略参数、选择所需的选址模型等一系列步骤可轻松地解决服务网络选址的决策问题。具体系统架构如图7-5所示。

基于GIS 的服务网络选址决策支持系统主要包含以下几个功能模块。

① 节点距离计算模块。该模块利用系统的空间数据运算功能，可方便地计算出任意两点间的球面距离。

② 选址策略输入模块。该模块用于实现选址参数的输入功能，用户可从需求点集合中任意选择点为候选点，还可任意选择系统提供的3种选址模型，对问题进行求解。

③ 选址决策模块。本模块的功能是以选址约束条件为基础，通过适当的优化算法对

模型进行求解，并寻找最优解或较优解。

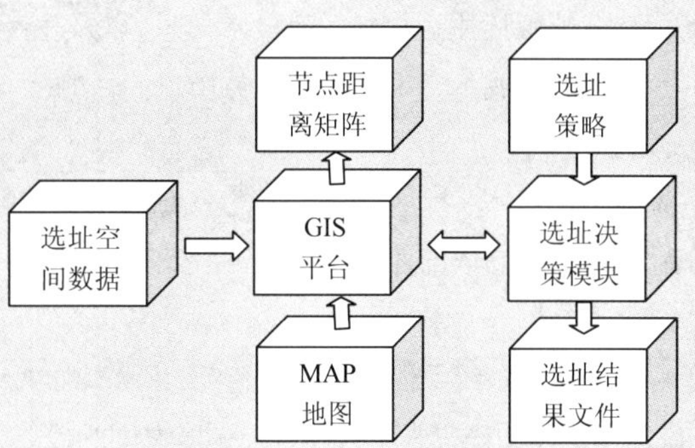


图7-5　基于GIS的服务网络选址决策支持系统架构

④ GIS图形化模块。GIS图形化模块是系统可视化的基础，该模块可以使系统通过输出模块将选址结果在Map模型中以图形方式加以表现，使用户对选址结果有更加直观的认识。

⑤ 输出模块。系统的输出模块提供了多种输出方式，可以实现选址结果的文件输出和Map图形输出。

⑥ 其他辅助支持模块。为了更好地支持选址决策，系统还提供专题图制作等功能。

**思考：** 请分析基于GIS 的服务网络选址决策支持系统辅助决策的优势和劣势。

**3. 物流决策支持系统的应用范围**

（1）辅助资源需求计划制定

资源需求计划在供应链环节中显得格外重要，依据长期的需求预测数据，来估算完成生产计划所需的资源，有利于提高整个供应链效率，而物流决策支持系统是辅助建立资源需求计划最有利的工具。

（2）辅助物流网络设计

利用物流决策支持系统辅助物流网络的建设，已经成为了业界的一种常用手段，它为建立高效运作的物流网络提供了必要的分析手段和科学的预测结论。例如，仓库与配送中心的位置定位等。

（3）销售与营销区域的划分

销售与营销区域的划分决策支持系统能根据多种因素，例如销售区域目标、销售区域边界、销售区域市场潜力、地区人口、基本消费群体的消费水平和购买能力、产品在该市场上的被接受程度、市场的竞争状况、市场发展的潜在能力、产品上市时间（品牌知名度）等划分区域，使决策更加客观、科学。

（4）定制配送资源计划

配送资源计划决策支持系统以业务流程优化为基础，以销售与库存综合控制管理为核心，对采购、库存、销售、促销管理、财务等数据进行分析，为企业提供配送业务最优解决方案，达到降低成本，向顾客提供高水平服务目的。

（5）制定物料需求计划

物料需求计划决策支持系统利用产品的物料清单和零部件的提前期来设计制造某产品时间表，虽然这些决策支持系统没有利用复杂的数学方法，但这种做法已经十分普遍。

（6）科学库存管理

一个库存管理决策支持系统能够运用运输和持有成本信息，以及生产提前期和项目需求来制定库存策略，从而帮助决策者达到降低成本与提高客户服务质量的目的。

（7）生产地点选址/设施布置

设施布置决策支持系统将生产成本、提前期、运输成本及需求预测作为输入数据，布置生产设施，并针对生产设施来分配不同的产品或部件。

（8）制定车辆计划

车辆路线安排及调度的决策支持系统不仅可以决定企业自有车辆的派遣，某些线路上商业车辆的选择以及车辆的路线安排，还可以用来探索路线安排与调度之间的战略关系。

（9）提前期报单

提前期报单决策支持系统则能够报出某一特定订单的确切交货提前期。有时销售代表可以根据决策支持系统给出的参考数据及实际的情况，灵活报出交货提前期，从而为将来报出更短的交货提前期留出一条后路。

（10）完成准确的生产计划

给定所要生产的产品系统、生产流程、产品的到期日期，生产计划决策支持系统可以利用人工智能、数学及模拟技术来制定产品的生产次序及计划。利用这一系统可以模拟生产过程，决策者可以按照作业的到期时间来测试计划的效果。

（11）运输系统的调度优化

采用运输系统的调度优化决策系统可以完成配送车辆的集货、货物配装和送货过程的调度优化等。

> 自动化立体仓库三维动画演示：
> http://baidu.ku6.com/watch/6154516884292784316.html?page=videoMultiNeed

## 二、自动化仓储系统

### 1. 自动化仓储系统定义

自动化仓储系统是由高层立体货架、堆垛机、各种类型的叉车、出入库系统、无人搬运车、控制系统及周边设备组成的自动化系统，如图7-6所示。自动化仓储系统可持续地检查过期或找库存的产品，防止不良库存，提高管理水平。通过计算机可实现设备的联机控制，以先入先出的原则，迅速准确地处理物品，合理地进行库存管理及数据处理。

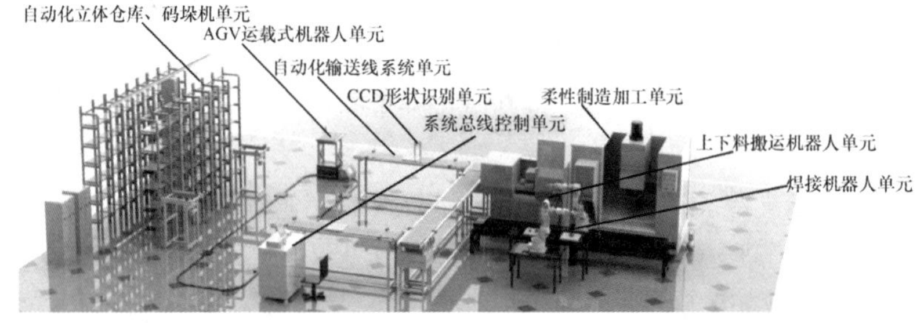


图7-6　自动化仓储系统

### 2. 自动化仓储系统构成

自动化仓储系统一般包括堆垛机、物流管理软件、输送系统、货架系统等。

（1）堆垛机

堆垛机是自动化仓储系统中的主要设备，它功能强大、使用方便、结构简单、外形美观。以日东公司的堆垛机为例，其具有以下特点：水平和垂直方面采用激光测距、动力部分采用德国DEMAG电机减速机、行走装置采用德国DEMAG组合走轮、采用SEW矢量型智能变频控制器进行变频调速、采用西门子可编程序控制器、大屏幕显示指导出库入库及拣选作业等。具体构成如图7-7所示。

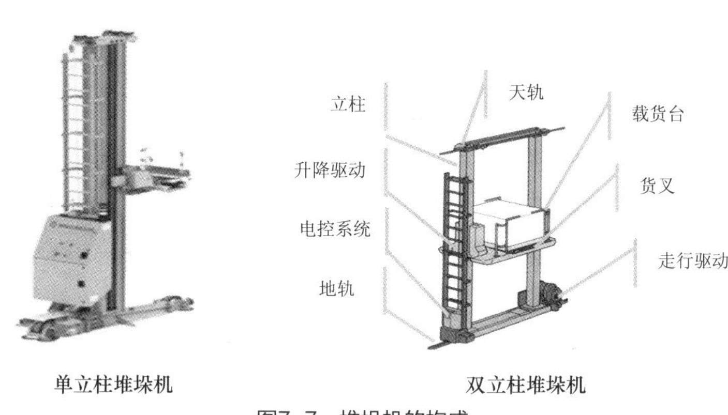


图7-7　堆垛机的构成

（2）管理软件

自动化仓储管理软件要求是一套基于网络数据库的、集信息管理和工业监控于一体的专业性软件。工业监控子系统可与公司的其他信息系统（如MRP、ERP等）相互连接实现信息、命令的传达。通常情况下，由工业监控子系统指挥机械全自动完成入出库作业；但是在计算机网络系统发生故障时（如网络设备硬件坏了），若ECS（设备控制服务器）还能工作，就由ECS完成紧急出库作业。如果ECS也发生了故障，就只能直接通过堆垛机手动作业了。所以自动化仓储管理软件对整个自动化仓储系统来起着总控作用。自动化仓储管理软件应具有如下特点。

第一，信息管理子系统允许多个工作站同时进行入出库作业任务的录入。工业监控子系统可同时挂接多台ECS。

第二，只要工业监控子系统尚未完成某项入出库作业，就可更改该项作业的各个数据，如更改数量、目标存放位置等，ECS能实时获取最新数据并进行处理。

第三，通过局域网及通用的TCP/IP协议可与公司的MRP、ERP集成，接收入出库作业任务，反馈当前库存、库存动态和作业情况等诸多信息，为指定的部门提供各类报表。

第四，可视化、图表化地反映货位信息、物料移动、工作中设备的各种状态等信息。

第五，充分考虑到物料的先进先出、入出库作业优先级、货架的上轻下重、堆垛机最短距离位移等原则。

第六，同种物料合理分布于两个以上的巷道，这样当一台堆垛机坏了，另一台还能取出该物料。

第七，合理调配各台堆垛机的忙闲程度。

（3）输送系统

专业输送设备包括辊子、链式、皮带、无动力式、可移动型输送系统，可适用于电子、家电、食品、化学、物流中心的产品输送和分配。在不同的物流系统中，可以根据工艺布局，选用不同类型的辊子或链式输送机，配以计算机程序控制系统，并应用各种辅助装置，形成一套完整的自动化输送系统，完成物料的连续输送、积存、翻转、分岔、合流、提升等作业。

（4）货架系统

现代化货架系统是由立体货架、有轨巷道堆垛机、出入库托盘输送机系统、尺寸检测系统、条码阅读系统、通信系统、自动控制系统、计算机监控和管理系统以及其他辅助设备（如电线电缆桥架配电柜、托盘、调节平台、钢结构平台等）组成的复杂的自动化系统。自动化仓储系统的货架系统具有很高的空间利用率、很强的入出库能力、利于企业采用计算机进行控制、实施现代化管理等特点。

**3. 自动化仓储系统优点**

（1）节约仓库占地面积

自动化仓储系统利用自动化管理技术管理货物存储，仓库的货架采用大型仓储货架的拼装，因此自动化立体仓库比传统仓库的占地面积小，空间利用率大，仓库的空间实现了充分的利用。在提倡节能环保的今天，自动化立体仓库解决了传统仓库占地多的问题，提高了土地利用率。

（2）自动化管理提高了仓库的管理水平

自动化立体仓库采用计算机对货品信息进行准确无误的信息管理，减少了在存储货物中可能会出现的差错，提高了工作效率。同时，立体自动化仓库在出入库的货品运送中实现自动化，搬运工作安全可靠，减少了货品的破损率；特别对一些对环境有特殊要求的货品（如有毒、易爆的货品），可以采用机械设备来出入库，减少人在搬运货品时可能会受到的伤害。

（3）促进生产力的进步

自动化立体仓库可以形成先进的生产链，存取效率非常高，可以有效地连接与存储密切相关地生产环节，实现自动化的物流系统，使企业生产能力得到大幅度提升。

## 三、智能运输系统

**1. 定义**

智能运输系统实质上就是将先进的信息技术、计算机技术、数据通信技术、传感器技术、电子控制技术、自动控制技术、运筹学、人工智能等学科成果综合运用于交通运输、服务控制和车辆制造，加强了车辆、道路和使用者之间的联系，从而形成一种定时、准确、高效的新型综合运输系统。例如图7-8中的油罐车在各种技术的支持和监控下，能极大提高运输的及时性、准确性和安全性。

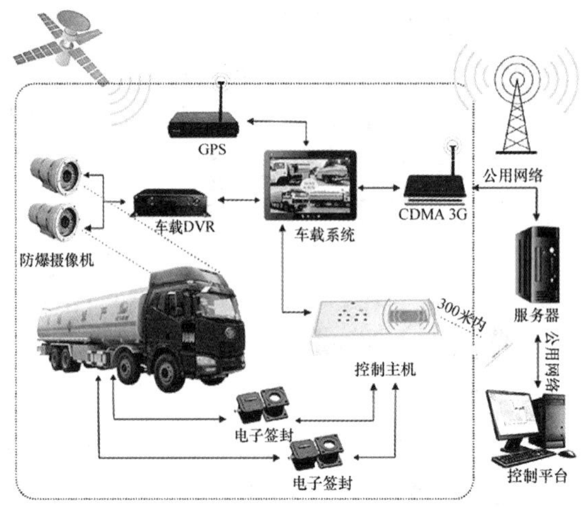


图7-8　智能运输系统实例

**2. 智能运输系统的服务领域**

智能运输系统主要目标即是为用户提供良好高效的服务，它的服务领域主要面对系统层次的需求和普通用户需求。目前国内外对智能运输系统的理解不尽相同，但不论从何角度出发，有一点是共同的：智能运输系统是用各种高新技术，特别是电子信息技术来提高交通效率，增加交通安全性和改善环境保护的技术经济系统。

我国的智能运输系统共分为9大服务领域，其中包含47项服务功能，又被细划为179个子服务功能。其中，9个服务领域包括：①交通管理；②电子收费；③交通信息服务；④智能公路与安全辅助驾驶；⑤交通运输安全；⑥运营管理；⑦综合运输；⑧交通基础设施管理；⑨智能运输系统数据管理。具体如表7-8所示。

表7-8 智能运输系统服务领域

| 用户服务领域 | 用户服务 |
|---|---|
| 1. 交通管理 | 1.1 交通动态信息监测 |
| | 1.2 交通执法 |
| | 1.3 交通控制 |
| | 1.4 需求管理 |
| | 1.5 交通事件管理 |
| | 1.6 交通环境状况监测与控制 |
| | 1.7 勤务管理 |
| | 1.8 停车管理 |
| | 1.9 非机动车、行人通行管理 |
| 2. 电子收费 | 2.1 电子收费 |
| 3. 交通信息服务 | 3.1 出行前信息服务 |
| | 3.2 行驶中驾驶员信息服务 |
| | 3.3 途中公共交通信息服务 |
| | 3.4 途中出行者其他信息服务 |
| | 3.5 路径诱导及导航 |
| | 3.6 个性化信息服务 |
| 4. 智能公路与安全辅助驾驶 | 4.1 智能公路与车辆信息收集 |
| | 4.2 安全辅助驾驶 |
| | 4.3 自动驾驶 |
| | 4.4 车队自动运行 |

续表

| 用户服务领域 | 用户服务 |
|---|---|
| 5. 交通运输安全 | 5.1 紧急事件救援管理 |
| | 5.2 运输安全管理 |
| | 5.3 非机动车及行人安全管理 |
| | 5.4 交叉口安全管理 |
| 6. 运营管理 | 6.1 运政管理 |
| | 6.2 公交规划 |
| | 6.3 公交运营管理 |
| | 6.4 长途客运运营管理 |
| | 6.5 轨道交通运营管理 |
| | 6.6 出租车运营管理 |
| | 6.7 一般货物运输管理 |
| | 6.8 特种运输管理 |
| 7. 综合运输 | 7.1 客货运联运管理 |
| | 7.2 旅客联运服务 |
| | 7.3 货物联运服务 |
| 8. 交通基础设施管理 | 8.1 交通基础设施维护 |
| | 8.2 路政管理 |
| | 8.3 施工区管理 |
| 9. 智能运输系统数据管理 | 9.1 数据接人与存储 |
| | 9.2 数据融合与处理 |
| | 9.3 数据交换与共享 |
| | 9.4 数据应用支持 |
| | 9.5 数据安全 |

**3. 智能运输系统主要子系统**

智能交通系统是一个复杂的综合性的系统，从系统组成的角度可分成一系列子系统，如图7-9所示。

（1）先进的交通信息服务系统（ATIS）

ATIS是建立在完善的信息网络基础上的。交通参与者通过装备在道路上、车上、换乘站上、停车场上以及气象中心的传感器和传输设备，向交通信息中心提供各地的实时交通信息；ATIS得到这些信息并通过处理后，实时向交通参与者提供道路交通信息、公共交通信息、换乘信息、交通气象信息、停车场信息以及与出行相关的其他信息；出行者可根据这些信息确定自己的出行方式、选择路线。如果车上装备了自动定位和导航系统时，该系统还可以帮助驾驶员自动选择行驶路线。

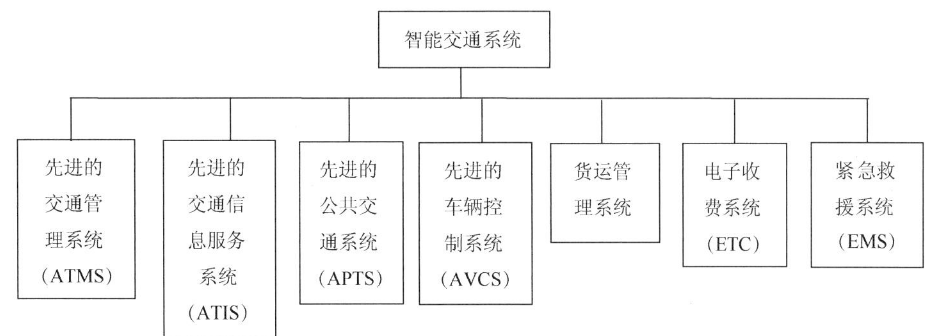


图7-9　智能交通系统

（2）先进的交通管理系统（ATMS）

ATMS与ATIS共用信息采集、处理和传输系统，但是ATMS主要是给交通管理者使用的，用于检测控制和管理公路交通，在道路、车辆和驾驶员之间提供通信联系。它将对道路系统中的交通状况、交通事故、气象状况和交通环境进行实时的监视，依靠先进的车辆检测技术和计算机信息处理技术，获得有关交通状况的信息，并根据收集到的信息对交通进行控制，如信号灯、发布诱导信息、道路管制、事故处理与救援等。

（3）先进的公共交通系统（APTS）

APTS的主要目的是采用各种智能技术促进公共运输业的发展，使公交系统实现安全便捷、经济、运量大的目标。如通过个人计算机、闭路电视等向公众就出行方式和事件、路线及车次选择等提供咨询，在公交车站通过显示器向候车者提供车辆的实时运行信息。在公交车辆管理中心，可以根据车辆的实时状态合理安排发车、收车等计划，提高工作效率和服务质量。

（4）先进的车辆控制系统（AVCS）

AVCS的目的是开发帮助驾驶员实行车辆控制的各种技术，从而使汽车行驶安全、高效。AVCS包括对驾驶员的警告和帮助，障碍物避免等自动驾驶技术。

（5）货运管理系统

这里指以高速道路网和信息管理系统为基础，利用物流理论进行管理的智能化的物流管理系统。综合利用卫星定位、地理信息系统、物流信息及网络技术有效组织货物运输，提高货运效率。

（6）电子收费系统（ETC）

ETC是世界上最先进的路桥收费方式。通过安装在车辆挡风玻璃上的车载器与在收费站ETC车道上的微波天线之间的微波专用短程通信，利用计算机联网技术与银行进行后台结算处理，从而达到车辆通过路桥收费站不需停车而能交纳路桥费的目的，且所交纳的费用经过后台处理后，可按约定清楚地分给相关的收益业主。在现有的车道上安装电子不停车收费系统，可以使车道的通行能力提高3～5倍。

（7）紧急救援系统（EMS）

EMS是一个特殊的系统，它的基础是ATIS、ATMS和有关的救援机构和设施，通过ATIS和ATMS

将交通监控中心与职业的救援机构联成有机的整体，为道路使用者提供车辆故障现场紧急处置、拖车、现场救护、排除事故车辆等服务。

**案例7-2**

## 北京城市智能运输系统（ITS）

10年来，北京交管部门构建了以“一个中心、三个平台、八大系统”为核心的智能运输管理系统体系框架，高度集成了视频监控、单兵定位、122接处警、GPS警车定位、信号控制、集群通信等近百个应用子系统，强化了智能交通管理的实战能力。

1．交通实时检测系统

在北京的环路上，安装着157个高清摄像头，它们可以自动记数，统计交通流量。当道路上发生事故、拥堵、路面积水等各种意外事件时，系统便会自动对意外事件全程录像、自动报警。

在北京的快速路、主干路网中，有上万个检测线圈，它们埋在接近路口的地面下，将路面信息传递到检测器，24小时自动采集路面交通流量、流速、占有率等运行数据。此外，超声波、微波、视频等科技设备也随时检测交通信息，它们通过系统后台的整合、分析、处理，除了以图形的方式在地图上显示出实时动态路况信息外，还可以准确发现道路上的异常情况。

智能运输系统体验：

http://baidu.ku6.com/watch/06503891678749573745.html?page=videoMultiNeed

2．路口信号协调控制

在五环路内的1535个路口，流量检测器采集到的即时车流信息，传到路口信号机设备上，然后通过通信线传到公安交通指挥中心，指挥中心的计算机得出数据后再发到路口的信号灯上，调节红绿灯的变化，这个过程瞬间即可完成，实现车辆延误最少，停车次数最少，通行效率最高。

3．实时信息发布系统

在北京环路、主干道上容易发生拥堵的点位，设置了228块大型室外可变情报信息板，每2分钟刷新一次，每天显示196万条实时路况信息。这些信息板根据交通自动检测系统提供的数据发布道路流量，帮助司机选择畅通路段；当发生事故等突发情况或出现恶劣天气时，信息板可以自动实时发布路况信息和管制信息，诱导车辆避开拥堵和意外事件路段，实现对车辆的全程导流。除此之外，交管部门新建的气象检测系统还能提供能见度、路面温度、地面摩擦系数、覆盖物（如雨、雪）、平均风速等天气信息，让驾驶员能够及时了解天气对交通的影响。

在公安交通指挥中心，正对大屏幕的位置有7个专门供媒体使用的直播间，可供电视、广播媒体实时发布道路交通情况，目的就是向公众发布及时、准确的出行提示。交管部门在官方网站上开辟了实时路况信息图和音频视频路况信息发布系统。手机用户可实时登录，查询出行信息。

出门前看网站，途中听广播、看路面大屏幕，北京路况信息发布已经实现24小时“上天入地”的滚动。

4．实时意外事故信息发布系统

在地理信息系统中，北京交管部门根据18类突发情况制定了3860个应急预案。无需再通过公安交通指挥中心布警，系统自动根据预案，通过集群通信技术，将事故情况迅速下发到民警，合理调派距离最近的交警赶赴现场，将意外事故对交通流量的影响降到最小。这套系统集成GPS、GIS技术，一旦发生事故、拥堵等意外事件，事故发生的位置、周边警力部署情况将立即被显示在指挥中心的显示屏上。目前，北京每名交警、每辆巡逻车上都装配了GPS定位系统，在公安交通指挥中心的显示屏上，每名交警、每辆巡逻车的位置均可以精确到米。这非常便于交通管理部门的指挥调度。

5．智能交通系统

北京市在智能交通管理方面采用了自动报警的交通事件检测系统、自动识别“单双号”的交通检测系统、公交优先的交通信号控制系统等技术手段，在奥林匹克中心区、奥运场馆周边、行车路线及五环路以内全部实现科技手段覆盖，分布在全市主干路、环路的228块大型路侧可变情报信息板，以红、黄、绿3种颜色分别表示拥堵、缓行和畅通，每两分钟一次将本区域个性化的适时路况信息提供给道路交通参与者，交通整体控制能力明显提升。

案例来源：《中国多媒体通信》，2008（11）：74-75

## 任务实训7-2

**实训内容：**

1. 请仔细阅读案例7-2，分析北京市智能运输管理系统有哪些主要功能，其中应用哪些本学期学过的物流信息技术。

2. 考虑北京市智能运输管理系统还可以增加那些有利于实现节能环保的功能。

**实训要求：**

根据上述要求，完成实训报告。

# 课后练习

**一、简答题**

1. 简述什么是物流信息系统。
2. 信息系统的主要发展阶段有哪些？
3. 物流信息系统的开发手段有哪些？各自有什么特点？
4. 我国的智能运输系统的主要服务领域有哪些？

**二、判断题（正确填A，错误填B）**

1. 决策支持系统阶段是物流信息系统的最终阶段。(　　)
2. 物流信息系统的开发应遵循完整性、随意性、可靠性、经济性等原则。(　　)
3. 决策支持系统不能帮助科学地管理库存。(　　)
4. 智能运输系统是用各种高新技术，特别是电子信息技术来提高交通效率的。(　　)
5. 目前，我国的智能运输系统共分为8大服务领域，其中包含47项服务功能。(　　)

**三、单选题**

1. 下列关于物流信息系统不对的是（　　）。
   A. 物流信息系统由人员、设备和程序组成
   B. 物流信息系统与物流作业系统一样都是物流系统的子系统
   C. 物流信息系统在物流活动中的应用减少了物流活动中的人工、重复劳动及错误发生率
   D. 物流信息系统加快了信息流转速度，使物流管理保持不变
2. 物流信息系统的开发是指（　　）。
   A. 建立一个物流信息系统的过程，其中心是开发出物流系统的应用软件
   B. 建立一个物流信息系统的过程，其核心是开发出管理的改变
   C. 建立一个物流系统的应用软件过程
   D. 建立一个物流作业信息管理的规章制度过程
3. ATIS指的是（　　）。
   A. 先进的交通管理系统　　B. 先进的交通信息服务系统
   C. 先进的公共交通系统　　D. 先进的车辆控制系统
4. 对于自动化仓储系统正确有（　　）。
   A. 自动化仓储系统是各种高科技设备结合的产物
   B. 自动化仓储系统可间或性地检查过期或找库存的产品
   C. 自动化仓储系统要满足以先入后出的原则
   D. 自动化仓储系统不能缺少无人搬运车
5. 下列对于CASE开发方法理解不正确的是（　　）。
   A. CASE是集图形处理技术、程序生产技术、关系数据库技术和各类开发工具于一身的方法
   B. CASE方法能大量节省人力
   C. 严格地讲，CASE只是一种开发环境而不是一种开发方法
   D. CASE方法可以独立使用

**四、多选题**

1. 智能运输系统服务领域有（　　）。
   A. 交通管理与电子收费
   B. 交通信息服务、智能公路与安全辅助驾驶
   C. 交通运输安全与运营管理
   D. 综合运输
   E. 交通基础设施管理与智能运输系统数据管理

2. 专业输送设备包括（　　）。

A. 辊子输送系统　B. 链式输送系统　C. 皮带输送系统

D. 无动力式输送系统　E. 可移动型输送系统

3. 自动化仓储管理软件应具有的特点有（　　）。

A. 信息管理子系统允许多个工作站同时进行入出库作业任务的录入

B. 只要工业监控子系统尚未完成某项入出库作业，就可更改该项作业的各个数据

C. 通过局域网及通用的TCP/IP协议可与公司的MRP、ERP集成，接收入出库作业任务

D. 合理调配各台堆垛机的忙闲程度

E. 充分考虑到物料的先进先出、入出库作业优先级、货架的上轻下重、堆垛机最短距离位移等原则

4. 物流决策支持系统主要应用与（　　）等方面。

A. 辅助资源需求计划　B. 辅助物流网络设计　C. 销售与营销区域的划分

D. 电子商务订货量计算　E. 定制配送资源计划　F. 物流配送车辆监督

5. 物流信息系统主要的开发方法有（　　）。

A. 结构化系统开发方法　B. 原型法　C. 面向对象的开发方法

D. 独立开发　E. 计算机辅助软件工程方法　F. 联合开发

**五、名词解释**

物流信息系统　原型法　物流决策支持系统　智能运输系统　智能仓储系统

## 项目综合实训七

**一、实训目的**

熟悉物流信息系统开发的各种方法，学生能对实际的物流企业的信息系统开发做出自己的分析。

**二、实训方式**

实训场所安排在电脑机房，需上网。

**三、实训内容及步骤**

1. 任务

（1）仔细阅读以下案例，了解企业情况及需求。

**案例 7-3**

### 上海市某家市内配送公司物流信息系统设计案例

这是上海市一家市内配送公司。公司有各种类型的箱式货车16辆，在上海西站附近拥有三千多平方米的仓库。员工有30多名（包括管理人员、客服、信息财务部人员、调度、司机、仓库管理员等），其中仓库的理货、分拣、出入库装卸等工作外包给劳动服务公司（以前由公司员工做的，但效果不好，就转为外包），停车场租用某村委会的空地。

公司目前的主要客户是一些全国知名的品牌消费品厂家，主要包括酒类，各种包装的食品等（即各大卖场陈列的快速消费品），大多为箱式包装。公司给客户提供的服务有：提供上海市场的仓储服务、上海市内的运输配送服务以及客户要求的其他相关服务（如代收货款、流通加工）。运输业务客户每日交给物流配送公司的送货单有几百到几千单，送货地点包括：家乐福、易初莲花、联华、华联、农工商等商家的几百个网点。

公司执行总监蔡女士希望重建信息系统，实现公司管理的现代化，她对新系统提出了以下要求。

第一，能实现简单客户订单处理功能，例如：送货单的汇总，送货记录的查询、送货单核对，她特别提到必须有未送达订单的报警和送货错误的提示，包括送货错误的原因，因为延误送货或送货不正确的后果是非常严重的，次数太多会造成客户流失。

第二，公司的客户传达送货单可以采用快递、电话、传真、E-mail四种方式。以前多数客户通过快递把送货单原件送到公司。公司每天订单记录平均有700多条，用手工输入非常繁重，错误率也很高，其效率甚至不如手工作业。因此蔡女士希望A和B在设计系统方案时要考虑这个问题。

第三，新系统能解决“订单推迟”的问题。客户订单中关于送货期限的描述是不同的，家乐福等外资大卖场对送货期限要求较高，一般要求当日傍晚6点下班前送达。国内商家对送货期要求相当较宽，一般是1～2天，甚至是3天内送达都可以。怎么做才能在满足客户送货期限的前提下，使总成本最低？

第四，新能解决成本核算的问题。希望该系统能让她了解新增一笔订单或新增一个新客户给公司带来的平均边际成本将是多少，这样一方面有利于核算利润，另一方面为价格谈判提供依据。

第五，能由计算机来负责车辆调度方案，通过新的信息系统，帮助公司节省送货车辆的车次的话，节约成本。

第六，另外，蔡女士进一步提出一些战略层的问题，例如扩建仓库，或临时租用周围物流公司的仓库问题等，什么时候应该自购货车，什么情况下应该外租车辆，她不知道信息系统是否能在这方面也做一个支持决策的工作。

（2）请你从信息系统的角度出发，说明要如何给蔡女士提供方案，这些方案必须至少解决蔡女士3个以上的问题。

（3）详细讨论做这些方案需要那些信息，这些信息如何获得。

（4）画出该信息系统的结构功能图。

（5）运用决策支持系统能解决该公司的战略层的问题吗？为什么？

2. 实训指导

分小组进行实训，建议4位同学一组。

（1）每组选出组长，自行分配组员任务。

（2）按要求完成任务，记录实训步骤。

（3）提示：充分利用网络查询功能，寻求解决问题的方法。

（4）比较总结，得出结论。

**四、实训结果**

每小组提交一份实训报告和汇报PPT，选派1人向全班汇报。

# 参考文献

[1] 高连周. 物流信息技术应用[M]. 北京：清华大学出版社，2016.
[2] 唐辉. 物流公共信息平台标准体系解析[M]. 北京：电子工业出版社，2016.
[3] 白世贞，谢红燕. 物流信息技术 [M]. 北京：化学工业出版社，2016.
[4] 郑少峰. 现代物流信息管理与技术[M]. 北京：机械工业出版社，2016.
[5] 李斌成. 物流信息技术[M]. 北京：清华大学出版社，2015.
[6] 别文群、朱铁汉等. 物流信息技术应用[M]. 武汉：华中科技大学，2015.
[7] 米志强，邓子云. 物流信息技术与应用[M]. 北京：电子工业出版社，2014.
[8] 朱长征、方静、杨乐. 物流信息技术[M]. 北京：清华大学出版社，2014.
[9] 张娜等. 物流信息系统[M]. 北京：清华大学出版社，2015.
[10] 于韶华. 物流信息技术 [M]. 山东：山东大学出版社，2015.
[11] 李俊韬. 物流信息技术实训[M]. 北京：中国财富出版社，2015.
[12] 王小平. 物流信息技术[M]. 北京：清华大学出版社，2011.
[13] 米志强. 视频识别（RFID）技术与应用[M]. 北京：电子工业出版社，2011.
[14] 谢金龙、王伟. 条码技术与应用[M]. 北京：电子工业出版社，2009.
[15] 张成海等. 物联网与产品电子代码（EPC）[M]. 武汉：武汉大学出版社，2010.
[16] 刘幺和、宋庭新. 语音识别与控制应用技术[M]. 北京：科学出版社，2008.
[17] 王德勇. 数据库原理与应用[M]. 北京：人民邮电出版社，2008.
[18] 王丽亚. 物流信息系统与应用案例[M]. 北京：科学出版社，2011.
[19] 刘萍. 电子商务物流[M]. 北京：电子工业出版社，2010.
[20] 吴大鹏. 物联网技术与应用[M]. 北京：电子工业出版社，2010.
[21] 物流杂志. http://www.gd-logistics.com/.
[22] 中国物流与采购联合会. http://www.chinawuliu.com.cn/.
[23] 中国物流学会. http://csl.chinawuliu.com.cn/.
[24] 上海物流网. http://www.sh56.cn/.
[25] 中国物流企业网. http://www.02156.cn/.
[26] 物流天下. http://www.56885.net/.
[27] 锦程物流网. http://www.jctrans.com/.
[28] 中国物流联合网. http://www.un56.com/.
[29] 豆丁网. http://www.docin.com/.
[30] 百度文库. http://wenku.baidu.com/.
[31] 中国物品编码中心. http://www.ancc.org.cn/.